KB169316

육아공동체 어린이뜨락과 조력자 소셜페다고그

아이를 함께 키울 온 마을은 어떻게 만들어야 할까?

아이를 함께 키울
온 마을은
어떻게 만들어야 할까?

초판 1쇄 인쇄 2023년 3월 27일
초판 1쇄 발행 2023년 4월 3일

지은이 차상진
펴낸이 김승희
펴낸곳 도서출판 살림터

기획 정광일
편집 조현주
북디자인 꼬리별

인쇄·제본 (주)신화프린팅
종이 (주)명동지류

주소 서울시 양천구 목동동로 293, 2215-1호
전화 02-3141-6553
팩스 02-3141-6555
출판등록 2008년 3월 18일 제313-1990-12호
이메일 gwang80@hanmail.net
블로그 http://blog.naver.com/dkffk1020

ISBN 979-11-5930-254-1 03370

육아공동체 어린이뜨락과 조력자 소셜페다고그

아이를 함께 키울 온 마을은 어떻게 만들어야 할까?

차상진 지음

살림터

이 책의 배경이 된 '2019 어린이뜨락'과 함께해 주신 분들께 사랑과 감사와 존경을 보냅니다.

강영희 강지효 길남진 김영미 김은아 김은영 김용빈 김지현 민순옥 박경복 박수민 반 송 서진하 손찬송 송경희 송아영 안석현 안영권 양덕희 오은경 윤경희 윤대진 이수정 임유미 전용란 정소연 정진선 조현주 최승연 최유진 최지우 하태욱 한소선 한유임 허광민
신나는 배움터 두런두런의 선생님들과 학생들

그리고 2012년 육아모임, 2013년 육아사랑방, 2014년 놀이터뜨樂, 2015~2018년 어린이뜨락을 살아낸 많은 분들의 이야기를 기억합니다. 덕분에 배우고 성장할 수 있었습니다. 참 고맙습니다.

전인적 사회의 주체를
준비하는 이들을 위하여

심성보_부산교대 명예교수, 한국교육연구네트워크 이사장

『아이를 함께 키울 온 마을은 어떻게 만들어야 할까?』는 '육아정
育兒庭 어린이뜨락'이라는 육아공동체의 활동을 마거와 디스터벅에
의해 처음으로 정의된 '소셜페다고지Social Pedagogy' 이론을 실험적으
로 적용하여 실천한 보고서이다. 이 이론은 철학자이며 교육자인 나
토르프의 사회적 교육학, 쉰과 스토뢰의 실천적 교육학, 그리고 여
러 유형의 통전적 교육학과 연계되어 있다. 어린이뜨락 활동의 중심
적 교육사상을 구성하고 있는 '소셜페다고지'는 종래의 개인적 교육
학을 극복하고 교육의 사회성을 강조하는 세계교육사적 맥락과 닿
아 있다. 사회와의 관계에서 개성의 발달을 도모하고 개인적 자발성
을 촉진할 수 있는 교육이 가능하고, 개성이 사회관계에서 유리되는
경우 도리어 참된 개성은 위축되고 개인의 자발성도 기대할 수 없
다. 사회로의 향상은 자아의 확대라고 보는 소셜페다고지는 사회문
제가 발생하는 상황에서 배움과 성장을 위한 교육에 초점을 두면서
일상적인 환경에서 사람들과 함께 협력하며 활동한다. 교육은 개인
적이면서 사회적이라는 기치를 내건 소셜페다고지의 특색은 개인과

사회는 상호작용하며 분리된 것이 아니고, 또한 개인은 사회에 의해 인간이 되며 사회는 개인에 의해 발달한다는 변증적 교육학에 기반하고 있다.

소셜페다고지는 개체성과 전체성의 변증 속에서 관계, 구조, 변화의 삼각형이 유기적으로 결합하는 '융합교육'을 지향하고 있다. 이러한 교육 방식은 구조와 행위주체의 상호작용, 그리고 사회의 갈등과 모순 속에서 변화(틈새)를 모색하는 신비고츠키주의자들의 '활동이론'과 닮아 있다. 사람들이 주변 사람들과의 긍정적이고 상호의존적인 관계 안에서 독립적인 주체로 설 수 있는 역량을 개발하도록 돕고, 그 역량을 동력 삼아 사회의 변화를 꾀한다. 소셜페다고지는 다양한 맥락에서 발생한 사회문제의 해결에 '페다고지(사회적 배움)' 접근법을 사용한다. 인간은 모두 사회적 존재로서 세상과 연결되어 있고 개인의 성장은 관계에서 비롯된다고 본다. 교육은 사회와 국가 발전의 열쇠로서 개인은 사회를 통한 형성이며 동시에 사회 또한 개인을 통한 형성이라고 강조하는 '형성적 교육학'의 최근 교육 사조를 잘 담아내고 있다. 교육에서 '형성Bildung/Formation' 과정은 사회 및 부모 세대로부터 전달되는 규범과 가치, 그리고 그것들의 보존을 의미하는 '형성되는' 주도성/공동체성/우리인 동시에 스스로 '형성하는' 자발성/주체성/나 사이의 긴장을 완화하여 균형을 잡고자 한다. 자라나는 세대가 기성세대로부터 문화를 전달받는 과정에서 기존의 것을 파악하고 재정의하여 이제까지와는 다른 새로운 어떤 것을 만들어 내고자 하는 '변혁적 교육학'이라고 할 수 있다.

육아공동체 활동의 조력자는 관계 안에서 사람들의 배움과 성장, 그리고 긍정적 변화를 이끌어 내는 전문성을 지닌 존재로서 소셜페다고그Social Pedagogue가 되어야 한다. 육아공동체가 지녀야 할 공동체성이란 단순히 육아를 수월하게 만드는 수준을 넘어 '우리 아이들'을 함께 키우며 경험하는 관계적 삶을 통해 개인의 배움과 성장을 이루어 내고 그것이 사회의 변화를 위한 원동력이 되어야 한다는 면에서 '공동체주의 교육론'을 지향한다. 이런 교육철학에 터한 '어린이뜨락'은 사회적 기업인 협동조합의 실험을 시도하고 있다. 소모적이고 소비적인 육아가 아니라 아이들을 함께 키우며 서로를 돌보는 공동체 관계를 기반으로 한 공동육아운동의 대안적 실천을 모색한다. 이런 목표를 가지고 출발한 '어린이뜨락'의 실천적 경험은 육아공동체와 마을교육공동체가 나아가야 할 이상향을 보여 준다.

저자는 연구자이면서 실천가임을 자임하면서 현장의 목소리를 담아낸 서사적 실천 연구를 시도한다. '소셜페다고지'의 형식으로 현장의 실천을 잘 직조하여 한 권의 책으로 엮어 냈다. 이론과 실천을 융합한 이론화 작업의 땀과 헌신이 녹아 있는 기록이 아닐 수 없다. 어린이의 보육과 육아를 둘러싼 논쟁이 극심한 요즘 아이들을 전인적으로 길러 내서 전인적 사회의 주체를 준비시키고자 하는 육아정의 선구적 실천에 찬사를 보낸다.

나는 2014년부터 2020년까지 '육아정育兒庭 어린이뜨락'이라는 육아공동체의 조력자 역할을 자처해 왔다.

육育. 아兒. 정庭?

육아정을 소개할 때마다 사람들은 의아해한다. 세상 어디에서도 들어 본 적 없는 낯선 이름. 그렇다. 육아정은 그 낯선 이름만큼이나 새로운 공동체적 시도다. 마을마다 노인정이 있는 것처럼 아이를 데리고 마음 편히 놀러 갈 수 있는 공간이 있다면 얼마나 좋을까? 그 공간을 중심으로 지역 사람들이 만나 서로 관계를 맺고 아이들을 함께 키우며 더불어 성장할 수 있다면? 이러한 상상으로 육아정 어린이뜨락이 만들어졌다. 그래서 이름도 육아정亭이 아닌 육아정庭이다. 단순히 그냥 머물다 가는 시설亭이 아니라 아이들과 어른들이 함께 뛰어놀 정원庭이길 바라는 마음에서다. 아이와 부모(그중에서도 특히 어머니)가 고립되는 독박육아, 키즈카페나 문화센터로 대표되는 소비육아가 아닌 아이들을 함께 키우며 서로를 돌보는 공동체 관계를 기반으로 한 공동육아 수행이 육아정의 목표다.

스스로를 육아공동체의 조력자로 '자처'하는 것은 어린이뜨락을 찾는 부모들이 공동체의 주체가 되길 바라는 마음에서다. 필요에 따라 비용을 지불하고 딱 그만큼 '이용'이 허락되는 곳이 아니라 더불어 사는 삶을 꿈꾸며 구성원 모두의 자원으로 함께 꾸려지는 진정한 공동체 말이다. 굳이 스스로 '나는 조력자(여야 한)다'고 강조하는 데에는 참여자들의 주체성을 끌어올리기 위해 오랜 시간 애썼지만 여전히 나 자신은 운영자로, 참여자들은 이용자로 구분되는 구도를 완전히 벗어나지 못하고 있는 육아정 어린이뜨락의 현실이 반영되어 있다.

이 책은 2021년 「육아공동체 조력자로서의 역할 실천 경험에 대한 내러티브 탐구」라는 제목으로 발표된 나의 박사학위 논문을 새로 정리한 것이다. 사람들이 살아가는 이야기를 기본 소재로 사회과학 연구를 진행하는 내러티브 탐구 방법론은 경험을 연구한다는 것은 앞과 뒤, 안과 밖이라는 네 가지 방향에서 고찰하는 것이라고 본다. 과거와 현재, 미래의 경험이 교차되는 '앞과 뒤'의 관련성, 그리고 개인적인 것과 사회적인 것, 내적인 것과 외적인 것이 상호작용하는 '안과 밖'의 관련성이 긴밀하게 연결되어야 한다는 것이다. 즉, 경험을 탐구한다는 것은 우리네 삶에서 생겨나는 이야기들을 이 네 가지 방향에서 곰곰이 들여다보고 각 방향을 향해 질문을 던지는 일이다.

육아공동체 조력자로서 어린이뜨락을 살아온 나의 경험도 마찬가지다. 육여 년이라는 짧지 않은 시간 동안 육아정 어린이뜨락과 함께한 기대와 실망, 좌절과 희망의 이야기는 나로 하여금 육아공동체에 대하여 지속적으로 고민하게 만들었다. 또한 엄마로, 학부모로, 연구자로, 실천가로 살아온 나의 경험은 네 방향을 오가며 어린이뜨락 안에서 나를 새로운 차원으로 이동시켜 주었다. 우여곡절과 좌충우돌의 사건들은 네 가지 방향에서 서로 교차하면서 끊임없이 새로운 이야기를 만들어 내었고, 그 이야기를 기반으로 또 다른 정체성이 구성되어 갔다. 그리고 나(우리)는 누구였으며, 지금은 누구이고, 어디고 가고 있으며, 어디로 가야 하는가에 대한 이해를 조금씩 넓혀 나갔다. 그 시행착오 경험에 대한 성찰적 반성과 이해, 그리고 새로운 실천 과정이 이 책의 중심에 있다.

우리나라에 육아공동체, 공동육아가 활성화되기 시작한 시기는 1970년대 말 야학이나 1980년대 학생운동 등을 통해 민주화를 경험한 부모 세대가 1990년대 육아협동조합을 만들면서부터다. 이 시기 참여 부모들은 대개 시민단체나 생활협동조합 등을 기반으로 사회 변화에 관심을 둔 개혁적인 사람들이었다. 그리고 여전히 많은 공동체 연구자들은 공동육아를 실행하는 육아공동체는 공동체적 삶에 가치를 두며 세상을 변화시켜 가는 사회운동, 시민운동으로서의 공동체성을 띠고 있어야 한다고 주장한다. 육아공동체가 지녀야 할 공동체성이란 단순히 육아를 수월하게 만드는 수준을 넘어 '우리 아이들'을 함께 키우며 경험하는 관계적 삶을 통해 개인의 배움과 성장을 이루어 내고 그것이 사회 변화를 위한 원동력이 되어야 한다는 것이다.

그러나 최근 몇 년간 내가 어린이뜨락에서 만난 부모들은 관계를 맺고 공동체를 만들고자 하는 욕구보다는 오히려 개인적인 욕구, 즉 육아 고립감을 해소하려거나, 좀 더 질적인 자녀 교육을 위해서, 혹은 사교육비의 경제적 부담을 덜기 위한 목적이 컸다. 자발적 사회 활동이 미약한 사회 분위기 속에서 성장하여 공동체 경험이 많지 않은 요즘의 영유아기 부모들에게 공동체 안에서의 자발적이고 헌신적인 참여란 어지간히 부담스러운 것으로 보였다. 이러한 상황에서 공동육아라는 미명 아래 제공하는 단기적이고 일시적인 놀이 공간 및 프로그램은 오히려 그들의 의존성을 북돋는 꼴일 뿐이었다. 자신만의 유익을 추구하는 이용자들의 양적 확산은 돌봄 복지 또한 소비육아의 다른 모습으로 전환시킬 뿐이었다. 그들을 공동체 안에서의 능동적 참여자로 변화시키기 위해서는 분명 다른 차원의 접근 방법이 필요했다.

이러한 고민을 해결해 나가는 과정에서 나는 소셜페다고지Social Pedagogy라는 이론에 이끌렸다. 북유럽에서 시작되어 최근 눈에 띄게 주목받고 있는 소셜페다고지는 사회 참여를 통해 얻어지는 개인의 배움과 성장이 사회를 변화시킬 수 있는 힘의 근원이 될 거라 믿는다. 인간은 모두 사회적인 존재이기에 개인은 관계로 세상과 연결되어 있고 개인의 성장은 관계에서 비롯된다고 본다. 따라서 소셜페다고지의 핵심은 관계이며, 소셜페다고지의 실천은 관계를 의식적으로 활용해 개인이 배우고 성장할 수 있는 환경을 제공하는 것이다. 사람들이 주변 사람들과의 긍정적이고 상호의존적인 관계 안에서 독립적인 주체로 설 수 있는 역량을 개발하도록 돕고, 그 역량을 동력 삼아 사회 변화를 꾀한다. 이러한 맥락에서 육아공동체 조력자는 관계 안에서 사람들의 배움과 성장, 그리고 긍정적 변화를 이끌어 내는 전문성을 가진 존재로서의 소셜페다고그가 되어야 하는 것이다.

이 책을 통해 내가 전하고자 하는 이야기는 함께 아이를 키우며 더불어 행복해졌다는 무지갯빛 청사진이 아니다. 그보다는 오히려 공동체의 어려움과 부대낌, 고단함에 더 가깝다. 육아정 어린이뜨락이 마을형 키즈카페, 혹은 복지형 문화센터로 전락해 가는 위기를 극복하기 위해 고군분투한 이야기를 전함으로써 육아공동체가 지니는 사회적 의미를 독자들과 함께 생각해 보고 싶다. 그리고 이를 통해 육아공동체를 지원하는 조력자의 역할과 존재 의미를 함께 이야기해 보고 싶다.

이를 위해 이 책의 1부는 나의 육아 이야기로 시작하려고 한다. 유학 시절 먼 타국에서 경험한 고립육아와 그 돌파구, 그리고 아이와 함께 대안학교를 다니며 서서히 변화된 내 경험에 대한 이야기다. 내 아이를 키우는 과정에서 얻은 공동체 경험은 어린이뜨락을 만나면서 육아공동체의 존재 의미에 대한 고민으로 발전하게 되었다. 2부와 3부는 한계에 봉착한 육아공동체를 바로 세우기 위해 노력하는 과정을 그리고 있다. 2부는 세 명의 실무자들이 모여 어린이뜨락의 지나온 시간을 돌아보고 우리의 사회적 가치를 고민하며 새로운 육아공동체로 재도약하기 위한 실천적 '준비' 과정이며, 3부는 지역에서 새로 만난 부모들과 함께 본격적으로 육아공동체를 꾸려 나가는 실질적 '실천' 과정을 담았다. 앞서 언급했듯이 이 책은 소셜 페다고지라는 학문적 이론에 토대를 두고 있다. 소셜페다고지에 대한 이해를 위해 2부가 시작되기 전 그 기본 개념과 접근 방법을 따로 정리해 두었으며, 4부에 서술한 육아공동체 조력자 역할과 존재 의미는 이 소셜페다고지 이론을 기반으로 하고 있다.

어린이뜨락의 실천 사례가 육아공동체이자 마을교육공동체가 지녀야 할 사회적 의미를 함께 냉철히 생각해 볼 기회가 되길 바란다. 이를 통해 관 차원에서 운영되고 있는 공동육아나눔터나 열린육아방 같은 지원센터들을 비롯하여, 다양한 상황과 맥락을 가지고 관계적 협업을 고민하는 수많은 교육공동체가 우리의 자리를 곰곰이 성찰해 보고 더 나은 미래를 준비하는 데 도움이 될 수 있기를 감히 소망한다.

차례
....

1부

나의 육아 이야기,
그리고 어린이뜨락

우리 경험을 이야기로 직조해 낼 때, 비로소 우리가 겪은 일의
의미를 발견하게 된다. 타인에게 내 이야기를 전하는 것은 개인
적으로 이야기의 의미를 통합하는 데 도움이 된다. 또한 의미를
향한 보편적 추구에 기여할 수 있는 방법이기도 하다. 이야기에
서 형식이라는 본질적인 요소를 통해 혼돈을 누그러뜨리고 우
리가 결국은 근본적으로 목적의식적인 세계에 속해 있다는 감
각을 회복할 수 있다.

– 조 살라스(Jo Salas), 『우리는 모두 이야기에서 태어났다』(2013, p. 42)[1]

유학생 시절의 고립육아,
돌파구를 만났던 경험

나의 육아 경험은 1990년대 말 영국 유학 시절로 거슬러 올라간다. 국문학을 전공하고 잡지사 기자로 활동하던 나는 결혼하자마자 교육학을 전공한 남편과 함께 영국 유학길에 올랐고, 런던대학교 교육연구대학원Institute of Education, University of London에서 유아교육 공부를 시작했다. 20대 후반의 젊은 부부였지만 늦둥이 외아들을 둔 시댁에서는 아이를 서둘러 가지길 원하셨고 남편도 빨리 부모가 되길 바랐다. 그래서 영국에 간 첫해 어학 공부를 하는 중에 아이를 가졌고, 아이를 낳고 난 후에는 아동발달 디플로마 과정Advanced Diploma in Child Development을 거쳐 유아교육 석사 과정MA, Education in Early Years을 밟았다. 아이가 있는 학생은 파트타임 등록이 가능하여 그나마 학업 부담을 분산할 수 있었지만, 그럼에도 가족도 없는 타지에서 공부를 하며 어린아이를 키우기란 정말 쉽지 않은 일이었다. 영국은 한 학년이 세 학기로 나뉘어 있는데, 학기마다 남편과 조율하여 가급적 서로 수업 시간이 겹치지 않도록 수강 신청을 해야했다. 아이를 태운 유모차는 수업 시간표에 맞추어 학교 로비에서 남편과 바통 터치되기 일쑤였고, 친정어머니가 영국으로 오셔서 육아를 도와주신 적도 있었다.

학업과 육아를 병행하면서 남편과 함께 아이를 돌보는 시간대를 분담하는 것도 큰일이었지만, 아이와 함께 어떻게 시간을 보내는지도 중요한 문제였다. 놀이, 식사, 잠, 목욕 등으로 구성된 아이의 하루 일과가 안정적으로 지속되지 않으면 그와 연결된 부모들의 시간도 엉망이 되기 때문이다. 일상이 안정적으로 반복되면 아이가 잠자는 시간을 공부, 집안일 등으로 활용할 수 있기에 어른들의 일과도 한결 편안해지고 순간에 더욱 집중할 수 있음을 깨닫게 되었다. 하지만 좁은 집에서 아이와 시간을 잘 보내기란 만만한 일이 아니었다. 다행히 런던은 시내라 하더라도 도처에 크고 작은 공원이 많아 유모차를 끌고 가긴 좋았지만, 허구한 날 부슬부슬 내리는 비는 매번 발목을 잡곤 했다.

그 당시 우리는 런던 시내에 있는 런던대학교 가족 기숙사에서 생활했는데, 작은 방 두 개가 있는 20평 남짓한 플랫flat[2]이었다. 건물 안에 있는 플랫 몇 개를 런던대학교가 소유하고 가족이 있는 학생들에게 시가보다 저렴한 임대료를 받고 내어주는 방식이었다. 승강기가 없는 오래된 건물이라 3층 우리 집까지 아이와 유모차를 옮기는 것도 보통 일이 아니었다. 짐이 많은 날은 짐을 몇 번에 나누어 오르내렸고 그렇지 않으면 아이를 태운 유모차를 통째로 번쩍 들고 3층까지 움직였다.

우리 집 맞은편에는 할머니 한 분이 혼자 사셨는데 그런 내 모습을 보실 때면 "스트롱 맘Strong mum!"이라며 엄지손가락을 치켜올려 응원해 주곤 하셨다.

어린아이를 데리고 고군분투하는 젊은 동양인 부부가 안쓰러우셨는지 어느 날 앞집 할머니가 작은 브로슈어 한 장을 내미셨다. 읽어 보니 '코람스 필드 드롭인 센터Coram's Fields³ Under 5's Drop-in Centre'의 홍보 전단지였다. 그걸 보고 찾아간 드롭인 센터Drop-in Centre는 만 5세 미만의 유아와 보호자가 월~금요일 오전 9~12시 사이에 아무 때나 들러drop-in 자유롭게 놀다 갈 수 있는 공간이었다.

실내 공간에는 영아들을 위한 '베이비 코너baby corner'와 역할 놀이를 할 수 있는 '홈 코너home corner', 그림책을 읽을 수 있는 '리딩 코너reading corner' 등이 영역별로 구성되어 있었다. 또한 실내에서 미닫이 유리문을 열고 나가면 모래놀이 영역과 작은 잔디밭, 자전거 등을 탈 수 있는 콘크리트 바닥으로 나뉜 실외 공간과 연결되었다. 영아들을 위한 공간 일부를 제외하면 모두 신발을 신고 이용해서 실내외 접근이 용이했고, 날씨가 좋을 때면 야외로 나가는 미닫이 유리문을 활짝 열어놓아 실내외가 연결된 더욱 활기 있는 놀이 공간이 되었다.

직접 차를 만들어 마실 수 있는 작은 주방에는 다양한 종류의 차와 쿠키 등이 마련되어 있었다. 매일 11시 무렵에는 스태프들이 준비한 대집단 놀이가 펼쳐졌는데, 예를 들면 부모들이 둘러서서 파라슈트Parachute를 잡고 펄럭이며 아이들을 그 안에 들어가 놀게 하거나, 함께 둘러앉아 노래를 부르는 등 비교적 간단한 것이었다. 대집단 놀이가 끝나면 과일이나 야채 같은 소박한 간식이 제공되어 함께 둘러앉아 나누어 먹었다. 이용은 무료였고, 대신 주방에 기부금

2000년 당시 코람스 필드 드롭인 센터 모습

상자가 있어 자유롭게 돈을 넣는 방식이었다.

코람스 필드 드롭인 센터[4]는 힘겨운 육아의 새로운 돌파구였다. 운 좋게 집에서 걸어서 10분 정도의 가까운 거리였고, 매일 즐거운 오전 시간을 보낼 수 있는 고마운 곳이었다. 아이는 아이대로 집이 아닌 환경에서 시간 가는 줄 모르고 놀았고, 나는 나대로 지역 사람들을 만날 수 있었다. 그곳에 온 사람들은 현지 부모를 비롯하여 유학생, 이주민, 베이비시터 등 다양했다. 육아 정보는 물론 지역 행사나 맛집 등에 관한 정보도 얻을 수 있었고, 내 아이보다 조금 큰 아이들로부터 작아진 옷까지 물려받았다.

낮 12시 드롭인 센터가 끝나고 집으로 돌아오면 아이는 활동적인 오전 시간을 보낸 덕분인지 점심도 잘 먹었고, 낮잠 시간까지 수월하게 연결되었다. 아이가 낮잠을 자는 동안 나는 짧게나마 내 시간을 가질 수 있었고, 덕분에 육아 부담이 조금은 줄어드는 기분이었다. 한국에 있는 가족과 친구들에게 드롭인 센터를 이야기하면 왜 우리나라에는 이런 공간이 없냐며 아쉬워했다. 그러는 과정에서 공부를 마치고 한국에 돌아가면 내가 사는 지역에 이런 공간을 만들어 보고 싶다는 생각을 했다.

지역 육아공동체와의
만남

유학을 마치고 귀국한 후에는 부모교육 및 교사교육, 교육 칼럼 기고 등 유아교육과 관련된 일을 하면서 방송통신대학교에서 유치원 정교사와 보육교사 자격을 취득했다. 그리고 2012년 남편이 대전에 있는 대학에 임용되면서 그곳으로 삶의 터전을 옮기게 되었다. 대전에서도 어린이집, 마을어린이도서관, 교회 등의 크고 작은 공동체에서 강의를 지속하였는데, 2014년 어느 날 '놀이터뜨樂'이라는 육아공동체에서 부모교육 요청을 받게 되었다. 대전 전역에서 모인 영유아 자녀를 둔 부모들이 대전 사회적자본지원센터에서 진행하는 좋은마을만들기 사업의 지원금으로 꾸리고 있는 모임이었다.

교육사회학을 전공한 남편과 함께 우리 사회와 (유아)교육, 그리고 육아에 대한 부모교육을 해 달라는 요청을 받았다. 섭외자는 열 가정 정도의 부모와 그 자녀들이 시민 공유 공간을 빌려서 모이는데, 아마도 강의가 제대로 진행되긴 어려울 거라며 미안해했다. 대신 자유로운 분위기에서 전문가이자 선배 부모로서 주제와 관련된 질문을 받고 생각을 나누는 집단상담 형식이어도 좋겠다는 제안을 해 주었다. 막상 가 보니 섭외자의 말 그대로였고, 사람 사는 냄새 물씬 나는 자유로운 분위기에서 함께 이야기를 나누었다. 다소 정신없는 모임이긴 했지만 나는 그곳에 모인 사람들의 건강한 에너지에 무척 감동받았다. 어렵고 고단한 육아지만 엄마, 아빠가 모두 나서 지역 사람들을 만나고 힘을 모아 자기 자리에서 할 수 있는 작은 일이라도 해 보려는 그 노력이 참 대단해 보였다.

이야기를 들어 보니 '놀이터뜨樂'은 갑자기 조직된 공동체가 아니었다. 이 모임은 2012년 막 어머니가 된 두 여성의 작은 모임에서 시작되었다고 한다. 돌도 채 되지 않은 어린 딸을 키우고 있던 한 여성과 출산을 1~2개월 남겨둔 또 한 여성의 작은 시도였다. 아이를 갖기 전까지 대전의 한 시민단체에서 함께 활동가로 일했던 두 사람은 어떻게 하면 아이를 잘 키울 수 있을까, 어떻게 하면 육아가 행복할 수 있을까를 고민하다가 지인들을 통해 알음알음으로 사람들을 모았고, 이 모임은 5명 정도의 구성원으로 늘어났다.

이들에 따르면, 사실 육아모임이라기보다는 '엄마모임'이 더 적합했다고 한다. 일주일에 한 번 집을 나와 사람들을 만나는 것만으로도 숨통이 트였기 때문이다. 대전지역 품앗이 공동체 원도심 레츠[5]에서 공간을 지원받을 수 있었고, 엄마들이 돌아가면서 간단한 놀이 프로그램을 준비해 와서 모임을 진행했다. 공동육아에 대해서도 함께 이야기를 나누어 보았지만 당시 구성원들이 알고 있는 공동육아는 공동육아 어린이집밖에 없었다고 한다. 공동육아의 다른 가능성은 생각해 보지 못한 것이다. 게다가 2012년 당시 정부가 무상보육을 시작하면서 무료로 어린이집을 보낼 수 있었기에 대단한 노력과 목돈이 필요한 공동육아 어린이집은 부담스러웠다. 자연스럽게 모임은 그 이상 진전될 수 없었고, 그나마도 출산과 복직하는 엄마들이 생겨나면서 유지가 어려워졌다.

그런데 2013년 대전에 사회적자본지원센터가 만들어지면서 이 모임은 새로운 기회를 얻게 되었다. 처음 모임을 만들었던 두 여성은 대전 사회적자본지원센터에서 진행하는 좋은마을만들기 사업에 '육아사랑방'이라는 이름으로 도전해 보기로 했다. 그리고 이 모임은 더 많은 사람을 모아 2014년 '놀이터뜨樂'으로 발전되었다. 10여 명의 (예비)아빠들이 적극적으로 참여하게 되면서 분위기는 더욱 활기차졌고, 구성원 증가에 따라 자연스럽게 전체 회의를 통해 사업 방향을 구체화했다. 논의의 수준도 높아져 단순히 내 아이의 문제를 넘어 '공동육아', '마을공동체'의 개념에 대해서도 함께 공부하기 시작했다. 마을공동체, 공동육아, (유아)교육학, 시민활동 전문가들을 멘토로 삼아 구성원 각자가 주체성을 지닌 리더로 성장해 보자는 포부도 있었다. 이러한 모습이 나의 마음을 움직였고, 단순히 '돕겠다'가 아닌 '함께하겠다'는 입장을 취하게 된 이유가 되었다.

2014년 '놀이터뜨樂'에 참여하면서 나는 부모들이 함께 모일 공간을 찾는 데 큰 어려움을 겪고 있다는 사실을 알게 되었다. 10여 가정의 부모가 어린 자녀들을 데리고 편하게 모일 수 있는 장소를 찾기란 결코 쉬운 일이 아니다. 그래서 남편이 일하는 대학(건신대학원대학교)과 그 대학의 모체가 된 교회(예뜰순복음교회)의 공간을 사용할 수 있도록 다리를 놓았다. 처음에는 대학 건물을 사용했지만,

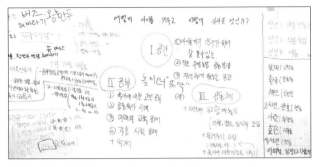

2014년 '놀이터뜨樂' 활동 모습

교회 영유아실이 어린아이들과 함께하기에 훨씬 더 편안한 공간임을 알게 되었다. 교회는 기꺼이 영유아실 공간을 부모들에게 내주었고, 지역의 젊은 부모들과의 인연은 이렇게 시작되었다.

묻지도 따지지도 않고 교회가 선뜻 공간을 내어주게 된 데는 나름의 이유가 있다. 교회 담임목사는 평소 지역 사람들로 활기찬 교회를 상상해 왔다고 했다. 일요일에만 북적대는 교회가 아닌 주중에도 지역 사람들이 편하게 드나들 수 있는 마을 사랑방 같은 곳 말이다. 하지만 이것만이 이유는 아니었다. 교회에서는 청년들이 출산 이

후 겪는 고단함이나 우울감, 고립감의 심각성을 인지하고 있었다. 그래서 일주일에 한 번 그들의 이야기를 들어주고 함께 기도도 하는 젊은 엄마들을 위한 기도모임을 운영하였다. 나도 그 모임에 초대되어 부모교육 특강을 진행한 적이 있었다. 그런데 일시적인 활동은 한계가 있어서, 그 이상의 지속적이고 전문적인 지원의 필요성이 제기되었다. 이러한 복합적인 일들이 계기가 되어, 나와 교회, 대학 관계자들은 함께 만나 부모들의 필요와 요구를 어떻게 지원할 것인가 고민하기 시작했다. 공간과 인력을 제공하겠다는 교회와 교육, 육아, 마을교육공동체 등에 대한 전문성을 지원하겠다는 대학의 의지, 그리고 부모들의 열정이 결합된다면 못 할 일이 없을 것 같았다.

하지만 세상일이란 게 참 내 마음 같지 않다. 그러는 동안 '놀이터뜨樂' 부모들에게는 둘째, 셋째 출산과 복직, 사업 확장 등의 일들이 생겼다. 공동체 활동을 적극적으로 할 수 없는 처지들이 되면서 하나둘 흩어지기 시작했다. 교회 역시 여러 가지 사정들이 겹쳐 원래 마음먹었던 전용공간 마련 같은 큰 계획을 잠시 보류할 수밖에 없는 상황이 되었다. 그래도 부모들이 공동체 모임을 지속할 수 있도록 영유아실 공간은 계속 지원하기로 했다.

기대했던 만큼 고무적인 상황은 아니었지만 희망은 있었다. 2012년 처음 자조모임을 꾸리고 2013년 '육아사랑방', 2014년 '놀이터뜨樂' 활동을 했던 부모 중 한 명이 둘째 출산 후 공동체로 복귀했고, 교회의 영유아부 담당 사역자가 기꺼이 도움의 손길을 내밀어 주었다. 이들과 함께 나는 공동체 모임의 대표 역할을 맡으며 2015년 좋은마을만들기 사업에 '어린이뜨락'이라는 이름으로 참여하기로 했다.

2015년 '함께 키우는 육아공간의 상상' 홍보 포스터와 행사 모습

　'놀이'에 초점을 맞추어 고가의 장난감이나 프로그램화된 놀이가 아닌 일상에서 아이와 함께 할 수 있는 놀이들을 소개했다. 생활용품, 자연물, 재활용품 등을 활용한 오감놀이를 함께 하고, 유아들의 말과 행동에 담긴 아동발달 혹은 유아교육학상의 의미를 일상 대화를 통해서, 또 네이버 밴드에 글과 사진을 업로드하여 알려 주려고 노력했다. 한 달에 한 번은 음악, 동화 구현, 체육 등 전문 강사를 초청해 놀이 프로그램을 마련했다. '공동육아 집단 톡톡: 함께 키우는 육아공간의 상상'이라는 행사를 기획하여 대학, 교회, 지자체 기관 관계자들과 부모들이 만날 수 있는 자리를 마련하기도 했다.

　일주일에 한 번 있는 정기 모임에는 교회 영유아실이 꽉 찰 정도로 많은 부모와 영유아가 함께했는데, 강사 초청 프로그램이 있을 때는 보통 12~14가정이 모여 발 디딜 틈이 없었다. 모임이 있는 날이면 교회 사역자와 교인들이 나서서 점심 식사를 준비해 주곤 했다.

하지만 2015년 '어린이뜨락'을 통해 크게 배운 것이 있었다. 공동체는 구성원 모두가 주체로 참여해야 한다는 것. 자원과 서비스를 제공하는 사람 따로, 이용하고 소비하는 사람 따로인 구조 속에서 진정한 공동체로서의 자리매김과 지속가능성은 절대 보장될 수 없음을 깨달았다.

이런 맥락에서 2016년에는 부모들의 주체성이 강조될 수밖에 없었다. 부모들의 주체성을 이야기할 때 부담을 느끼고 떠나는 이들도 생겨났다. 이때 부모 두 명이 우리의 뜻에 동의하고 깃발을 들었다. 이즈음 교회에서는 자원봉사자였던 영유아부 담당 사역자를 본격적으로 '어린이뜨락' 전담 지원 사역자로 임명했다. 이로써 세 사람은 2016년 한국사회적기업진흥원에서 주관하는 사회적기업가육성사업에 도전하기로 했다. 이 사업은 지원금이 3천만 원으로 단위가 작지 않았기 때문에 매달 제출해야 하는 서류 작업이 상당했고, 의무교육도 만만치 않았다. 육아와 집안일을 병행하며 사업을 추진해야 하는 부모들은 적잖은 어려움을 겪었다. 아이가 잠들고 난 밤 시간부터 새벽까지 일을 하고, 아이를 업고 의무교육에 참여해야 했다. 이 시기에는 6명의 부모와 9명의 자녀가 함께했는데 서류 작업이 많을 때는 서너 명의 부모가 모든 아이를 돌보고 사업을 진행하는 부모들은 뒷방에서 일을 하기도 했다.

이러한 노고를 통해 2016년 '어린이뜨락 협동조합'이 설립되었다. 처음에는 사회적협동조합을 설립하고자 했으나 "주 사업 내용이 어린이집 설치 운영이 아닌 공동육아 형태이기 때문에 인가 대상에 해당하지 않는다고 판단된다"는 서면 통보를 받았다. 담당자는 '육아정育兒庭'이란 개념은 전례가 없어서 곤란하다는 말도 덧붙였다. 우여곡절 끝에 협동조합 설립으로 2016년 사업은 마무리되었지만 부모들은 2017년에는 각종 공동체 지원 사업 지원을 고사했다. 2016년 사업을 진행하는 동안 너무 고생한 여파가 컸다. 궁극적으로는 아이들을 잘 키워 보겠다고 하는 일인데 사업에 치여서 오히려 아이들이 뒷전으로 밀리는 일이 생기더라는 말은 충분히 납득할 만한 이유였다. 2017년에는 별다른 지원 사업 참여 없이 총 여덟 가정의 부모와 아이들이 정기적으로 교회 영유아실에 모여 모임을 이어 갔다. 그리고 그해 교회, 대학의 적극적인 지원으로 어린이뜨락의 전용 공간 '육아정育兒庭'이 개소되었다.

공동체의
갈등과 고민

2017년 전용공간 마련과 관련하여 대학, 교회와 부모들 사이에 갈등이 발생하게 된다. 장기적이고 미래적인 전망을 위해 전용공간은 필요하다는 나를 포함한 대학 및 교회 측의 입장과 지금 이대로 우리끼리의 모임이 좋다는 부모대표의 입장이 서서히 관계에 균열을 내기 시작했다. 전용공간이 필요하다고 주장하는 입장에서는 20여 평 남짓한 영유아실 공간은 지역사회 구성원들을 초대할 수 있는 허브hub 마련이라는 큰 그림을 실현시키는 데 물리적인 한계가 보였기 때문이다. 그리고 '놀이'를 중심으로 모이는 어린이뜨락과 '예배'를 중심으로 모이는 영유아실의 목적이 대치되는 현상이 종종 발생했다.

주중에 어린이뜨락이 벌여 놓은 놀잇감들이 교회 영유아부 교사들에겐 부담이 되었다. 놀잇감을 본 어린아이들을 예배에 집중시키기 어려웠기 때문이다. 또한 어린이뜨락 부모들은 영유아실 사용이 '내 집처럼 편하다'고 했지만 영유아부 교사들 사이에서는 '내 집이면 이렇게 쓰겠느냐'는 불만이 나오기도 했다. 영유아부와 어린이뜨락을 모두 맡고 있는 사역자가 양쪽 입장을 변호하며 조율했지만 쉬운 일은 아니었다.

또 한편으로는 교육적 측면에서 전용공간의 필요성이 대두되었다. 아이들에게도 어른들에게도 '우리'의 공간을 주체적이고 자발적으로 활용할 수 있는 환경을 만들어 주는 것이 필요해 보였다. 어른들이 창고를 들락거리며 꺼내어 펼치는 놀이는 때로 맥락을 잃었고 그때그때의 성급한 대응이 되기도 했다.

이런 설득을 통해 전용공간 마련은 실현되었지만, 당신 사업하려는 것 아니냐, 당신의 역할은 도대체 무엇이냐는 나를 향한 비판과 함께, 협동조합의 필요성을 못 느끼겠으니 탈퇴하겠다는 메시지를 남기고 핵심 역할을 한 부모들은 어린이뜨락을 떠났다. 모두에게 큰 아픔과 상처를 남긴 사건이었고 개인적으로 큰 혼란을 경험했다. 하지만 이 사건을 계기로 공동체란 무엇이고 어떻게 유지되어야 하는가, 육아공동체의 조력자란 어떤 역할을 해야 하는가 등에 대한 나의 고민은 시작되고 조금씩 발전하게 되었다. 이 고민은 2014년 '놀이터뜨락樂'에 합류하면서 시작된 육아공동체에 대한 생각과 내가 취해 온 행동 전반에 대한 성찰이었다.

공동체가 금방 와해될 것 같았던 사건들에도 불구하고 2018년에도 운 좋게 어린이뜨락의 명맥은 유지되었다. 한 부모의 제안으로 네이버 카페 '가정보육맘'⁶ 사이트에 홍보 글을 올린 후로 그곳을 통해 꾸준히 사람들이 모여들었다. 다행히 어린이뜨락 전용공간 개소식에 참여하고 적극성을 보인 부모 한 명이 지속가능발전협의회 환경동아리 공모 사업에 '아빠와 함께하는 주말 숲 체험'이라는 사업명으로 지원하여 어린이뜨락 안에서 부모들의 주체적 모임도 운영되었다.

그러다 2018년 가을에 예상치 못한 일이 생겼다. 이 사업의 대표를 맡은 부모가 셋째를 임신하면서 어린이뜨락 활동을 중단하고, 그 부모의 첫째 아들과 단짝 친구로 놀던 아이의 부모까지 어린이뜨락에 나오지 않기로 결정하면서 공동체의 분위기가 달라졌다. 대타로 이 사업을 맡게 된 한 부모는 책임감으로 마무리를 하긴 했지만, 공동체 안에서 준비하는 자와 이용하는 자가 대비되는 데서 오는 심리적인 부대낌을 토로했다. 적극성을 띠었던 몇 명의 부모가 활동을 중단하면서 부모들의 주체성은 급격히 저하되었고, 함께 아이를 키우는 육아공동체라 믿었던 어린이뜨락은 아이와 함께 이용하는 마을형 무료 키즈카페가 되어 버린 느낌이었다.

연말 파티를 기점으로 어린이뜨락 구성원은 점점 줄어들었고, 단 한 가정만 남게 되었다. 무엇보다 내 역할에 자괴감을 느끼게 된 것은 참여자들이 단톡방(단체 카카오톡 방)을 갑작스레 나가는 모습을 볼 때였다. 어린이뜨락은 취학 전 영유아와 부모(보호자)라면 누구나 이용할 수 있지만, 주로 아이들을 기관에 보내지 않는 가정에서 참여한다. 그래서 보통 0~5세 사이의 혼합연령으로 구성되는데, 자녀들이 3~4세가 되면 부모들은 기관에 보낼지, 아니면 가정에서의 보육을 한 해 더 유지할지 고민하는 경우가 많다. 해가 바뀌고 1, 2월은 이 고민이 가장 적극적으로 이루어지는 시기다. 대기자 명단에 이름을 올려놓았던 기관에 자리가 나거나 기관 보육을 결정하게 되면 그동안 시간을 함께 보냈던 구성원들에게 면대면 인사도 없이 간단한 글을 남기고 단톡방을 나가는 경우들이 있었다. 갑자기 '○○○ 님이 나갔습니다'라는 글이 뜨면 서운함과 동시에 자괴감이 밀려오곤 했다. 나 지금 뭐 하고 있는 거지? 이게 과연 의미가 있는 일일까? 나 지금 뭔가 크게 잘못하고 있는 게 아닐까?

2019년 3월까지도 어린이뜨락은 60여 평 되는 깔끔한 전용공간이 무색하게 한 가정만 간간이 나올 뿐 개점 휴업 상태였다. 홍보 전단지를 뿌리고, 소재지 관청에서 발행하는 소식지에도 광고를 실었지만 소용없었다. 그만두고 싶은 마음이 굴뚝같았지만 차마 그럴 수 없는 이유가 있었다. 2017년 넉넉지 않은 형편에도 선뜻 전용공간 마련을 지원하면서도 성경책이나 십자가, 지원 기관 명칭은 겉으로 드러내지 않았으면 좋겠다는 내 제안을 흔쾌히 받아들인 교회와 대학에 개소 일 년 만에 정리하겠다는 말을 차마 할 수가 없었다. 또한 무엇보다 연구자이자 실천가로 자부하며 쏟아부은 시간과 노력을 스스로 외면하기 힘들었다.

어린이뜨락을 바로 세우기 위해 무엇이라도 해야 했다. 시급하게 진행해야 할 일은 협동조합을 살리는 일이라고 생각했다. 2017년 협동조합의 필요성을 못 느끼겠다며 대표가 떠난 뒤로 협동조합은 이름뿐이었다. 대표 자리는 공석이었고 관련된 행정 서류도 정리되지 못한 채 방치된 상태였다. 그렇게 떠난 대표에 대한 불편한 감정으로 협동조합 총회를 열고 대표 및 임원 변경 등의 재정비 작업을 진행했다.

아이러니하게도 그 과정에서 떠나간 부모들의 마음을 이해하게 되었다. 협동조합 서류 작업은 생각보다 복잡하고 까다로웠다. 사회적경제연구원에 문의해 안내받은 서류를 준비해 시청에 가면 그곳에서는 또 다른 서류를 요구해서 다시 걸음을 해야 했다. 법원으로 법무사무소로 다녀야 할 곳도 많았다. 총회 회의록을 작성해서 공증을 받는 과정에서도 애써 작성해 간 서류를 퇴짜 맞고 돌아오기도 했다. 이만하면 됐겠지 생각하고 등기소에 갔더니 담당 공무원이 서류에 수정할 거리를 잔뜩 표시해 놓고는 다시 해 오라고 했다. 짜증과 비탄의 심정으로 멍하니 서 있었더니 네댓 번씩 다시 오는 분들도 많다며 이만하면 잘한 거란다. 아~ 이만하면 잘한 거라니! 나는 지금 왜 여기서 이런 소리를 듣고 있는가!

그러면서 떠나간 부모들이 생각났다. 이 일을 어린아이들을 데리고 했겠구나. 나는 서류 가방 하나 들고 다녔는데 그들은 아이와 함께 짐을 바리바리 싸 들고 다녀야 했겠지. 나는 혼자 책상에 앉아 서류를 작성했지만 그들 옆에는 칭얼거리는 아이들이 있었겠지. 그런 생각을 하면서 2017년 11월 육아정 개소식 즈음 어린이뜨락을 함께 지원하는 지역 대학의 교수이자 남편이 했던 말이 떠올랐다. "개소식 때 네가 마이크 잡고 육아정 공간 구성 원리 설명하고 그러면 누가 봐도 이건 네가 한 것으로 보이지, 부모들이 애쓰며 협동조합 설립하고 꾸려 온 게 보이겠냐? 빼앗기는 것 같았을 거야. 불안했을 거야." 그제야 그들의 마음이 조금 이해되었다. 불안했겠구나, 억울했겠구나, 속상했겠구나. 나는 빼앗을 생각이 전혀 없었다 해도 그랬을 거다. 충분히 그럴 수 있다.

2017년 말, 어린이뜨락 안에서의 갈등이 고조됐을 때 지역 대학 총장이 당시 부모대표를 만났다. 그러고 나서 나를 불렀다. "차 선생이 그래도 더 성숙한 언니니까 그냥 푸근하게 품어 주면 안 될까? 내가 얘기를 해 보니 갑자기 일은 커졌는데 이걸 어떻게 감당하나 두렵기도 하고 불안하기도 하고 그랬던 거 같아." 생각할 시간을 달라고 하고 이제까지 함께 일해 왔던 교회 파견 어린이뜨락 담당 사역자와 며칠을 이야기하며 고민했다. 그리고 우리가 내린 결론은 '붙잡지 말자'였다. 그 이유는 감정이 태도가 되어서는 안 된다는 것이었다. 그런데 지금 돌아보니 그건 나도 마찬가지였다. 결정의 기준은 감정이 아니라 애정이었어야 했다. 그게 더 성숙한 언니의 모습이었고, 역량 있는 소셜페다고그소셜페다고지 이론을 실천하는 사람으로 사회 변화를 목표로 사회문제가 발생하는 상황에서 배움과 성장을 위한 페다고지에 초점을 두고 일상적인 환경에서 사람들과 함께 협력하여 활동을 계획하고 진행한다. 이 책에서 '소셜페다고그'는 전문성을 가지고 육아공동체를 지원하는 조력자를 일컫는 의미로 사용된다의 모습이었다. '너무 거대한 상대라서 약한 쪽이 강한 쪽을 상대하는 방법은 이런 것밖에 없다'는 떠나간 부모들의 날 선 말도 그제야 조금은 이해가 되었다.

내가 그들에게 어떤 존재로 보이는가, 우리는 어떠한 관계를 맺어야 하는가, 조금 더 민감하게 헤아렸어야 했다. 이 일로 우리 모두는 좋은 기회를 놓쳤다. 부모는 대안적 보육의 새로운 모델을 주체적으로 시도하고, 대학은 실천과 연구가 결합된 학문적 기여를 하고, 교회는 지역사회에 이바지하는 소명을 이루어 내며 서로 윈윈win-win해 보자는 그림은 뒤틀어졌다. 대학과 교회는 여전히 그 일을 하려 노력하고 있지만, 부모들의 주체성이 무너지니 공동체에서 역동적인 활기를 찾기가 어려웠다.

부질없다는 걸 알면서도 후회가 밀려오면 자꾸만 다른 경우의 수를 생각하게 된다. 그때 내가 더 성숙한 언니였더라면, 차라리 밤샘 속풀이 자리라도 만들어서 서로의 마음을 더 깊숙이 들여다봤더라면… 그랬더라면 달라지지 않았을까?

상처가 아픔으로 끝나지 않으려면 새로운 방법을 모색해야 한다. 그래야만 실패에서 의미를 얻을 수 있다.

어린이뜨락이 걸어온 길

2012년	초보 엄마들의 육아모임으로 시작
2013년	〈부모가 함께하는 육아사랑방〉 대전 사회적자본지원센터 좋은마을 만들기 사업
2014년	〈놀이터뜨樂: 아빠, 엄마가 함께 만드는 육아공동체〉 대전 사회적자본지원센터 좋은마을만들기 모이자 사업
2015년	〈어린이뜨락: 마을놀이방 수다모임〉 대전 사회적자본지원센터 좋은마을만들기 모이자 사업 〈공동육아 집단 톡톡: 함께 키우는 육아공간의 상상〉 행사 개최
2016년	〈어린이뜨락: 사회적기업가육성사업〉 한국사회적기업진흥원 사회적사업가육성사업(창업팀) 〈협동조합 어린이뜨락〉 설립
2017년	〈육아정(育兒庭) 어린이뜨락〉 개소
2018년	〈아빠와 함께하는 주말 숲 체험〉 지속가능발전협의회 환경동아리 공모 사업 대전 중구 용두동 행정복지센터와 육아돌봄공동체 지원 업무협약
2019년	〈어린이뜨락: 마을 공동육아 활성화 사업〉 대전 중구 마을공동체 활성화 열매 사업

대안을
생각하다

어린이뜨락을 다시 바로 세우고자 고민하며 영국에서 돌쟁이 아이를 데리고 드롭인 센터를 찾았던 나의 모습까지 되짚어 올라가 보았다. 그 당시 나는 왜, 어떤 마음으로 그곳을 찾았을까? 곰곰이 생각해 보니 그때의 나 역시 '공동체'에 대한 생각이나 고민 따위는 없었다는 걸 깨달았다. 그저 육아가 좀 수월해지기 바라는 마음이 전부였다. 내 아이와 내가 즐거운 시간을 보낼 곳이 필요했고, 그때의 나도 그저 한 명의 '소비자'에 불과했던 것이다.

여기서 잠깐 부모로서 나의 또 다른 경험 이야기를 덧붙여 보자. 나는 중·고등 통합 6년제 비인가 대안학교에서 아이를 키웠다. 평소 아이 교육 문제에 관해 남편과 대화를 많이 하는 편이고 길 찾기의 기본 방향에 있어 우리 두 사람 사이에 큰 이견은 없다. 그래도 남편은 교육사회학을 전공하고 대안교육학과 교수로 재직하고 있기에 아무래도 학교를 선택할 때는 남편의 의견을 많이 수용한 편이었다.

남편은 우리가 선택한 학교로 아이를 보내고 싶은 이유에 대해 부모들의 공동체성을 첫 번째로 꼽았다. 우리 사회의 대안적 교육에 대해 고민하는 연구자이면서 대안교육연대 운영위원으로도 참여했던 남편은 여러 대안학교 현장을 볼 수 있는 기회가 많았다. 대안교육연대는 단순히 한 학교 안에서 일어나는 일이 아닌 모든 학교가 연대해서 함께 해결해야 할 일들을 다루는 조직인데, 일이 있을 때마다 그 학교의 부모들은 뭔가 다르게 보였단다. 부모들끼리 단합하고 협동하는 모습이 인상 깊었다는 것이다.

입학 전 아이와 함께 학교 설명회에도 참석하고, 전형 과정을 거쳐 그 학교에 들어갔지만 그때까지도 나는 교육공동체 안에서 그다지 주체성 있는 부모는 아니었다. 겉으로 티를 내지 않으려 노력하지만 내향적이고 낯을 가리는 성격이어서 친하지 않은 사람들이 모인 곳을 불편해하는 편인 데다가, 솔직히 고백하건대 아이의 입학을 결심할 당시 내가 그 학교를 선택한 이유는 교육적 소신이었지 공동체에 대한 목마름이나 필요성 인식 때문은 아니었다.

그럼에도 불구하고 지금 내가 '육아정'은 우리 사회에 필요한 의미 있는 시도라고 믿는 이유는 아이를 보낸 학교에서의 경험 때문이 아닐까 생각한다. 비인가 대안학교는 정부의 지원을 받지 못하기 때문에 부모들이 교사들과 힘을 합쳐 해결해야 할 일들이 많았다. 학교 운영위원회는 각종 소위원회를 두고 있어 부모의 대부분은 소위원회 소속으로 학교의 이런저런 일들을 분담해야 했다. 선배 부모들의 적극적인 모습을 통해, 그리고 일 년에 서너 번씩 있는 부모교육을 통해 서서히 공동체 분위기에 젖어들었다. 이러한 과정에서 나는 교육소비시장 및 경쟁 중심 교육에 대한 문제의식, 사회문제를 바라보는 시민정신, 생태적 환경과 건강한 먹거리의 중요성 등에 대해 조금씩 더 깊은 관심을 가지게 되었다. 그뿐만 아니라, 어느 순간엔가 내 삶이 이런 공동체와 연결되어 있음을 감사해하고 지속하고 싶어 하는 나를 발견하게 되었다.

부모로서의 나의 경험과 2014년 이후 어린이뜨락의 참여자이자 조력자로서의 나의 태도를 찬찬히 되짚어 보고 성찰하는 일은 어린이뜨락 활성화와 지속가능성에 대한 고민에 새로운 반향을 일으켰다. 어린이뜨락은 애초에 부모들의 자발적인 자조모임으로 시작되었지만 시간이 흘러가면서 구성원들 간의 관계와 운영 구조가 다양한 형태로 변화되고 있었다. 부모들의 자발성이 부각되었을 때나 그렇지 못했을 때나 나는 조력자로서 나의 역할을 어떻게 생각했던 것일까? 단지 공간을 마련해 주고, 놀잇거리를 제공하는 것으로 내 역할을 다했다고 생각했던 것은 아닐까? 공동체의 형성, 유지, 발전은 부모들의 몫이라 여기며 방관하고 있었던 것은 아닐까? 혹시 공동체의 형성은 저절로 이루어지리라 생각했던 걸까? 드롭인 센터에서의 어떤 경험이 나를 어린이뜨락까지 이끌었을까? 아이를 보낸 비인가 대안학교에서의 어떤 경험이 나로 하여금 공동체에 대한 희망을 갖도록 해 주었을까? 개인주의적인 부모들을 공동체의 주체로 세우려면 어떻게 해야 할까? 어린이뜨락을 통해 우리 사회의 관계성과 공동체성을 회복할 방법은 없을까? 육아공동체 어린이뜨락은 앞으로 어떤 방향으로 나아가야 할까? 이런 생각들이 꼬리에 꼬리를 물었다.

이뿐만 아니라 연구자로서의 경험도 어린이뜨락을 바로 세우려는 노력에 큰 영향을 미쳤는데, 가장 두드러진 것이 소셜페다고지Social Pedagogy와의 조우였다. 어린이뜨락을 지원하는 건신대학원대학교는 대안교육학과를 중심으로 연구를 위한 대안교육연구소와 실천을 위한 대안교육센터를 두고 있다. 대안교육센터에는 청소년센터와 영유아센터가 있는데, 청소년센터는 대전시교육청 위탁형 대안학교 '신나는 배움터 두런두런'을, 영유아센터는 '육아정 어린이뜨락'을 운영하고 지원한다. 나는 영유아센터 장으로 어린이뜨락을 지원하면서 동시에 대안교육연구소 연구교수로 진행되는 연구 사업에도 참여하고 있었다.

대안교육연구소는 2016년 일본 홋카이도대학교 교육학과 미야자키 다카시宮崎隆志 교수 연구팀과 '대안교육과 지역교육 운동 한-일 교류 포럼'을 개최했다. 지역사회와 교사 및 부모는 아이들의 삶에 진정으로 필요한 교육 내용을 어떻게 자주적으로 생성하고 실천해 왔는지, 그리고 이를 위한 협업 관계의 새로운 창출 가능성은 무엇인지 등이 이날의 주제였다. 행사 이후 홋카이도대학교 연구자들과 뒤풀이하는 자리에서 마을교육공동체 활성화 지원 방법에 대한 이런저런 이야기들이 오갔다. 일본 연구자들은 '소셜페다고지Social Pedagogy'라는 말을 중간중간 끼워 넣었는데, 내게는 생소한 용어였다. 궁금했지만 한국어와 일본어가 유창한 한국인 연구자 한 명의 통역에 의존하면서 여섯 명이 대화를 이어 가야 하는 상황인 데다가, 같은 연구자로 만난 자리에서 묻기가 왠지 겸연쩍은 마음이 들었다. 그저 이야기 맥락에서 이론적 특징을 유추할 뿐이었는데, 돌봄의 문제를 개인 단위에서뿐만 아니라 집단적이고 사회적으로 해결하기 위해 페다고지 요소를 적용한다는 의미로 이해되었다.

훗날 어린이뜨락 바로 세우기를 고민하는 과정에서 혹시나 하는 마음으로 실마리를 찾으려 살펴본 소셜페다고지는 이론적으로뿐만 아니라 실천적인 측면에서 모호하고 답답했던 여러 지점에 새로운 시각을 열어 주었다. 스칸디나비아를 중심으로 (북)유럽 대륙에서 발전한 소셜페다고지는, 공교롭게도 내가 공부한 런던대학교 교육연구대학원Institute of Education, University of London 산하의 토마스 코람 연구소Thomas Coram Research Unit, TCRU[7]에서 영미권에 처음으로 소개하고 발전시킨 이론이란 사실도 나에게 더욱 흥미로운 관심을 불러일으켰다.

이렇게 육아공동체 어린이뜨락을 중심으로 과거, 현재, 미래를 넘나들며 나의 삶과 배움이 연결되어 만들어 내는 생각과 고민들은 박사학위 논문 연구주제와 자연스럽게 연결되었다. 2014년부터 어린이뜨락과 함께 살아낸 이야기 안에서 나의 생각과 태도, 감정들을 되짚어 보며 시행착오의 경험을 마주하고 성찰하면서 성장을 확인하고, 그럼에도 불구하고 끝나지 않은 고민들이 나를 다시 '육아공동체 조력자 역할'이라는 화두로 이끈 것이다. 1부를 시작하며 인용한 조 살라스의 말처럼 어린이뜨락을 중심으로 직조된 나의 경험을 이야기할 때 그것은 나 개인의 의미를 발견하고 싶을 뿐만 아니라, 육아와 교육의 문제에서 공동체가 지니는 존재적 의미라는 사회적 가치를 얻어 낼 수 있으리라 기대하기 때문이다.

소셜페다고지와 소셜페다고그

연구에 따르면 다음과 같은 원칙들이 소셜페다고지 실천 환경에 적용된다:

- 소셜페다고지는 전인적 인간에 관심을 두고 통전적인 발달을 지원한다.
- 소셜페다고그는 사람들과의 관계에서 스스로를 하나의 인간으로 본다.
- 모든 구성원은 같은 생활공간을 살며 계급의 구별은 존재하지 않는다.
- 소셜페다고그는 전문가로서 자신의 실천을 지속적으로 성찰하며, 직면하는 도전적인 일에 전문 이론과 자기 지식을 적용한다.
- 소셜페다고그는 또한 현실적이어야 하기 때문에 그들의 의도는 사람들과의 일상생활 면면에 녹아들어야 한다.
- 공동체 생활은 중요한 자원으로 간주된다. 따라서 실천가들은 공동체 요건을 조성하고 활용해야 한다.
- 페다고지는 인권에 대한 이해에 기반을 두어야 한다.
- 성장을 위해 다른 전문가, 지역사회 구성원들의 기여와 협력에 가치를 두어야 한다.
- 관계에 중심을 두고 경청과 소통의 중요성을 강조한다.

Pat Petrie, Janet Boddy, Claire Cameron, Valerie Wigfall, & Antonia Simon, 「Working with children in care: European perspectives」(2006, p. 22)[8]

소셜페다고지의 개념

어떤 이론이나 개념, 혹은 아이디어를 이해할 때 그 명칭을 구성하는 단어의 의미를 출발점으로 삼으면 도움이 된다. 마찬가지로, 소셜페다고지의 개념적 의미를 파악하기 위해서는 '소셜Social'과 '페다고지Pedagogy'라는 두 단어를 떼어 살펴볼 필요가 있겠다.

우선 '소셜Social'에는 소셜페다고지가 추구하는 중요한 특징이 담겨 있다. 그것은 개인, 집단, 그리고 사회에 대한 관심이 개별적으로 유리되지 않고 그 상호작용들이 함께 고려될 때 새로운 시각이 열린다는 관점이다. 교육은 개인의 문제일 수 없기에 사람들 사이의 관계 맺음과 자조적 연대를 강조하며, 더 나아가서는 사회문제 및 사회정의와 관련된 의미까지 두루 포괄한다.

다음에 이어지는 '페다고지Pedagogy'는 소셜페다고지에 대한 깊은 이해를 위해 더욱 세심히 생각해 보아야 한다. 영미권에서 소셜페다고지를 연구하는 학자들은 소셜페다고지가 전통적으로 영어를 모국어로 사용하지 않는 (북)유럽 국가들에서 뿌리를 내렸기 때문에 단순한 번역을 통해서는 내포된 의미를 이해하기 어려웠다고 고백한다. '페다고지'라는 용어는 그 대표적인 예로, 이를 영미권에서 흔히 통용되듯 '가르침과 배움의 과학'으로 이해하면 인지적 접근을 통해 교실에서 이루어지는 실제적 교육과 관련이 있다. 그런데 소셜페다고지에서의 '페다고지'는 좀 더 광범위한 맥락에서 이 개념이 품고 있는 '형성Formation'의 뜻으로 이해해야 한다. '형성'은 사회 및 부모 세대로부터 전달되는 규범과 가치, 그리고 그것들의 보존을 의미한다. 동시에 '형성'은 이러한 과정 안에 존재하기는 하지만 아직 현실에서 구현되지 못한 것들까지도 포함한다. 다시 말하면, 자라나는 세대가 기성세대로부터 문화를 전달받는 과정에서 기존의 것을 파악하고 재정의하여 이제까지와는 다른 새로운 어떤 것을 만들어 내는 것이다. 즉, 자신이 속해 있는 사회문화의 영향으로 발달하는 '형성됨to be formed'과 스스로 발달하고 성장하는 '형성함to form'을 모두 포괄하는 과정이자 결과인 것이다.

개인적 요구와 사회적 요구를 연결시키다

소셜페다고지는 1850년경 독일의 카를 마거Karl Mager, 1810~1858와 아돌프 디스터벡Adolph Diesterweg, 1790~1866에 의해 처음으로 정의되었다. 당시 독일은 대부분의 유럽 국가와 마찬가지로 큰 사회적 변화를 겪고 있었다. 산업화가 진행되면서 일자리를 찾아 농촌에서 도시로 이주해 온 사람들이 급증했고, 노동계급의 빈곤과 불평등이 커지기 시작했다. 사람들 사이에서는 산업혁명의 역기능에 대한 인식이 높아졌는데, 이 두 연구자는 사람들이 자신의 상황을 스스로 개선하기 위해서는 '페다고지'가 필요함을 인식하고 개인적 요구와 사회적 요구를 최초로 연결시켰다.

자기 자신의 상황에서 맞닥뜨린 불평등을 각자의 위치에서 해결하고자 시도했던 갖가지 노력은 소셜페다고지가 다양한 형태로 정의되는 데 큰 영향을 미쳤다. 아돌프 디스터벡은 페다고지 접근법을 적용하여 개개인을 개발시키고 자신감을 높여 스스로 삶을 변화시킬 수 있도록 해야 한다고 주장하며, 산업사회의 문제를 해결할 수 있는 일상 작업의 틀로 소셜페다고지를 설명했다. 그는 특히 특정 소외 계층을 둘러싼 미시 체계를 사회 변화를 가능케 하는 핵심 요소로 보고 개인이나 가족 등을 지원하는 데 초점을 맞추었다.

반면, 카를 마거는 정치체제처럼 사람들의 삶에 영향을 미치는 보다 거시적인 차원에 관심을 두었다. 나와 우리 가족뿐만 아니라 자신이 속해 있는 지역사회와 연결되고 영향력을 미칠 수 있는 진정한 사회 구성원으로 이끌어야 한다는 것이었다. 그는 최초로 소셜페다고지를 '실제 일어난 사회문제에 대한 설명을 포함한, (그 사회에 적용할 수 있는) 모든 개인 및 사회, 도덕 교육 이론'이라고 정의하고, 개인과 사회의 긍정적 변화를 위해서는 다른 사람들과 협력하고 연대하는 접근 방식을 취해야 한다고 강조했다.

두 연구자는 미묘하게 사회학적 견해 차이를 보인다. 하지만 우리는 모두 연결되어 있는 사회적 존재이며, 서로가 서로를 돌보는 생산적인 사회로 발전하기 위해서는 소셜페다고지가 매우 유용한 실천 이론이 될 수 있다는 전제에 똑같이 동의했다. 이는 소셜페다고지가 단순히 교육이나 사회복지와 구별되는 중요한 지점으로, 개인과 사회에 똑같이 중요성을 부여하고 있다. 사회적 문제를 개선하기 위해서는 개인의 문제뿐만 아니라 사회적, 경제적, 역사적 상황까지도 통찰적인 관심을 가지고 이해할 필요가 있다는 것이다.

소셜페다고지를 이해하기 위한 중요한 포인트 중 하나는 사회의 변화와 발전을 지원하기 위해 페다고지를 활용한다는 점인데, 이는 소셜페다고지가 실천 이론으로 발전할 수 있었던 이유가 된다. 사람들에게 개인 및 사회적 차원에서 요구되는 기술을 개발하게 하여 삶의 도전적인 상황에 잘 대처하는 적극적이고 독립적인 구성원이 될 수 있도록 돕는 것이다. 즉, 소셜페다고지 실천은 단순히 한 개인을 위한 교육을 넘어 개인을 사회 속의 인간으로 키워 내는 것이다.

그러므로 소셜페다고지에서 '페다고지'란 사회적 배움social learning과 깊은 관련이 있다. 다른 사람들과의 관계를 통해 사회에 기여하는 신체적, 인지적, 정서적, 창의적 인간으로 성장하는 것을 의미한다.

공동체 안에서 함께 어울리게 만드는 실천적인 철학

소셜페다고지의 선구자로 꼽히는 파울 나토르프Paul Natorp, 1854 ~1924에 따르면, 사람은 사람들과의 관계를 통해서만 비로소 사람이 될 수 있기에 소셜페다고지는 공동체 안에서 함께 어울리게 만드는 실천적인 철학이다. 그는 소셜페다고지를 '의지의 페다고지The pedagogy of the will'라고 명명하면서, 사람들은 서로 어떠한 관계를 맺을지 의지에 따라 선택할 수 있다고 전제한다. 그런데 개인의 선택은 사회적 조건에 영향을 받기 때문에, 관계 맺는 방법을 선택하는 데는 지역사회가 큰 영향력을 미치게 된다는 것이다. 그러므로 다양한 상황에서 개인이 지역사회에서 사회문화적 상호작용을 할 수 있는 공동체적 조건을 만들어 내는 것이 소셜페다고지의 실천이라고 강조한다.

또한 소셜페다고지는 인본주의적 원칙과 가치에 근간을 두고 있다. 각각의 개인은 가치 있는 존재로 고유한 자원과 잠재력을 가지고 있기에 그들과 함께할 수 있는 방법을 찾으면 지역사회 공동체에 의미 있는 기여를 할 수 있다는 것이다. 이에 대한 이해를 돕기 위해 소셜페다고지에서는 체코의 철학자인 요한 아모스 코메니우스Johann Amos Comenius, 1592~1670가 정원사와 조각가를 비교한 은유적 예를 제시한다. 조각가는 도구를 사용하여 재료를 원하는 형태로 변형하거나 가공한다. 반면에 정원사는 식물이 자유롭게 자라도록 유기적 환경을 조성하고 필요한 요소들을 지원한다. 즉, 은유적인 의미에서 소셜페다고그에게는 정원사의 역할이 기대되는 것이다. 이는 소셜페다고지의 핵심적 개념으로, 소셜페다고지 이론과 실천은 개개인이 가지고 있는 고유한 가치를 주변 환경과 연결시켜 호혜적으로 발전할 수 있는 비옥한 정원이 무엇인지 이해하고 구성하는 것이다.

정원사의 은유는 소셜페다고지에서 중요하게 여겨지는 '성장'의 개념과 연결된다. 개인의 성장은 사회에 뿌리를 두고 있으며, 사람들은 모두 관계를 통해 주변 세계와 연결되어 있음을 인식하는 것은 매우 중요하다. 소셜페다고지에서는 성장이 두 가지 방식으로 이루어진다고 본다. 하나는 독립적인 주체로 스스로 설 수 있는 기술과 능력을 습득하는 일로, 이것은 서로 더불어 살아갈 수 있는 기초가 된다. 또 다른 하나는 상호의존적인 관계 맺기다. 사람들이 배우고 성장하며 스스로에 대해 긍정적인 생각을 하도록 하려면 주변 사람들과 좋은 관계를 유지해야 한다. 소셜페다고지 실천의 중심에는 '관계'가 있으며, 소셜페다고지는 관계를 의식적으로 사용하는 방법에 관한 것이다.

실천적 전문성

소셜페다고지는 실천적 전문성이라고 간주할 수 있다. 도날드 쉔 Donald Schön, 1930~1997이 제시한 실천적 합리성은 기술적 합리성과 구별되면서 소셜페다고지 실천을 설명하는 데 크게 기여한 개념이다. 어떤 문제에 부닥쳤을 때 기술적 합리성은 논리적으로 문제가 무엇인지 규정하고 해결하는 데 집중한다. 산술적인 문제 같은 기술적인 도전은 일반적인 논리로 해결이 가능하기 때문에 상대적으로 단순한 문제로 본다. 소셜페다고지 현장에서 만나는 실천적 문제는 사뭇 다르다. 논리만으로는 해결하기 곤란하기 때문에 소셜페다고지 실천가들은 가치에 기반을 둔 평가를 하게 된다. 예를 들어 '이 문제에서 이 사람(들)을 위한 최선은 무엇일까?', '어떤 결정이 모든 구성원에게 최선의 방법이 될까?' 같은 것이다.

실천적 합리성은 실천 현장에서 예상하지 못한 문제들을 바라보는 시선, 해결하는 과정에서 생각하지 못한 요소들이 지니는 중요한 의미 파악, 주어진 것을 가지고 필요한 것을 만들어 내는 능력, 실천과 성찰에 의한 배움 등의 요소로 구성된다. 이런 과정을 통해 소셜페다고지 실천가들은 무엇이 더 잘 기능하고 덜 기능하는지에 대한 이해를 구성하며 역량을 얻게 되는 것이다. 하지만 이러한 과정을 낭만적인 행위로 여겨서는 곤란하다. 실천적 문제를 고려할 때 논리적 요소들은 상당히 중요하며 이론과 실제를 통합해 내는 것이 실천가의 역량이다. 그리고 여기서 주목해야 할 핵심은 소셜페다고지 실천가는 혼자서 활동하지 않는다는 것이다. 다른 사람, 즉 동료 실천가들과 (실천가가) 지원하는 사람들과의 소통이 매우 중요하게 요구된다.

또한 소셜페다고지를 선택적으로 사용할 수 있는 하나의 접근 방법으로 간주해서는 안 된다는 사실 역시 주목해야 한다. 소셜페다고지는 특정한 형식을 지닌 방법이 아니다. 특정 방법을 사용하기 때문에 소셜페다고지가 아니라, 소셜페다고지 사고의 결과로 어떤 방법이 선택되어 사용되었기 때문에 소셜페다고지의 실천이 되는 것이다. 다시 말해, 소셜페다고지는 무엇을 실행했느냐가 아니라 어떻게 수행되었느냐를 중요시한다.

소셜페다고그란 어떤 사람인가?

이쯤 해서 소셜페다고그란 어떤 사람을 의미하는지에 대한 설명이 필요해 보인다. 소셜페다고그를 하나의 사회적 직업으로 이해한다면 그것은 오해다. 그 어떠한 직업도 소셜페다고그라는 타이틀을 독점하지는 않는다. 사회사업가, 사회복지사, 시민활동가, 교사 등도 소셜페다고그의 역할을 할 수 있다. 소셜페다고그는 전문가로서 사회 변화적인 목표를 가지고 페다고지 접근 방법을 적용하는 사람이다. 사회문제가 발생하는 상황에서 배움과 성장을 위한 교육에 초점을 두고 일상적인 환경에서 사람들과 함께 협력하여 활동을 계획하고 진행한다. 페다고지 접근 방법이란 지식 습득이 아니라 사회적 측면에서의 삶의 질을 변화시키는 데 초점을 둔다. 함께하는 사람들의 재능, 기여, 노력 등을 자원으로 보고 이를 토대로 변화를 이루어 내려고 노력하는 것이다. 이런 의미에서 소셜페다고지는 하나의 특정 전문 분야라기보다는 사회 구석구석에 필요한 것들을 이루어 내기 위해 여러 학문이 융합된 이론적이고 실천지향적인 사회과학으로 이해할 수 있겠다. 따라서 소셜페다고그에게는 해당 분야의 전문 지식과 현장 기술을 토대로 자신의 실천을 성찰해 낼 수 있는 개인적 역량이 요구된다. 이러한 비판적 성찰 능력이야말로 무엇보다 중요한 소셜페다고그의 전문성으로 꼽는다.

소셜페다고지의 실천은?

소셜페다고지의 실천은 상황을 바로잡는 것repair이라기보다는 새롭게 구성하는 것construction에 더 가깝다. 사람들과 함께 새로운 가치를 구성했을 때 문제의 해결은 미래지향적이 될 수 있다. 소셜페다고지에 내재된 구성주의적 관점은 사람들이 가진 필요와 요구, 자원에 집중하여 스스로 미래를 변화시킬 수 있는 능력을 키우는 데 관심을 둔다. 즉, 소셜페다고지 이론을 기반으로 한 실천적 노력으로 사람들이 자신의 자원을 개발하여 새로운 미래를 구성할 수 있게 되는 것이 중요하다. '과거에 모르던 것을 알게 되고, 과거에 할 수 없었던 일을 할 수 있게 만드는 것'이 소셜페다고그에게 부과된 소셜페다고지 실천의 핵심[9]이라 할 수 있다.

소셜페다고지는 사회 속의 개인에 관심을 두고, 포용과 배제, 소외 과정에 초점을 맞춘다. 이를 위해서는 개인이 살고 있는 사회적, 문화적, 역사적 맥락을 간과해서는 안 된다. 여기서 주목해야 할 지점은 사회에서 소외되어 지원이 필요한 사람들이 반드시 결핍된 취약한 환경에서 비롯된 것만은 아니라는 사실이다. 소외에는 여러 가지 이유가 있을 수 있다. 과거와 달리 오늘날의 소외 계층은 자신의 잠재력을 깨닫지 못하고 현대 사회에서 자신을 위한 적절한 정체성을 찾지 못하는 사람까지 포함한다. 따라서 사람들의 진솔한 삶 이야기에 더 깊숙이 들어가야 한다.

소셜페다고지 실천은 평범함과 전문성이 동시에 발생하는 일이다. 먼저 소셜페다고지 실천은 지극히 일상적인 사회적 참여를 지향하기 때문에 평범하다. 한 예로 식사를 함께 하고, 활동에 같이 참여하여 일상적 상황에서 대화하며 소통하는 것이다. 하지만 구체적인 실천은 이론적 배경에서 계획되는 것이기 때문에 일상적이고 평범하지만 전문적이고 체계적이어야 한다. 즉, 소셜페다고지 실천은 소셜페다고그가 이해하고 적용하는 관련 학문에 기초를 두고 평범하고 일상적인 실천 현장 곳곳에 전문성을 녹여 내는 것이다.

소셜페다고지의 실천은 다양한 간학문적 이론에서 도출된다. 대표적으로 교육, 심리, 사회학을 비롯하여 철학, 역사, 정치, 문화, 커뮤니케이션 등을 두루 아우른다. 이러한 이유로 많은 전문가들은 사전 지식이 없는 사람도 쉽게 이해할 만큼 명확하고 간결한 소셜페다고지에 대한 정의를 내리기란 쉬운 일이 아니라고 입을 모은다. 소셜페다고지는 특정 상황과 맥락에 영향을 받기 때문에, 국가마다 조금씩 다른 전통을 가지고 있으며 실천 분야에서의 이해와 적용에도 다름이 나타난다. 예를 들면, 영국에서 소셜페다고지는 주로 영유아부터 청소년까지의 사회복지(특히 취약 계층 아동을 위한 주거 돌봄 분야)에 보다 집중하는 반면, 덴마크에서 소셜페다고지는 출생부터 백세까지 인생 전반에 걸쳐 돌봄과 교육이 필요한 모든 분야에 적용될 수 있음을 강조한다. 1960~1970년대 이후에는 더 많은 나라에서 덴마크 사례와 같은 포괄적인 관점과 실천이 부각되고 있다.

이렇듯 소셜페다고지는 실천된 장소가 아닌 실천된 내용으로서 그 이론과 실제가 다양한 맥락 안에서 생성되고 재생성된다. 이것이 바로 소셜페다고지의 장점이자 단점이기도 한 지점으로, 실천적 현상을 분석할 때 다양한 앵글을 제공하지만 이해가 까다롭다는 어려움이 있다. 그럼에도 불구하고 소셜페다고지는 1990년대 이래 영미권 학계에서도 꾸준히 논의되고 있으며, 최근에는 소셜페다고지에 대한 관심이 고조되면서 '영국 교육의 역사'로 불리는 런던대학교 UCL 교육연구대학원Institute of Education에는 2009년에 소셜페다고지 연구센터Centre for Understanding of Social Pedagogy, 2019년에 소셜페다고지 전문가 협회Social Pedagogy Professional Association가 설립되었다. 교육과 돌봄의 문제를 단순히 관습적인 제도 및 정책에 국한하지 않고 광범위한 사회적 측면에서 살펴야 할 필요성이 현대 사회에 더욱 크게 요청되기 때문이다.

소셜페다고지 접근 방법

소셜페다고지는 개인과 사회 모두에 관심을 두고 이 두 가지를 의미 있는 방식으로 연결하기 위해 페다고지 접근 방법을 사용한다. 본질적으로 사람들의 배움과 성장, 웰빙을 목표로 하며, 이를 실행하기 위해 관계를 의식적으로 사용한다. 앞서 언급했듯이 많은 전문가가 소셜페다고지의 실천은 특정 방법을 적용하는 것이 아니라 소셜페다고지 사고의 결과임을 강조하는데, 여기서 설명하는 접근 방법을 잘 살펴보면 소셜페다고지의 이론과 실천을 더욱 구체적으로 이해할 수 있을 것이다.

할퉁Haltung

독일어 단어인 '할퉁'은 대략적으로 번역하면 사고mindset나 기풍ethos, 태도attitude를 의미하는데, 소셜페다고지가 본질적으로 추구하는 철학 및 가치의 지향점을 품고 있다. 무엇보다 할퉁은 다양한 상황에서 만나 함께 상호작용하는 사람들을 어떻게 바라보아야 할 것인가에 큰 영향을 미친다. 소셜페다고지 실천을 위해 만나는 사람들을 어떤 존재로 개념화하는가에 따라 그들을 대하는 방식과 그들의 행동을 받아들이는 태도가 결정되기 때문이다.

따라서 할퉁은 소셜페다고지 실천 과정에서 나침판에 비유되기도 한다. 지도를 판독할 때 나침판 바늘이 꾸준히 한 방향을 유지하며 출발 위치와 여정을 안내하는 것처럼, 실제 삶에서 어떠한 결정을 할 때는 근본적으로 추구하는 가치가 향해 있는 나침판 바늘을 따라야 한다는 것이다. 할퉁은 소셜페다고지 가치에 따라 실천하는 과정에서 맞닥뜨리게 되는 상황의 행동 방향을 결정하는 기준이 되는 것으로, 소셜페다고그들은 나침판을 바라보며 민감하게 성찰해 나가야 한다고 설명한다.

소셜페다고지에서 할퉁은 인간에 대한 존중과 사람들과의 정서적인 연결을 근본적으로 추구한다. 이러한 사고의 뿌리는 (유아)교육학이 전통적으로 철학적인 영감을 얻고 있는 여러 사상가에게서 찾을 수 있다. 대표적인 인물 중 하나는 프랑스 철학자 장 자크 루소 Jean Jacques Rousseau, 1712~1778로 그는 인간의 타고난 선함을 보존하기 위해서는 자연과의 조화를 중시하며 현재에 집중할 것을 강조한다. 그에 따르면, 교육은 인간이 존재하는 지금, 여기에서 출발해야 하며 성장 속도에 맞게 자연스럽게 제공되어야 한다. 이러한 개념은 사람들이 편안함을 느낄 수 있는 환경을 조성하여 배움의 기회를 촉진해야 한다는 소셜페다고지의 실천 방법과도 연결된다.

스위스 교육자 요한 하인리히 페스탈로치Johann Heinrich Pestalozzi,

1746~1827가 제안한 머리head, 가슴heart, 손hands 개념도 소셜페다고 지의 활동과 맥을 같이하며 실천 논리에 영향을 미친다. '머리'는 학 문적 지식과 실천을 연결할 수 있는 인지적 측면을 의미한다. 머리 를 사용하여 이론을 공부하고, 실천과 연결하고, 그것을 공유하면서 함께 배움을 이루어 나간다. '가슴'은 항상 사람을 중심에 두고, 저 마다의 고유한 잠재력에 대한 믿음, 성장에 대한 열정, 연민을 가져 야 함을 의미한다. 이때 사람들과의 정서적 연결은 모든 실천적 관 여의 핵심이 된다. 마지막으로 '손'은 사람들과 관계를 맺고 기꺼이 현장에 참여하는 실천적인 중요성을 상징한다. 지식과 정보의 결과 를 온 마음을 다해 행동으로 옮기는 것이다. 사람들이 정체성을 가 지고 자신이 속한 공동체에 참여하고 관여하면서 한 사회의 진정한 구성원이 되도록 돕는 실천적 과정을 의미한다. 손은 예술 및 신체 활동, 사회적이고 정치적인 참여 등 다양한 방법으로 적용될 수 있 는데, 어떤 것이 효과가 있고 어떤 것은 없는지를 이해하는 실천적 정보의 매개가 되기도 한다.

할퉁은 소셜페다고그가 진정성을 가지고 자신의 자아를 작업 현장에 접목시켜야 한다는 의미로 해석할 수 있다. 소셜페다고지 실 천 현장에서 소셜페다고그는 자신을 도구로 활용해야 한다. 또한 소 셜페다고지의 전문적인 업무 수행 과정에서 방향을 찾아갈 때, 스 스로를 의식적으로 들여다보며 성찰하는 일은 실천의 중심이 된다. 다시 말하면, 소셜페다고그가 실천 현장에서 자신을 의식적으로 활 용하고 성찰적으로 확인하는 일은 선택적인 것이 아니라 전문가로 서의 필수 역량이라는 것이다. 이는 칼 로저스Carl Rogers, 1902~1987가 주장하는 상담의 핵심 조건인 (내담자와의) 일치, 공감적 이해, 조건 없는 긍정적 수용 개념을 반영하며, 함께하는 사람들과의 정서적인 결합뿐만 아니라 그들에 대한 존재 개념과도 연결된다.

정리하면 할퉁은 두 가지 맥락에서 이해되어야 한다. 첫 번째는 개인적 차원에서다. 각 개인을 존엄성을 가진 존재로 보고 각각의 고유성과 잠재력을 존중하는 데 집중한다. 나와 다른 사람을 이해하고 존중하기 위해 기꺼이 시간과 노력을 투자하려는 의지는 실천의 시작이다. 그리고 사람들과의 상호작용에는 인지적이고(머리), 정서적인(가슴) 연결이 이루어져야 한다. 두 번째는 사회적 차원에서다. 소셜페다고지는 개인에게 적용하는 할퉁과 마찬가지로 사회에도 똑같은 관점 및 태도를 적용해야 한다. 사회에 대한 통찰적인 이해의 부족은 사회문제의 단기적 해결을 위한 개별화 전략에만 몰두하는 위험을 초래한다. 중요한 것은 개인과 사회 사이의 공간에서 수행할 수 있는 역할을 지속적으로 찾아야 한다는 것이다. 배움과 성장을 통해 개인과 사회가 함께 변화할 수 있는 방안을 발견해야 한다. 할퉁은 소셜페다고지 실천에서 개인을 향한 태도뿐만 아니라 사회적 변화를 이루기 위한 맥락이다.

다이아몬드 모델The Diamond Model

다이아몬드 모델은 소셜페다고지를 설명할 때 가장 중심이 되는 원리 중 하나다. 소셜페다고지 연구자들은 다이아몬드를 은유로 하여 이 개념을 개발했는데, 사람들을 깊이 존중하고 실천 현장에 적극적으로 참여하면 모든 구성원은 다이아몬드처럼 반짝거리고 소중한 존재로 빛나게 된다는 의미를 지닌다.

다이아몬드 모델은 소셜페다고지의 기본 개념 몇 가지를 단순화된 도식으로 상호 연결하여 전체적인 개괄을 설명하고 있다. '웰빙 및 행복', '관계', '통전적 배움', '역량강화'라는 네 가지 주요 개념을 토대로 사람들의 삶에 긍정적인 영향을 미치는 경험을 제공하여 개인적이고 사회적인 변화를 이루려는 소셜페다고지의 목표를 나타내는 것이다. 다이아몬드 모델은 앞서 언급한 개념인 사람들을 위한 비옥한 정원이나 실천 방향을 확인하는 나침판과 같은 맥락으로 이해할 수 있겠다. 실천 작업을 수행할 때 결핍이나 문제점보다는 장점과 능력에 집중하는 강점 기반 접근 방식을 강조하는 소셜페다고지의 통합적이고 역동적이며 창의적인 접근 방식을 보여 준다.

다이아몬드 모델(The Diamond Model)[10]

```
                웰빙 및 행복
            Well-being & Happiness
                    ◇

 역량강화           긍정적 경험              관계
Empowerment    Positive Experiences    Relationships

                    ◇
                통전적 배움
             Holistic Learning
```

① 웰빙 및 행복Well-being & Happiness

웰빙 및 행복은 소셜페다고지 실천의 가장 중요한 목표다. 웰빙의 개념에는 신체적인 것뿐만 아니라 정서적, 사회적, 정신적, 영적 차원까지 매우 다양한 측면이 있다는 점을 감안할 때 소셜페다고지의 간학문적 특징은 웰빙에 대한 다차원적이고 전반적인 이해에도 반영된다. 또한 웰빙 및 행복은 단기적인 욕구 충족이 아닌 지속가능성을 의미한다. 즉, 과거에 대한 이해, 현재의 행복, 미래에 대한 낙관을 아우르는 장기적인 안목으로 보아야 하는 것이기 때문에 웰빙 및 행복을 위해서는 과정 지향적인 접근 방식이 요구된다.

소셜페다고지 관점에서 지속가능한 웰빙을 얻는 최고의 방법은 자신에 대해 충분히 이해하고 스스로 긍정적인 자아 개념을 구성하도록 지원하는 것이다. 자신의 웰빙을 이루어 내는 가장 적합한 사람은 바로 자기 자신이라는 사실을 깨닫는 것이 중요하다. 웰빙은 단순한 행복감 이상의 것으로 잠재력 발현과 깊은 관련이 있다. 저마다 고유한 잠재력이 있듯이 웰빙도 주관적이며 개인마다 다른 뜻을 지니고 있음을 의미한다. 따라서 사람마다 다른 신체적, 정신적, 정서적 상황에 대한 세심한 고려가 돌봄과 교육의 중심에 있어야 개인의 사회적인 참여와 어울림을 촉진할 수 있다고 본다. 이러한 주장은 오랫동안 사회복지 분야에 널리 퍼져 있는 문제 중심의 결핍 모델Deficit Model[11]과 대조를 이루는 것으로, 돌봄을 바라보는 관점에 대한 의미심장한 변화를 암시한다. 이제까지 위에서 아래로 일률적인 돌봄을 제공하던 것과는 달리 개인이 직접 참여하여 자신의 역할을 해내는 데 초점을 맞춘다. 경청과 공감을 통해 개인의 상황과 생각을 존중하면서 그 사람의 현재와 미래에 초점을 맞춘 배움의 기회를 제공하는 것이다. 당사자를 중심에 두고 개발된 개별적 실천 방법은 웰빙을 실현하기 위한 도구가 된다.

개인적 수준과 마찬가지로 사회적 측면 역시 중요시하는 소셜페다고지 관점에서는 사회 전반의 웰빙에도 동일한 무게로 관심을 둔다. 사회적 웰빙에 대한 소셜페다고지의 관심은 독일의 철학자이자 교육학자인 파울 나토르프Paul Natorp[12]로부터 큰 영향을 받았다. 그는 대표적인 소셜페다고지 선구자로 모든 페다고지는 사회적 성격을 지녀야 한다고 강조한다. 그에 따르면 모든 교육과정에서 사회와의 상호작용은 반드시 고려되어야 하는데, 공동체 안에서 함께 어울리게 만들면서 사회적 연결을 꾀하는 실천적 학문이 소셜페다고지인 것이다. 이러한 관점은 다이아몬드 모델 속에 사회적 웰빙 개념으로 반영되어 개인이 사회 구성원으로서 서로에게 갖는 책임감을 포함하고 있다.

② 통전적 배움Holistic Learning

통전적 배움이란 인간은 모든 자연 세계와의 연결을 통해 평생 삶의 의미와 목적을 찾는다는 전제에 기초한다. 즉, 한 인간이 지니고 있는 신체, 정서, 정신, 영 등의 다양한 측면을 요람에서 무덤까지 개발하고 발전시키면서 주변 세상과 더불어 사는 사회 속의 인간으로 자리매김하게 돕는 것이다. 소셜페다고지는 인간 발달 전 단계에 걸친 삶의 모든 측면에서 배움의 중요성을 강조한다. 삶의 전 과정에서 목적의식, 도전정신 등을 개발하여 새로운 기술과 능력을 습득하고 사회 속에서 나를 찾아가는 평생학습을 제안한다.

　　인간으로서의 존엄성을 인정하고 각자의 고유성과 잠재력을 믿는 것은 소셜페다고지에서 배움과 성장을 지원하는 첫 단계이다. 이것은 앞서 언급한 코메니우스의 정원사 비유와 페스탈로치의 머리, 가슴, 손 개념과 유사한 맥락으로 연결되는데, 통전적 배움을 지원하려면 배움의 주체인 개인을 충분히 이해한 후에 그 사람만이 가지고 있는 고유한 본질이 잘 피어나도록 일상 속에서 자연스러운 배움의 기회를 만들어 내야 한다. 코메니우스는 마치 나무의 싹에서 잎과 꽃과 열매가 자라나듯이 그 사람의 정신에서 삶이 흘러나와 바깥세상에 대한 이해를 넓혀 나가게 된다고 했는데, 이러한 사상은 페스탈로치에게서도 찾을 수 있다. 페스탈로치 또한 교육은 머리, 가슴, 손이 조화롭게 통일된 통전적인 형태를 취해야 한다고 했다. 인지적(머리), 도덕적(가슴), 신체적(손) 능력이 따로 분리되지 않는 살아 있는 유기적 통일체가 되어야 한다는 것이다.

　　이러한 인간 중심 사상은 19세기 후반 마리아 몬테소리Maria Montessori, 1870~1952, 야누시 코르차크Janusz Korczak, 1878~1942, 존 듀이John Dewey, 1859~1952 등과 같은 교육자들에게 반향을 일으켰다. 이들은 저마다 개념의 틀을 개발하여 다양한 맥락에서 적용했는데, 사회 변화를 위해 페다고지를 적용하려는 노력 안에는 두 가지 공통적인 요소가 발견된다. 하나는 인간의 타고난 개성에 대한 관심과 존중, 다른 하나는 교육을 통한 사회의 발전이다. 교육을 통한 사회 개혁을 주장한 프랑스 사회학자 에밀 뒤르켐Emile Durkheim, 1858~1917은 교육은 사회의 존재 조건을 지속적으로 재창조하는 수단으로서 사회에 필수적이라고 생각했다. 교육은 사람들이 자신을 사회의 일부로 느끼며 역할을 수행하도록 훈련하는 작업이라는 것이다.

사회정치적 기능을 위해서는 구성원들 사이에 동질성이 요구되지만, 사회가 진보하기 위해서는 다양성이 필요하다. 이는 독립을 위한 개인 발전 기회 제공과 개인들이 상호의존하는 사회적 연대를 똑같이 강조하는 소셜페다고지의 주요 개념과 연결된다. 소셜페다고지는 개인과 사회를 매개하기 위해 '개인 중심적'이고 '공동체 중심적'이라는 상반된 개념 사이에서 바람직한 균형을 유지하려고 노력한다.

소셜페다고지의 실천은 배움이 일어날 수 있는 기회와 환경을 구성하는 것으로, 이는 눈앞에 해결책을 제공하는 것과는 다른 차원이다. 이러한 논의는 2차 세계대전 후 독일이 나치즘을 통해 얻은 교훈에서 비롯되었다. 민족공동체를 구성하기 위한 나치의 무비판적인 집단 교육의 위험성에 대한 각성은 독일을 시작으로 유럽 대륙에 퍼져 나갔는데, 소셜페다고지에는 자기성찰과 자주의 개념으로 녹아들었다. 사람들은 배움의 기회를 통해 비판력, 자기계몽, 자기성찰 능력뿐 아니라 사회 공동체적인 수준에서도 자기책임을 다할 수 있는 역량을 키울 수 있다. 교육은 개인의 자유와 사회 공동체성 사이의 변증법적인 혼합이어야 하며, 이를 통해 사회는 역동적인 동시에 민주적인 모습을 갖추게 된다.

③ 관계Relationships
소셜페다고지의 실천은 사람들과의 관계를 통해 활기를 띠게 된

다. 독일의 교육학자 헤르만 놀Herman Nohl, 1879~1960은 페다고지의 기초가 되는 관계의 본질을 세 가지 특징으로 설명한다. 첫째는 사람에 대한 애정을 갖는 정서적 요소, 둘째는 (사람들)보다 더 성숙한 수준의 페다고그, 셋째는 가시적인 목표보다는 사람 자체에 대한 방점이다. 이러한 견해는 사람과의 정서적 연결을 강조하는 할퉁Haltung 개념과 상통하는데, 소셜페다고지에서 관계의 전문성은 소셜페다고그가 애정과 권위 사이의 경계에서 균형을 잡아 사람들에게 자신의 행동에 대한 책임을 배울 수 있도록 하는 것을 의미한다.

소셜페다고지에서 관계는 실천을 위한 자원으로 간주된다. 소셜페다고지 기본 개념 중 하나인 '3 Ps 모델'은 소셜페다고그가 사람들과 함께 일할 때 맞닥뜨리는 친밀과 권위 사이의 경계를 다루고 있다. 즉, 소셜페다고그가 실천 현장에서 전문가로서Professional, 보통의 인간으로서Personal, 사적인 개인으로서Private 자아를 이해하고 관리하는 성찰의 기준이다. 먼저, 전문가로서의Professional 소셜페다고그는 관계를 효과적으로 사용하기 위해 관련 분야의 지식, 이론, 연구자료 등을 활용한다. 전문지식은 사람들에게 어떻게 접근하고 관계를 맺는지 이해하는 근거로, 예를 들면 커뮤니케이션에 대한 이해나 애착이론 같은 심리학, 교육학 이론 등을 아우른다.

그런데 소셜페다고지에서 중요한 핵심은 관계의 전문적 요소에 인간적인Personal 요소를 결합할 때 얻게 되는 유익을 깨닫는 것이다. 소셜페다고그가 보통의 인간으로서 자신의 장단점을 인식하고 개인적인 성격을 활용하여 함께 일하는 사람들과의 계층을 줄이려는 노력은 소셜페다고지 실천 현장에서 효과적인 전략이 된다. 전문적인 작업에 관계 중심 접근법을 적용하기 위한 핵심 포인트 중 하나는 호혜적인 주고받기다. 관계는 본질적으로 양방향으로 주고받는 형태를 띠어야 하며, 관계의 발전을 위해서는 호혜적이어야 한다. 관료적이고 계급적인 성격을 가지고 위에서 아래로 제공되는 사회적 돌봄은 관계 중심 접근법으로 기대할 수 있는 긍정적 효과의 가능성을 아예 없애 버린다.

그러나 소셜페다고지 실천 현장에서 자신을 활용할 때는 매우 사적인Private 경계를 설정하고 보호했을 때만 부작용을 줄일 수 있다. 사람들과 함께 일할 때 자신을 의식적으로 활용하는 것은 소셜페다고지 실천에서 필수적이다. 하지만 여기서 사적인 개인이란 다른 사람과 가벼이 공유할 수 없는 자아의 측면으로 관계와 혼동해서는 안 된다. 다른 사람과 같은 보통의 인간과 사적인 개인 사이의 경계를 잘 관리해야만 관계를 통하여 기대하는 진정한 목적과 이익을 얻을 수 있다. 이를 위해서는 자아에 대한 정확한 인식과 선택적 기술이 필요하다.

소셜페다고지 실천은 사람들과 함께 관계를 형성하고 그 관계 안에서 진정성을 가지고 이루어지는 것이다. 관계는 어느 절차나 방법, 형태에 의해서라기보다는 활동에 의해 구성된다. 관계에 기반을 둔 실천 현장에서 의식적인 자기 활용은 작업에 활기를 불어넣고 스스로 의미와 가치를 느낄 수 있는 기회를 촉진한다. 소셜페다고지는 본질적으로 관계 중심적이며, 소셜페다고지의 실천 환경은 관계 연습을 위한 기회의 장이다. 소셜페다고지에서 관계는 웰빙과 통전적 배움의 차원에서 사람들을 지원하기 위한 것이지만, 목적을 위한 수단이라기보다는 관계 그 자체가 목적이라고도 보아도 무리가 아니다.

④ 역량강화 Empowerment

소셜페다고지에서 어떠한 방법으로 어떠한 변화를 성취하는가는 지시나 통제가 아니라 개인 스스로 관계와 배움의 주체가 되어 이루어 내야 한다. 따라서 소셜페다고지에서 역량강화가 무엇을 의미하는가에 대해서는 더욱 세심한 고찰이 요구된다. 무엇보다 먼저 염두에 두어야 할 것은 한시적인 이벤트를 제공하여 특정 활동을 수행한 결과를 가지고 사람들의 역량이 강화되었다고 이야기하는 것은 매우 안일하고 위험한 태도라는 것이다. 일상의 삶 속에서 직접 참여하여 스스로 관여하고 성찰한 경험이 없다면 역량은 얻어지기도 지속되기도 어렵기 때문이다. 소셜페다고지는 사람들의 주체성과 지속가능성을 간과한 채 단기적인 문제 해결에만 집중하는 형식적이고 절차적인 지원을 지양한다.

소셜페다고지에서의 역량강화는 독립과 상호의존성이 변증법적으로 연결된 결과로 이 두 가지가 상호 보완적으로 기능할 때 비로소 발휘된다. 다시 말하면, 소셜페다고지에서 역량강화란 관료적이고 권위적인 개입이 아니라 평등한 인간들 사이의 책임 있는 관계에서 나타난다는 것이다. 인간으로서 우리는 서로 연결되어 있기에 끊임없이 다른 사람에게 의존할 수밖에 없다. 그러나 진정한 관계는 사람들을 보다 독립적인 위치에 서게 하며 자신이 가진 자원을 직접 활용하여 삶을 꾸려 나가는 능력을 향상시킨다. 독립은 호혜적인 관계의 본질이며, 이를 토대로 사람들은 다양한 방식으로 서로 도움을 주고받는 상호의존적인 존재가 될 수 있다.

따라서 소셜페다고지 개념에서 역량강화란 자신들에게 영향을 미치는 여러 가지 결정에 적극적으로 참여할 수 있는 태도, 그리고 자신의 잠재력을 깨닫고 스스로의 노력으로 자신과 주변 환경을 변화시킬 수 있는 개인적이고 사회적인 차원에서의 인간해방을 의미한다. 이에 더해 자신이 속한 사회에 대한 정치, 경제, 문화, 역사적인 이해까지도 포함한다. 소셜페다고지에서는 페다고지에 의한 개인과 사회의 연결이 매우 중요하기 때문이다.

역량강화는 사람들이 사회적 네트워크를 만들고 다른 사람들과 연결되어 서로에게 필요한 자원을 주고받을 수 있게 되는 것을 목표로 한다. 이를 통해 사람들은 어려움을 덜어내고 소속감과 정체성을 가지고 필요한 자원에 접근하는 방법을 깨달아 갈 수 있다. 사람들에게 연결의 기회를 제공하여 서로에게 의미 있는 행동을 할 수 있는 기회를 만들어 내는 것이 소셜페다고그의 역할이다. 이를 위해서 소셜페다고그는 관계의 일부가 되어 연결을 강화시켜야 하며, 사람들이 스스로 의사결정에 참여할 수 있는 환경을 마련해야 한다. 참여와 관여의 경험은 공동체 구성원으로서 주인의식과 효능감을 심어 주어 스스로 역량을 강화할 수 있는 기초가 된다. 개인의 자기 신뢰가 커지면 다른 사람과의 공동체 활동을 시도하게 되고 이러한 경험이 쌓여 역량 있는 공동체의 일원으로 성장하게 되는 것이다.

⑤ 긍정적 경험Positive Experiences

다이아몬드 모델을 도식화한 그림에서 중앙에 있는 긍정적 경험은 웰빙 및 행복, 통전적 배움, 관계, 역량강화라는 네 가지 핵심 목표가 이루어질 수 있는 방법이 된다. 따뜻한 돌봄의 경험과 존중받는 느낌, 자기 효능감은 자신의 가치를 높이고, 이로 인한 만족감은 웰빙을 향상시킬 뿐만 아니라 할 수 있다는 자신감과 하고 싶다는 의지를 갖게 한다. 이러한 과정에서 사람들은 스스로 유능한 존재라는 느낌을 지닌 채 사회생활에 참여하면서 중요한 배움을 얻는 경험을 반복하게 된다. 또한 긍정적 경험을 통해 높아진 자아 개념은 자신과 타인에 대한 더 많은 책임감으로 이어진다.

소셜페다고지는 다이아몬드 모델을 구성하는 모든 영역에서 역동적으로 이루어진다. 소셜페다고지의 실천은 상호의존적이며 호혜적으로 반응하는 특징이 있기 때문에 소셜페다고그가 사용할 수 있는 가장 좋은 자원은 사람과 관계이다. 그리고 이 두 가지는 할동에서 비롯된다. 소셜페다고그가 개인과 사회에 대한 책임감을 가지고 소셜페다고지 개념에 기반을 둔 실천적인 환경을 조성하고 유지한다면 긍정적 경험은 의미 있는 열매를 맺게 될 것이다.

커먼 서드The Common Third

커먼 서드는 덴마크에서 제안된 개념으로 소셜페다고지 실천을 위한 중요한 방법으로 꼽힌다. 소셜페다고그들은 항상 사람들과 지속적으로 소통할 수 있는 방법을 찾기 마련인데, 커먼 서드는 함께 하는 활동을 통해 관계를 돈독히 하고 삶을 위한 새로운 기술을 개발하기 위하여 구상된 것이다. 여기서 함께하는 활동이란 운동, 여행, 요리, 만들기, 산책 등 다양한 창의적인 방법으로 진행될 수 있으며 정확히 어떤 활동을 하느냐는 중요하지 않다. 이는 단순히 함께하는 활동 이상의 의미로 소셜페다고그와 사람들 간에 관계를 공고히 다져 나갈 기회를 만드는 것이 주목적이다. 무언가를 함께하면서 서로를 존중하는 평등한 관계를 맺고 이를 통해 배움의 기회를 얻을 수 있는 활동이라면 커먼 서드가 될 수 있다.

하지만 모든 활동이 다 커먼 서드가 되는 것은 아니다. 커먼 서드는 사람 자체가 중요한 자원으로 쓰여야 하며 이 안에서 진정한 자기성찰이 이루어질 수 있어야 한다. 이런 의미에서 소셜페다고지 전문가들은 활동 계획부터 평가에 이르는 전체 단계에서 모든 구성원이 동등한 조건에서 온전히 참여할 것을 제안한다. 커먼 서드가

커먼 서드(The Common Third)[13]

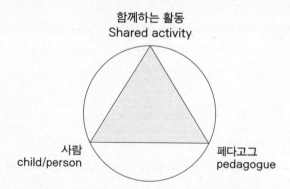

함께하는 활동
Shared activity

사람
child/person

페다고그
pedagogue

중요하게 여겨지는 특별한 이유는 소셜페다고그와 사람들이 평등한 관계에서 배움과 성장의 잠재력을 공유하고, 앞으로의 발전 가능성을 무한대로 열어놓기 때문이다. 함께하는 활동은 소셜페다고그가 더 잘할 수 있는 것이 될 수도 있고, 사람들에게 오히려 더 익숙한 분야일 수도 있다. 아니면 양쪽 모두에게 새로운 것을 함께 배워 나가는 활동이 될 수도 있다. 염두에 두어야 할 점은 함께 참여한다는 것이며, 관계 맺기를 위한 유용하고 창의적인 방법이어야 한다는 것이다.

구체적인 이해를 위해 돌봄과 교육이 필요한 환경에 소셜페다고지 이론을 적용하여 지속가능성을 구현하는 영국의 사회적 기업 템프라ThemPra가 제시하는 커먼 서드의 한 예를 소개한다. 2년 동안 위탁 돌봄 가정에서 시간을 보내고 본가로 돌아가기로 결정된 아이는 과거에 겪은 부정적인 경험으로 집에 대한 불안과 두려움을 느끼고 있었다. 아이는 무척 살갑고 활발한 성격이었지만 본가로 돌아가는 것에 대한 감정을 사람들에게 이야기하기 어려워했다. 이에 소셜페다고그는 창의적인 커먼 서드 프로젝트가 필요하다고 생각하고 아이와 함께 이야기를 나누었다.

의논 끝에 나무판에다가 함께 다리를 만들기로 했다. 다리의 한쪽 끝에는 위탁 보호자와 함께 있었던 기억을, 다른 한쪽 끝에는 집으로 돌아가는 것에 대한 모든 생각과 감정을 표현하기로 했다. 그리고 아이를 도울 수 있는 사람이 누구인지를 함께 생각해 보기로 했다. 기억과 생각, 감정에 대한 표현은 사진, 그림, 글쓰기를 활용하여 나무판에 붙이기로 했다. 나뭇가지를 이용해 입체적으로 다리를 만들고 다리 밑에는 얇은 종이를 구겨 붙여 강물을 표현했다. 이 작업은 몇 주에 걸쳐 진행되었는데 소셜페다고그는 위탁 보호자에게도 도움이 될 만한 사진을 함께 모아 달라고 부탁했다. 아이는 친엄마와 새아빠의 결혼식에서 찍은 가족사진도 가지고 와서 새로운 가족 구성원들을 하나하나 설명했다. 작업 중에 소셜페다고그가 아이에게 도움을 받을 수 있을 만한 사람들을 다리 위에 표현하자고 제안했더니 아이는 자신과 위탁 보호자를 올려놓고 싶다고 했다. 그리고 '행복'이라는 단어를 적어 붙였다. 위탁 보호자와 살면서 쌓인 행복한 기억으로 본가에서도 잘 살 수 있을 것 같기 때문이라고 했다.

작업이 진행될수록 아이는 자기 생각과 감정을 더 들여다보고 다른 사람과 이야기할 수 있게 되었다. 이처럼 커먼 서드는 함께 활동에 몰입하여 참여하는 것을 강조한다. 무엇보다 중요한 것은 사람들이 상호작용하는 시간 그 자체이기 때문이다. 활동은 관계와 배움을 북돋는 촉매제일 뿐이다.

본질적으로 커먼 서드는 관계를 강화하기 위한 의도적인 활동이다. 소셜페다고그가 사람들과의 관계를 구성할 수 있는 환경을 조성하고 공유하는 것이다. 여기서의 핵심은 평등과 존중, 그리고 함께하는 경험이다. 어떤 활동을 할 것인가에 대한 선택권은 소셜페다고그와 사람들에게 동등하게 주어지며, 지시 혹은 관리를 받는 것이 아닌 무언가를 함께한다는 데 초점을 맞춘다. 평등과 존중의 분위기 속에서 함께 활동에 집중하는 행위는 관계를 강화시킬 수 있는 중요한 전략이기 때문이다. 전문가의 역할을 전문성에 대한 기여로만 여긴다면 사람들에게 오히려 권위적이고 부담스러운 느낌을 안겨 줄 수 있다. 커먼 서드는 기본적으로 관계를 개인의 변화를 위한 강력한 자원으로 간주하고 관계의 질을 높이려는 전략이다. 관계의 질은 변화의 질을 좌우한다.

러닝 존 모델The Learning Zone Model

러닝 존 모델은 배움이 효과적으로 일어날 수 있는 전략에 관한 것으로 독일의 교육자 톰 세닝거Tom Senninger가 개발했다. 이 모델은 배움에 임하는 개인별 출발지점을 이해하는 데 도움이 될 뿐만 아니라 배움의 과정을 지원하고 개발하는 데 유용한 틀을 제공한다.

그림에서 볼 수 있듯이 러닝 존 모델은 안락 영역Comfort zone, 배움 영역Learning zone, 혼돈 영역Panic zone이라는 세 개의 영역으로 구성된다. 이 모델의 기본 전제는 개인의 성장과 발전은 개인이 호기심을 가지고 새로운 발견을 할 수 있는 배움 영역에서 주로 일어난다는 것이다. 하지만 안락 영역도 우리가 편안한 마음으로 이해하고 성찰할 기회를 제공하므로 중요한 곳이다. 배움 영역으로 나가기 전에 주변 사람들과 함께 안락 영역을 충분히 탐색할 필요가 있다. 그럼에도 배움이 일어나기 위해서는 안락 영역에서 확장해 나아가려는 노력이 요구된다. 미지의 세계를 탐험하는 일은 새로운 발견의 기회를 제공하기 때문이다. 그러나 배움 영역 너머에는 불안과 공포로 인해 배움이 불가능한 혼돈 영역이 자리하고 있다. 혼돈 영역에서는 모든 에너지를 부정적인 정서를 관리하는 데 소모하고 때로는 정신

러닝 존 모델(The Learning Zone Model)[14]

적 상처(트라우마)를 만들어 앞으로의 배움을 방해할 수 있으므로 주의가 필요하다. 따라서 배움이 일어나려면 안락 영역에서 벗어나되 감당하기 어려운 혼돈 영역까지 너무 멀리 가지 않도록 주의해야 한다.

소셜페다고지는 일상생활 자체를 사람들을 위한 배움의 기회로 간주하고 그 안에서 점진적인 성장이 일어날 수 있도록 지원하는데, 이를 위해 러닝 존 모델은 유용한 접근 방법으로 활용될 수 있다. 여기서 기억해야 할 또 하나의 중요한 점은 소셜페다고그도 자신을 배움의 과정에 있는 학습자로 볼 필요가 있다는 것이다. 소셜페다고 그에게도 이전에 했던 생각이나 믿음이 깨지는 한계적인 상황은 새로운 성장과 연결되는 의미 있는 과정이 될 수 있다. 안락 상태를 벗어난 상황은 다시 마음을 가다듬고 묵상하고 성찰할 기회를 얻게하며, 이를 통해 소셜페다고그는 새로운 지식과 개념을 통합하고 이제까지와는 다른 것을 발견할 수 있게 된다.

2부

육아공동체 바로 세우기 I
재도약을 위한 실천적 준비

우리는 각자 오늘날까지의 역사, 다시 말해서 과거라는 것을 지니고 있으며 연속하는 '역사'와 '과거'가 각 개인의 인생을 이룬다. 우리는 누구나 우리의 인생 이야기, 내면적인 이야기를 지니고 있으며 그와 같은 이야기에는 연속성과 의미가 존재한다. 그리고 그 이야기가 곧 우리의 인생이기도 하다. 그런 이야기야말로 우리 자신이며 그것이 바로 우리의 자기 정체성이기도 한 것이다.

– 올리버 색스(Oliver Sacks), 『아내를 모자로 착각한 남자』(2015, p.193)[15]

육아공동체의 정체성 지키기
: 흔들리지 말아야 할 공동체 가치

2017년 어린이뜨락 전용공간인 육아정 개소식 전후로 당시 부모 대표들과의 갈등이 심화되고 부모들이 떠나면서 공동체는 와해된 듯 보였다. 그래도 2018년 초 '가정보육맘' 네이버 카페 홍보를 통해 새로운 부모들이 다시 모여들면서 공동육아의 명목은 유지되었다. 하지만 그해 연말 파티 후 사람들이 하나둘 빠져나가고 2019년이 시작될 즈음 어린이뜨락에는 또다시 단 한 가정만 남게 되었다. 지속가능성이 이어지지 못하고 매년 초 공동체를 유지할 사람들이 사라지는 유사한 패턴의 위기가 반복되었지만 어린이뜨락은 여전히 이렇다 할 만한 대안을 가지고 있지 못했다.

일차적 조치로 협동조합을 살려 놓았지만 그것이 해결책이 되지는 못했다. 2014년 '놀이터뜨락樂'이 교회 영유아실을 빌려 사용할 당시부터 영유아부 담당 사역자로 육아공동체와 연을 맺어 오다가 2016년 교회에서 본격적으로 공동육아 담당 사역자로 임명한 실무자 A와 나는 매너리즘에 빠져 있었기에 어린이뜨락을 다른 관점에서 바라볼 수 있는 사람이 필요했다.

이때 떠오른 사람이 있었다. 실무자 B는 2014년 '놀이터뜨樂'의 구성원이었는데 이 사람을 주목한 이유가 있었다. 학부에서 유아교육을 전공한 후 건신대 대안교육학과에서 석사과정을 마쳤고, 과거 '신나는 배움터 두런두런'[16] 교사와 부모협동형 공동육아 어린이집 교사로 활동한 경력이 있었다. 결혼 10년 차지만 아직 자녀는 없다. 육아가 당장 내 앞에 닥친 현실이 아님에도 불구하고 '놀이터뜨樂'에 참여했으며, 오랜 시간 동안 녹색당원으로 활동할 만큼 사회문제에 관심이 많다는 것을 익히 알고 있던 터였다.

어린이뜨락의 완전한 내부자라고는 할 수 없지만 외부자라고도 볼 수 없는 사람, 무엇보다 한발 떨어져서 객관적으로 바라볼 수 있는 자리에 있는 실무자 B는 어린이뜨락에 새로운 에너지를 불어넣을 인물로 판단되었다. 협동조합을 다시 살리기 위한 조합원 총회에도 참여해 준 그녀에게 함께 어린이뜨락을 다시 세워 보지 않겠냐고 제안하자 흔쾌히 수락해 주었다.

그리하여 2019년 3월 말부터 나와 교회 파견 공동육아 전담 지원 사역자인 실무자 A, 그리고 새로 영입된 실무자 B 우리 세 사람은 어린이뜨락 재도약 프로젝트에 돌입하게 된다. 일주일에 두세 번 육아정에서 만나 이제까지 어린이뜨락의 변화 과정을 되짚어 보고 무엇이 문제인가, 지금 우리에게 필요한 것은 무엇인가 등에 대해 이야기를 나누는 것으로 재도약을 위한 준비는 시작되었다.

사실 실무자 B가 합류하기 몇 달 전부터도 육아정을 다시 살려 보려는 노력은 계속되었다. 무엇보다 먼저 필요한 건 사람을 모으는 일이었기에 오른쪽 사진과 같은 어린이뜨락 홍보지를 만들어 주민

마을에서 아이를 함께 키우실 분들,
육아정 어린이뜨락에서 만나요!

마을마다 노인정이 있듯이 언제든 아이와 함께 가서 놀 수 있는 '육아정'이 있다면 얼마나 좋을까요?
육아정(어린이뜨락)은 아이를 키우는 사람들에게는 함께 아이를 키울 공동체를,
아이에게는 자기주도적 놀이를 제공하는 열린공간입니다.
독박육아 고립감을 이기고 마을에서 함께 아이를 키우는 어린이뜨락으로 오세요!

i 운영시간
매주 화, 목 10:00~15:00 (2019년 1월 기준)

i 하루흐름
오전 자유놀이: 10:00~12:00
점심 공동밥상: 12:30~1:30 (공동밥상에 참여할 사람은 누구나)
오후 자유놀이: 1:30~3:00

i 주소
대전시 중구 용두동 143-31
※ 주차는 예뜰순복음교회 주차장을 이용하시면 됩니다.

i 문의
010-6380-0528, 010-9676-0288

※ 운영시간은 이용하는 사람들이 함께 결정합니다

※ 공동밥상은 일주일에 반찬 한 가지씩 가져오기, 당번제로 돌아가며 밥, 국 준비하기로 운영됩니다. 건강하고 소박한 밥상을 지향합니다.

※ 육아정 (어린이뜨락)은 육아를 사회 공동의 책임과 기쁨으로 바꾸려는 사람들의 협동조합 '어린이뜨락'이 독박육아, 소비육아의 교육적 대안을 찾는 건신대학원대학교 대안교육연구소와 지역교회로서의 사회적 소명을 실천하는 예뜰순복음교회, 그리고 아기키우기좋은 마을 만들기를 지향하는 용두동행복복지센터의 민-교-관-학 거버넌스를 통해 운영합니다.

온라인, 오프라인을 통해 선보인 어린이뜨락 홍보물

센터, 도서관, 맘카페 등 영유아 부모들이 방문할 만한 온라인, 오프라인 장소에 선보였다.

그 이후 몇 통의 문의 전화를 받았는데 홍보지에 적힌 '협동조합'이라는 단어가 부모들에게 무언가 불편함을 준다는 느낌을 받았다. 협동조합에 가입해야 하느냐는 질문에 그렇다고 대답하니, 알겠다며 서둘러 전화를 끊는 경우들이 발생했다.

나 엄마들은 협동조합 이야기를 하면 오히려 거부반응을 일으켜서 협동조합 활성화가 두려운 마음이 생겼어요. 여기서 어떻게 방향을 잡아야 할까요? (…) 처음 육아정을 제안했을 때는 '놀이터뜨樂' 에너지가 참 좋았어서 거기서 구성원들이 아쉬워했던 부분인 공간, 전문성 등을 지원하면 가능하다고 생각했어요. 그런데 그런 에너지가 유지되는 게 참 힘든 거구나 생각이 드네요. (…) 공동체 구성원이라기보다 서비스 유저 쪽으로 분위기가 급변화된 것 같아요. 그래서 협동조합 활성화가 1차 대안책이었는데 오히려 사람들의 접근조차 어렵게 만드는 꼴이 되는 건가… 요즘 고민이 많아요.

(중략)

실무자 B 공동체로 잘 형성되고 유지된 곳을 보면 대개 그 동네 구성원들의 필요에 의해 만들어진 것을 시작으로 초기 멤버들이 나가게 되더라도 다시 그 동네 사람들이 오게 되는 순환(?)이 되다 보니 유지가 되는 것 같아 보이더라고요. 그에 비해 현재 뜨락은 부모 참여보다는 육아를 하는 사람들에게 무언가를 만들어 주는 상황인 것 같아요. 그래서 어쩌면 참여자들이 주인의식을 갖고 적극적으로 참여해 주기까지는 시간이 오래 걸릴지도 모르겠다는 생각을 했어요.

_ 2019년 3월 29일, 실무자 단체 카카오톡

협동조합에 대한 부모들의 부담감을 예상하면서도 협동조합을 유지하고 활성화해야 한다는 결론을 내릴 수밖에 없었다. 그 이유는 어린이뜨락의 상황과 맥락에는 자조, 자기책임, 민주주의, 평등, 공정, 그리고 연대로 대표되는 협동조합 정신이 필요하다는 판단 때문이었다. 어린이뜨락의 실무자 입장에서 가장 많이 듣게 되는 쓴소리는 '이건 교회 것 아니냐', '교회 사업을 하려는 것 아니냐'는 말이었다. 어린이뜨락 전용공간 육아정을 마련하는 과정에서 생겨난 부모들과의 갈등도 '이 공간은 누구의 것이냐?'에 관한 것이었다. 이 문제가 눈에 띄게 드러난 것은 육아정 개소식에 사용한 현수막에 어린이뜨락 로고 외에 교회와 대학의 로고까지 넣을 필요가 있냐는 불만이 나왔을 때였다.

실무자 A 누구 거냐가 그렇게 중요한가… 내가 여기서 무엇을 하고, 얻느냐가 중요한 거 아닌가요. 저한테 그런 질문 되게 많이 했거든요. 교회 거 아니냐고… 처음에(2015년) 교회에서 (놀이)모임 한다고 했을 때 사람들이, 그리고

(2016년 사회적기업가육성사업 할 때도) 시민단체 사람들이 나중에 다 교회가 먹는 거 아니냐고, 막 그런 얘기를 많이 했을 때 나는 어떻게 생각을 했느냐 하면은… 이거는 교회 업보라고 생각했어요. 교회가 그런 잘못된 모습들을 많이 보여 주었기 때문에 욕을 먹을 수밖에 없는 부분이 있을 거라고 생각했어요… 나는 엄마들이 제일 중요하다고 생각했어요, 그때. 그래서 엄마들의 편의에 맞춰 주고 엄마들의 관점에서 생각할 수 있게 해 주는 것이 중요하다고 생각해서 그랬는데 그게 잘못되었다고 반성하게 돼요, 지금은. 현수막에 이름 적은 거… 개소식은 이 공간에 대한 개소식이었고 이 공간은 대학 소유고 교회에서 공사비를 댔는데 왜 현수막에 교회 이름이 들어가느냐 한 거는… 에휴, 속상하죠.

(중략)

나 나는 부모들이 주체가 되었으면 좋겠다는 생각에는 변함이 없어요. 협동조합 대표도 부모들이 계속하고, 대외적으로 사례 발표나 인터뷰 같은 거 할 때도 다 부모들이 나서서 하고… 다만 내가 바라는 건 부모들이 우리 뒤에는 교회와 대학의 지원이 있었다고… 그러니 다른 교회나 대학들도 우리들의 사례를 보고 (육아공동체를 꾸릴 수 있도록) 지역 부모들을 도와주십시오, 얘기해 주면… 그래서 다른 교회들이, 대학들이, 절이나 성당도 좋고, 아 저렇게 도우면 되겠구나 하고 같이 나설 수 있게 되면⋯.

_ 2019년 4월 2일, 실무자 회의

나는 2014년 '놀이터뜨樂' 시절부터 이 육아공동체에 참여했는데, 그때로 말하면 2012년 초보 엄마들의 육아모임이 점차 발전해 가는 과정에서 참여자들로부터 공동육아, 공동체, 교육 및 사회문제 등에 대한 고민이 대두되던 시기였다. 그 시절 나는 지역 부모와 대학과 교회가 가지고 있는 사회적자본을 연결하려는 노력을 지속하면서 육아공동체를 지탱하는 3주체가 호혜적으로 윈윈win-win할 수 있으리라는 기대를 했다. 지역 부모들은 대학으로부터 육아, 교육, 마을, 공동체 등에 대한 전문성과 교회로부터 공간 및 인력 등을 지원받으며 공동체 활동을 지속할 수 있는 제반 시설을 확보하고, 대학은 지역사회 구성원들과의 상호작용을 통해 살아 있는 연구를 수행할 수 있는 실천 현장을 얻을 수 있으리라 생각했다. 또한 교회는 지역사회와 호흡하며 편협한 종교적 경계를 허물고 진정한 기독교 정신을 발휘할 수 있으리라 여겼다.

하지만 아무리 이상적인 그림을 가지고 있더라도 구성원들과 끊임없이 공론하며 그 사이에 존재하는 생각의 차이를 조율하고 메워가려 노력하지 않으면 오해와 갈등으로 이어질 수 있음을 알게 되었다. 각자의 입장과 상황, 역할 기대에 대한 세심한 공유는 호혜적인 관계를 구성하고 유지하는 첫 번째 단추임을 과거의 실패를 통해 깨달았기 때문이다.

어린이뜨락이라는 공동체가 바로 서기 위해서는 조직을 구성하는 교회와 대학, 지역 부모 구성원들 간의 관계를 모두가 합리적으로 이해하고 정립하는 것이 매우 중요한 문제였다. 이 작업에 대한 간과와 무지는 1부에서 이야기한 것처럼 결국 구성원들 간의 감정적인 갈등으로 이어졌고, 그 대가는 생각보다 커서 공동체의 근간을 흔들어 놓았다. 서로에 대한 인정과 존중이 부족했기 때문에 애정과 감사도 뒤따르지 못했던 것이다.

어린이뜨락은 육아를 사회 공동의 책임과 기쁨으로 바꾸려는 사람들이 모인 조직으로 지역의 다양한 사람들이 참여하고 있다. 약자들이 서로 뭉치고 나누는 호혜의 힘으로 시장의 지배력과 자본주의의 폐해를 극복하려는 협동조합의 의도와 목적은 어린이뜨락의 그것과 일맥상통한다. 그리고 여러 집단에서 다양한 사람들이 모인 만큼 구성원 각각을 존중하고 그 사이에 나타날 수 있는 권력의 균형을 잡는 일은 매우 중요하다.

국제협동조합연맹International Co-operative Alliance은 협동조합은 자조, 자기책임, 민주주의, 평등, 공정, 그리고 연대의 가치에 근거하며, 협동조합 조합원들은 정직, 개방성, 사회적 책임, 타인에 대한 배려의 윤리적 가치를 신조로 한다고 명시하고 있다.[17] 이러한 가치들은 육아에 대한 사회적 책무를 실현하고자 다양한 집단의 사람들이 모인 어린이뜨락 구성원들 간의 상호 존중과 권력 균형을 위해 필요한 요소들이다.

부모들과의 갈등 과정에서 개인적인 욕심이나 교회 선교 목적이 아니냐는 의심이 표면적으로 드러나고 협동조합의 필요성에 대한 근본적인 문제 제기를 받았던 것은 이후의 과정에서 끊임없이 스스로에게 반문하고 자기 검열하는 계기가 되었다. 한편으로는 협동조합에 대해 더 깊이 있게 공부하는 기회가 되기도 했다. 그 과정에서 협동조합은 수단일 뿐 그 자체가 목적이 될 수는 없다는 말이 가슴에 와닿았다. 주식회사는 1주 1표를 통해 대주주의 이익을 제도적으로 보장하지만, 협동조합은 1인 1표 체제를 통해 구성원들이 평등한 거버넌스를 구축할 수 있는 체제를 보장한다. 따라서 협동조합의 설립은 제도적으로 평등한 발언권을 확보하는 최적의 수단이 된다. 따라서 자본력을 가진 특정 단체나 개인이 공동체를 자신의 이익에 따라 흔들지 못하게 하려면 협동조합의 필요성이 더욱 커질 수밖에 없다. 다만 보이지 않는 미세 권력의 이양 문제는 별개로 염두에 두어야 한다는 깨달음도 있었다.

또한 이러한 성찰과 깨달음의 과정에서 '협동조합' 어린이뜨락과 '육아정' 어린이뜨락의 개념도 더 구체적이고 체계적으로 구별해 낼 수 있게 되었다. 어린이뜨락에는 지역 부모들뿐만 아니라 마을(교육)공동체를 공부하는 연구자들이나 교사, 마을활동 및 시민운동을 하는 현장 활동가 등 다양한 사람들이 방문한다. 그들에게 어린이뜨락의 조직 관계 구조를 설명하는 일은 우리들의 정체성을 드러내는 기회가 되기도 했다. 협동조합과 육아정의 관계는 이를 설명하는 중요한 지점이 되었다. 나를 비롯한 실무자들은 어린이뜨락을 지원하는 건신대 대안교육학과 주임 교수와 함께 공식적이고 비공식적인 대화를 통해 오랫동안 논의를 계속한 끝에 관계 구조를 정리했다. 아래는 외부인이 방문한 현장에서 육아정의 운영 구조를 설명한 내용이다.

지역 대학교수 저는 이 (육아정) 공간을 잘 이해하시는 게 중요할 것 같아요. 저희가 굉장히 독특한 체제를 가지고 있어서 다른 곳하고는 다를 거예요. 저희가 학문적으로 생각했을 때 이러한 체제가 필요하겠다고 생각하고 정리해 낸 거라서 이에 대한 설명을 드릴 필요가 있을 것 같은데… 먼저 공간적으로 말씀드리자면 이 건물은 서류상 대학 소유예요. 그래서 대학 입장에서 보자면 여기는 제가 맡고 있는 대안교육학과 실습장으로 되어 있어요. 그래서 이를 통해 저희가 어떤 실습을 하고 싶으냐 하면은 교육이 그냥 단순히 아이들을 자꾸 맡기는… 학교에도 맡기고 학원에도 맡기고 이렇게 위탁되는 방식이 아니고 마을이 함께 아이들을 키웠으면 좋겠다는 거 하나하고… 그러기 위해서 지역사회가 함께 협력했으면 좋겠다는 거… 이걸 어떻게 구현해 낼 수 있는가를 모색하기 위해 마련한 거예요. 여기의 운영비는… 물론 우리가 협동조합이어서 조합비로 조금은 해결되기는 하지만 그건 사실 실질적으로 아주 작은 부분밖에는 안 되고 상당 부분은 요 옆에 있는 교회에서 지원이 들어와요. 그런데 보시면 아시겠지만 여기(육아정)가 교회의 지원을 받는다는 어떤 상징물 하나도 없어요. 십자가 하나, 성경 구절 하나도 없거든요. 교회 역시 우리가 이것을 선교의 목적으로, 교회 다니는 사람들을 위한 목적으로 이거를 내놓는다는 생각은 아니고 지역의 교회로서 지역사회에 역할을 하는 것이 원래 교회의 목표이니 아무 대가 없이 조건 없이 지원하겠다고 하고 운영비의 70% 이상을 교회가 대는 거예요. 그렇게 운영이 되고 있고요, 그런데 교회도 대학도 이제 이것을 지원하기는 하나 실질적으로 이용하는 사람들이 이 공간의 주인이었으면 좋겠다, 이런 생각에서 그러면 협동조합이라고 하는 모두가 한 표씩을 가진 민주적인 구조를 통해서 여기(육아정)를 운영하자… 그래서 운영법인으로 협동조합이 되는 거예요. 그래서 대학도 이제 협동조합에 개인들이 들어와 있는 거고, 교회도 구성원들이 개인 조합원으로 들어와 있는 거고… 그래서 모두가 한 표씩을 가지고 여기를 운영하고 있는 거예요.

_ 2019년 9월 3일, 중구넷[18] 방문 회의

요약하자면, 협동조합의 조합원들이 함께 힘을 모아 육아정이라는 지역의 공간을 운영하는 것이다. 이는 거버넌스 체제로 설명할 수 있다. 거버넌스란 "대등한 지위의 다양한 참여자들이 기존의 계층제 틀을 벗어나 새로운 네트워크를 형성하고 그 속에서 정책 결정에 참여하고 상호 협력하는 체제"로 정의된다.[19] 따라서 육아 문제에서 부모, 교회, 대학, 지자체가 기존의 수직적 복지 제공의 틀을 벗어나 새로운 거버넌스 체제를 통해 협력함으로써, 육아 문제를 스스로 해결하기 위해 육아정을 기반으로 공동육아를 지속가능하게 운영하기 위한 조직을 마련하려는 것으로 보았다.

육아공동체의 조력자이자 실무자인 나에게도 이러한 개념이 자리 잡히기까지는 짧지 않은 고민의 시간이 필요했다. 사람들과의 실전 작업을 통해 쌓아 가는 실천적 합리성에 특히 관심을 두고 있는 쇤Schön은 예상하지 못한 문제들을 해결하면서 그동안 대충 넘겼거나 미처 몰랐던 요소들의 중요한 의미를 깨달아 가는 것을 '행동의 성찰reflection-in-action'이라는 용어로 설명한다. 소셜페다고그들은 경험을 통해 이론을 이해하고 확인하며, 경험의 축적으로 이론을 구성해 내야 한다. 실천을 통해서, 그리고 실천하는 동안 일어나는 일들에 대한 성찰을 통해서 실천지향적인 소셜페다고지 이론은 더욱 발전하는 것이다. 그리고 이론과 실천이 통합되는 '행동의 성찰'로 소셜페다고그의 전문성은 한 뼘 더 자라게 된다. 실천의 여러 측면을 고찰해 내는 전문적 성찰의 과정은 소셜페다고그의 중요한 작업 수단으로 생각과 감정, 행동 반응 패턴을 긍정적으로 개선할 수 있는 기회를 제공한다.

공동육아에 대한 다양한 생각 수용하기
: 다른 입장에 대한 이해와 애정

만남이 가져오는 단순한 즐거움을 넘어 사회육아[20]의 비전을 공유하며 함께 깨닫고 성장할 수 있는 사회문화적인 기능을 마련하기 위한 협동조합 방식의 거버넌스 체제는 공동육아를 어떻게 개념화하는가에 대한 논점과도 연결되었다. 실무자들은 함께 공부하며 고민하는 과정에서 어린이뜨락 구성원들이 지닌 '공동육아'의 개념이 사람마다 집단마다 차별성이 있음을 발견하게 되었다. 첫 번째는 단순한 사전적 의미인 '둘 이상의 사람이 함께 육아를 하는 것'이다. 두 번째는 단순히 함께 모이는 것 이상의 개념으로 제도 중심, 소비 중심, 고립육아 등과 같은 기존 육아 방식에 대한 대안으로 공동체적 방식을 채택하는 것이다. 세 번째는 공동체성 지향이라는 진보적 사회 가치를 육아에 접목하여 실행하는 실천적 사회운동의 개념이다.[21]

2014년, '놀이터뜨樂'을 만나 함께하기로 결심하고 부모들을 교회 및 대학과 연결했을 때 나는 두 번째와 세 번째 개념이 강했다. 즉, 대학 및 교회의 목적은 대안적인 삶의 방식인 공동육아를 통해 공동체적인 사회 가치를 추구하고자 했던 것이다. 대학과 교회의 입장은 2019년 어린이뜨락이 진행한 토크콘서트의 인터뷰 내용에 특히 잘 드러나 있기에 여기서 잠깐 소개한다. 토크콘서트에는 육아정을 지원하는 지역 교회의 담임목사와 지역 대학의 총장(지역 교회의 동역 목사이기도 하다)이 초대되어 어린이뜨락에 대한 이야기를 나누었다.

지역 대학교수 엄마들이 이곳이 교회에서 지원되는 곳이라고 생각하고 왔는데 와서 보면 교회 느낌이 전혀 안 나고 해서 왜 그런지 궁금하다고 합니다. 그것이 목사님의 뜻과 맞닿는 것이 있나요?

지역 교회 목사 아이들을 함께 키울 수 있는 공동육아의 장을 마련하는 것이 첫 번째 목적이었으니까요. 그 목적을 충실히 달성하면 성공하는 거고 그 목적이 달성되지 않으면 성공하지 못하는 거니까요. 그 목적에 충실하려고 하는 거죠.

지역 대학교수 그러면 목사님은 왜 어린이뜨락을 해야 되겠다고 생각하셨어요?

지역 교회 목사 아이 키우는 게 어렵잖아요. 근데 교회가 아이를 키우는 가정을 위해서 조금이나마 힘이 된다면 교회로서는 큰 기쁨이고 또 영광이라고 생각합니다. 단순한 마음으로 뭔가 희망을 주는 교회가 되고 싶었어요.

지역 대학교수 목사님께 어린이뜨락이 뭐냐고 한마디로 여

쭤 보면요….

지역 교회 목사 어… 첫 번째로 막 떠오르는 것은 실험의 장인 것 같아요. 제가 좀 아쉽게 생각하는 것은 한국 사람들이 참 똑똑한데, 굉장히 똑똑하지만 너무 천편일률적이다, 이렇게 생각하거든요. 그래서 조금 새로운 시도… 그러니까 이런 거 대신 요렇게 해 보면 괜찮지 않을까라는 그런 대안 모색? 그런 게 조금 아쉽다고 느끼는데… 공동육아는 아이들을 키우는데 이렇게도 키울 수 있다, 하는 대안 모색, 실험의 장… 함께 길을 찾아 나가는 과정? 뭐 이런 것이라고 생각합니다.

지역 대학교수 처음에 기도모임으로 시작했었잖아요, 교회의 입장에서는. 그러다가 어린이뜨락으로 되면서 어떤 의미에서는 교회적인 성격은 굉장히 많이 없어졌다고 볼 수 있는데 그럼에도 불구하고 교회가 계속 지원하는 게 중요하다고 생각하는 이유가 어디에 있을까요?

지역 대학 총장 사실은 교회적인 요소가 겉으로 보면은 없죠. 그런데 교회적인 요소가 뭘까를 생각해 본다면 오히려 더 큰 의미에서는 함께 모여서 서로 배려하고 서로를 신뢰하고, 그리고 서로 나눌 수 있는 게 교회적인 거잖아요, 사실은… 그러니까 겉으로 드러내지 않고 꼭 이렇다 저렇다 지시적인 면을 빼고 우리가 뭐 기도모임에서 발전을 했지만 누구나 올 수 있는 공간이 된다면 구태여 교회의 색깔을 드러내서 오라고 하면 부담이 되죠. 그러니까

(…) 교회 밖의 사람들도 쉽게 들어올 수 있고, 함께 아이
들을 키우는 거는 공동 목표니까… 그 공동 목표를 통해
나눌 수 있는 삶을 자꾸 확대해 나가면 그게 교회적인 거
죠, 사실은 ….

_ 2019년 8월 28일, 토크콘서트

나를 비롯한 실무자들이나 지역 교회 담임목사, 지역 대학 총장
및 교수는 모두 협동조합의 후원조합원으로 정기 후원금을 보내며
육아정을 위한 실질적인 지원을 하고 있지만 지금 당장 돌보아야 할
영유아 자녀를 두지 않았다는 공통점이 있다. 모두가 사회육아를
통해 공동체적 사회 가치를 실현하려 노력하고 있는 것이다.

반면 부모들의 경우에는 주로 첫 번째와 두 번째의 개념을 지니
고 있음을 이해하게 되었다. 부모들의 자조적인 육아공동체 성격이
강했던 2013년 '육아사랑방'과 2014년 '놀이터뜨樂', 그리고 사회적
기업가육성사업에 도전했던 2016년부터 육아정이 개소된 2017년
'어린이뜨락'까지는 육아 문제를 공동육아 방식으로 풀어 보려는 두
번째 개념이 강했던 것으로 보인다. 하지만 협동조합이 와해된 후
그저 영유아 자녀와 함께 놀러 오는 공간이었던 2018년까지는 함께
육아를 하려는 첫 번째 개념이 강했다. 때로는 관계에 대한 책임감
없이 편의에 따라 가볍게 왔다가 떠나는 모습에서 한낱 이용자로
자신을 위치시키려는 태도가 느껴지기도 했다.

어린이뜨락이 처한 이러한 상황적 맥락을 파악하는 단계에서 당
시 영유아 부모들과 비슷한 또래였던 실무자 B는 요즘 부모들의 생

각을 보다 구체적으로 알아보기 위해 주변 지인들로부터 공동육아에 대한 의견들을 수합했다. 대상은 예비 부모를 포함한 영유아기 자녀를 둔 엄마들이었다. 질문 방법은 앞에서 제시한 육아정 홍보 포스터(81쪽)를 보이고 이것을 보고 나서 어떤 생각이나 느낌이 드는지, 만일 동네에 이런 곳이 있다면 어떤 면을 보고 가 보고 싶은지(혹은 가 보고 싶지 않은지) 등을 물었다. 그리고 답변에 대해 추가 질문을 해 나갔다.

취합된 내용을 정리해 보니 '엄마들 사이에서는 키즈카페만 같이 가도 애들끼리 노니간 그 자체를 공동육아라고 부르기도 한다', '시간도 빨리 가고 육아에서 한발 물러날 수 있게 문화센터처럼 외부 강사 프로그램이 있었으면 좋겠다', '프로그램에 대한 공지가 없으면 굳이 나갈 필요나 간절함을 못 느낀다', '민-교-관-학 거버넌스가 뭔가 거창해 보이는데 무슨 말인지 모르겠다. 협동조합은 본인이 절실해야 와닿는다' 등이었다. 실무자 B가 수집한 자료들은 본격적으로 프로그램화된 교육을 받기 시작한 1980년대생 부모들의 솔직한 생각을 직접 듣고 운영 방향을 설정하는 소중한 기회였다. 공동체적 가치, 사회적 가치를 추구하는 것도 물론 중요하지만, 육아정을 이용하려는 사람들이 이렇게 실질적인 유익을 생각하고 있다는 사실은 분명하게 숙지하고 인정해야만 했다. 그리고 그 입장에 대한 이해와 애정이 필요했다.

나　(…) 우리가 협동조합을 유지해야겠다고 결정했다고 해
　　서 여기 이용하려는 사람은 무조건 협동조합에 가입해야

한다고 하는 게, 그러니까 우리는 세 번째 개념이니 무조 건 조합에 가입해, 라고 하는 게 과연 잘하는 일인가 그 런 생각이 들었어요. 어쨌든 세 개의 경우가 다 존재하는 데 우리는 이것들을 인정해야 할 것 같아요. 첫 번째를 두 번째로 끌어올리고, 두 번째를 세 번째로 끌어올리는 것도 우리들의 몫인데, 첫 번째에 있는 사람들에게 '우리는 세 번째이니 이거 아니면 나가.' 이렇게 비치지 않았나… 그런 반성이 들어요.

실무자 B 네, 저도 생각을 좀 해 봤는데, 일반 공동육아 어린이집 같은 경우만 해도 사실 부모들이 (아이들을) 보내 는 곳이잖아요. 부모들의 참여가 높은 교육기관이기는 하 지만 그래도 부모가 아이를 보내면 부모들만의 시간이 따 로 생기기도 하는데, 뜨락은 부모가 같이 와서 부모들도 아이들과 무언가를 계속해야 하는 거잖아요. 어떻게 보면 굉장히 고강도의 노동 상황인 거예요. 그렇기 때문에, 공 동육아 어린이집… 거기 부모들처럼 함께하겠다는 마음을 먹고 와도 갈등도 되게 많고, 저녁때마다 청소하는 거라든 가 학부모 회의하는 것도 거기서도 갈등이 되게 많은데, 여기는 그것도 생각하지 못한 일반 부모들이 처음 왔을 때 는 굉장히 턱이 높은 거 같다는 생각이 들더라고요. 그래 서 음… 좀 낮추고 시작을 해서 그 안에서 이용하는 사람 들이… 열 명이 들어왔다고 하면 한두 명만이라도 생각을 바꿀 수 있으면 성공하는 게 아닌가… 그런 생각이 들었어

요. 그래서 부모도 와서 이 뜨락 내에서 부모의 시간도 보
장될 수 있는… 아이는 아이대로 부모는 부모대로… 이런
시간을 만드는 게 필요할 것 같다는 생각이 들었어요.

_ 2019년 4월 2일, 실무자 회의

육아정 개소 이후 2018년 어린이뜨락을 찾은 부모들은 대개 자
녀들을 기관에 보내는 대신 직접 돌보고 싶다는 생각이 강했다. 어
린이뜨락 홍보물을 올린 '가정보육맘' 네이버 카페[22]에 올라오는 글
들을 보아도 아이를 데리고 놀러 갈 만한 곳이나 집에서 아이와 함
께 할 만한 놀이, 식단 등을 공유하고, 가까운 거리에 사는 또래 친
구를 구하는 등 가정보육을 할 때 유용한 정보들이 대부분을 차지
했다. 그리고 2018년 참여 부모들도 그러한 정보 탐색 중에 어린이
뜨락을 알고 찾아오게 된 경우가 많았다.

이들은 공동체성 지향이나 사회육아 같은 사회적 가치 추구보다
는 종일 아이와 함께 보내야 하는 시간을 조금이라도 수월하게 만
들 수 있는 무언가를 갈구하는 경향을 보였다. '엄마랑 같이 체험하
는 프로그램을 꼭 넣었으면 좋겠어. 그럼 엄마도 아기도 시간이 후
딱 갈 것 같아. 나도 독박육아였는데 뭐든 애랑 같이했어. 그러니까
하루가 후딱 가.' 실무자 B가 취합해 온 자료 중에서 발견된 한 엄
마의 의견은 이러한 현상을 여실히 드러냈다. 이러한 상황을 잘 파
악하고 육아정이 추구하는 가치와 균형을 잡는 일은 재도약을 위한
실천 과정에서 소셜페다고그에게 요구되는 중요한 역할이었다.

소셜페다고지의 실천이 어렵고 복잡한 이유는 다른 관점들이 만

나기 때문이다. 소셜페다고그에게 핵심적인 것이 어떤 사람에게는 그다지 중요해 보이지 않거나 이제 막 관심을 가지려고 하는 상황일 수 있다. 소셜페다고지 연구자들은 이러한 상황에서는 모두의 관점을 두루 포용할 수 있는 탈중심적 관점을 채택하는 것이 이상적이라고 조언한다. 모두가 수용할 수 있는 공동의 지점에서 서로가 관점을 넓히려고 노력하는 것이다. 구성주의 관점에서 인식이란 특정 형태로 고정되어 존재하는 것이 아니라 사회적 공간에서 생활하면서 형성되는 것이기 때문에 새로운 사고방식을 탐구할 기회는 다른 관점을 가지게 되는 계기를 만들 수 있다. 그리고 이러한 기회는 소셜페다고그의 전문가적인 노력으로 구성해 낼 수 있는 것이다.

권위적이지 않으면서
권위 있는 태도 취하기
: 요구의 수용과 전문가적 지원의 조화

실무자 B가 수집한 요즘 영유아 부모들의 생생한 목소리는 공동 육아에 관한 다양한 연구물, 그리고 지난 몇 년 동안의 운영 경험들과 교차 확인하면서 2019년 어린이뜨락의 운영 방향을 설정하는 데 의미 있는 자료로 활용되었다.

> 나 (실무자 B) 선생님이 취합해 온 부모들의 생각으로 보나 연구 내용을 보나 상시 프로그램 마련이 필요할 것 같긴 한데… 그런데 우리가 2015년 사업할 때 프로그램을 했었거든요. 일주일에 하루였지만. 역시나 그때도 사람은 많이 왔어요. 만족도도 꽤 높았고요. 그런데 문제는 뭐냐 하면 무료 문화센터가 되는 거지. 무료 키즈카페가 되기도 하고.
>
> 실무자 B 그렇죠. 저도 공동육아나눔터 검색해 보니까 어떤 엄마들은 장난감 대여도 해 주고 프로그램도 해 주고 공간 대여도 해 주니까 '무료 키카', '무료 문센' 이런 표현을

되게 많이 하더라고요. 그런데 분명히 열 명이 오면 그중에 서너 명은 그런 사람들이 있을 거라는 생각이 들고… 그런데 그런 사람들에 대해서는 어쩔 수 없다고 생각하는 것도 있어야 할 것 같긴 해요. 운영하는 사람들 입장에서는.

_ 2019년 4월 9일, 실무자 회의

부모들에게 오고 싶은 마음이 들게 만드는 조건 마련은 피할 수 없는 수순이었다. 그리고 세 실무자는 상시 프로그램을 마련해야 한다는 결론에 도달했다. 모순적인 상황이라 여겨졌기에 마음이 그리 편하지 않았다. 아, 역시 방법은 또다시 프로그램이어야만 하는 것인가. 그리고 체계화된 프로그램을 마련하여 사람들을 오게 만드는 것만으로 끝나는 일이 아니었다. 부모들을 오히려 수동적이고 의존적으로 만든 역효과는 2015년 놀이 프로그램을 준비하고 점심 식사까지 제공하며 애쓰던 시절 충분히 경험하고 성찰하지 않았던가. 사람들을 모을 수는 있지만 공동체의 건강한 지속가능성을 보장할 수 없음을 절실히 깨달았기에 더욱 심도 있는 고민과 대안이 필요했다.

나 프로그램도 좋고, 엄마들의 요구를 받아안아야 한다는 것도 다 좋은데, 어쨌든 우리는 지속가능성을 생각해야 하고 어떡해서든지 공동체적 가치, 사회적 가치를 지켜보자고 여기 있는 거니까, 그걸 어떻게 해결할 수 있느냐가 지금 가장 큰 숙제인 것 같아요. 몇 년을 해 보니 우리가 또

조심해야 하는 게, 사람에 따라 분위기가 이쪽으로 확 갔다가 저쪽으로 확 갔다가 그러더라고요. 2015년도에도 사회적 가치, 공동체에 대한 이야기를 하고 그러면 아~ 그러면서 뭔가 해 보려는 분위기로 가다가 목소리 큰 몇 사람이 와서 '육아는 장비지!'라면서 쇼핑 이야기하고 그러면 또 분위기가 갑자기 소비적으로 가고⋯ (⋯) 분위기가 그렇게 (소비적으로) 가면 어떻게 해야 할지 참 곤란해지더라고요. 내가 그런 얘기는 하지 말라고 대놓고 그러면 거부감이 들 것 같고. 그래도 운영자들이 그 중심을 딱 잡는 것은 중요한 역할이라는 생각이 들어요.

실무자 B 저는 친구들이 해 준 얘기를 쭉 보면서 든 생각은⋯ 사실 엄마들은 애를 키우는 데 두려움이 굉장히 크구나⋯ 근데 그 두려움이 너무 크니까 자기 성향에 따라 다르게 표현되는 것 같다는 생각도 들었어요. 음⋯ 자신의 그런 마음들을 거칠게 표현하는 사람들은 '역시 육아는 장비발이야!'라고 표현을 한다거나 (웃음) 이렇게 나가는 것이 있다는 생각도 들어요. 사실 저는 육아 경험이 없기도 하고 그런 점이 뭐랄까⋯ 나의 약점? 단점? 그런 생각이 많이 들었거든요. 엄마들에게 다가가는 게 너무 어렵게 느껴지기도 하고. 아~ 내가 뭘 도울 수 있겠어, 내가 뭘할 수 있겠어, 이런 생각이 막 들었는데 이야기를 듣고 나니까 오히려 엄마들 역시 나와 크게 다르지 않을 것 같다는 생각이 드는 거예요. 역시 두렵고 어렵고 돌봄이나 도

움을 오히려 저보다 더 많이 필요로 하는데 제가 쭈뼛쭈
뼛하고 그러면 그분들도… 왜 그런 게 있잖아요. 관계에서
묘하게 그런 것들은 아주 금방 캐치하잖아요. 여기서 제가
어떻게 해야 할지 모르고 갈팡질팡하면 아~ 나의 요구는
여기서 채워질 수 없겠구나, 라고 생각하거나, 아니면 여기
서 내 마음대로 할 수 있겠구나, 그런 생각을 하는 엄마들
도 있을 것 같고. 그리고 예전에 (육아정) 여기가 누가 주
인이냐는 이야기가 많이 오갔다고 했잖아요. 그럼에도 불
구하고 주도적으로 운영하는 분들은 필요하고 그런 사람
들의 권위가 스스로 만들어지고 보여야 할 필요가 있다는
생각이 들어요. 왜냐하면 우리가 이 공간을 위해서 최소한
뭔가 계획하고 운영하는 부분에서는, 저는 그 부분이 여기
온 사람들에게 티가 날 필요는 있다는 생각이 들어요. 그
런 것이 그 사람들에게 어쩌면 여기 왔을 때 안정감이 들
수도 있겠다는 생각이 들고요. 본인들도 뭘 어떻게 해야
할지 모르는 상황에서 거기 가서 내가 또 뭐를 어떻게 해
야 한다거나 필요한 게 없을 것 같다는 생각이 들면 관심
이 떨어질 것 같다는 생각이 드는 거예요.

_ 2019년 4월 9일, 실무자 회의

실무자 B의 이야기를 들으면서 이제까지의 나의 태도를 새삼스
레 돌아보게 되었다. 그동안 나는 어린이뜨락 안에서 스스로를 부모
들과 동등한 구성원으로 위치시키려고 노력해 왔다. 그런데 그 노력

·이 권위적이지 않은 모습이었을지는 몰라도 나의 권위를 지키지는 못했다는 반성이 들었다.

소셜페다고지에서 소셜페다고그에게 요구되는 역량 중 하나는 애정과 권위 사이의 경계에서 적절한 균형을 잡는 것이다. 할퉁 Haltung 개념과 연결하여 사람에 대한 애정을 가지고 목표만을 생각하지 말고 사람 자체를 중요시해야 한다. 그와 동시에 소셜페다고그는 사람들이 자신의 행동에 대한 책임을 배우고 바람직한 사회적 존재로 성장할 수 있도록 성숙한 전문성을 발휘하여 스스로의 권위를 지켜 낼 수 있어야 한다.

'네 역할이 뭐냐'라는 부모들의 비판은 어쩌면 이와 무관하지 않겠다는 성찰로 이어졌다. 어쩌면 나는 부모들이 진정으로 원하는 것, 부모들에게 필요한 것을 제대로 알려고 하지 않았는지도 모르겠다. 겉모습은 권위적이지 않았는지 몰라도 속으로는 권위적인 태도로 내가 생각하는 이상적인 가치만을 강요했던 건 아닐까? 나를 내려놓고 스스로를 객관화하고 더욱 열린 마음으로 상황을 바라보는 태도가 필요했다.

그 시작은 부모들을 와 보고 싶게, 와 볼 수 있게 만들 만한 안정적이고 상시적인 프로그램을 마련하는 일이었다. 또한 육아정이 단지 가정보육을 하는 가정에만 한정되지 않도록 일주일에 한 번은 기관에 다니는 유아들을 위한 놀이 프로그램을 마련하기로 했다. 그래서 여러 가지 운동기구를 사용한 신체놀이 프로그램이 화요일 오후에, 다양한 악기 연주, 노래, 리듬, 말놀이, 동작이 융합된 음악놀이 프로그램이 목요일 오전에 계획되었다. 영아들을 위한 프로그램도 마련했다. 나의 육아 경험과 지난 몇 년간의 운영 경험에 따르면 두 돌 미만의 어린 영아를 키우는 부모의 고립감 해소가 더욱 절실하다고 판단되었기 때문이다. 수요일 오전에 진행된 베이비 마사지는 영아들을 위한 프로그램이었다.

결과적으로 모집된 아이들은 대부분 유아였고 영아는 그 아이들의 동생으로 아주 소수에 불과했다. 따라서 영아 대상 프로그램이었던 베이비 마사지는 강사의 재량에 따라 '터칭 테라피'로 바꾸어 남녀노소 모든 대상에 적용할 수 있는 마사지법을 배우는 시간이 되었다. 다른 놀이 프로그램들 역시 각자 자신의 수준에서 놀이 자료를 탐색하며 행위 자체를 즐기는 시간이었기에 영아와 유아의 연령 구분은 큰 의미가 없었다. 부모들이 함께 참여했기에 어른과 아

2019년 육아정 어린이뜨락 상시 프로그램

시간	화요일	수요일	목요일
오전 열림 10:00 ~12:00		10:00 OPEN 자기주도 놀이 10:30~ 터칭 테라피 (베이비 마사지)	10:00 OPEN 자기주도 놀이 10:30~ 유아 음악놀이
점심시간 12:00 ~13:00		공동밥상(원하는 사람에 한해)	
오후 열림 ① 13:00 ~15:00	13:00 OPEN 자기주도 놀이 15:30~ 유아 신체놀이	13:00 부모 프로그램 자기주도 놀이 15:00 CLOSE	자기주도 놀이 15:00 CLOSE
오후 열림 ② 15:00 ~17:00	자기주도 놀이 17:00 CLOSE		

이의 인원 비율이 낮아졌고, 이는 영아들도 참여할 수 있게 만드는 큰 이점이 되었다. 게다가 연령 통합으로 육아정의 연대감이 향상되는 순기능도 생겨났다.

그렇다고 해서 육아정에서 운영되는 상시 프로그램과는 별개로 어린이뜨락이 분명히 지켜야 할 가치들과 지양하고 예방해야 할 역기능 또한 간과해서는 안 되었다. 소셜페다고그가 돌봄이 필요한 사람들의 입장 가까이에서 그들의 상황을 이해하는 것은 매우 중요하고 바람직하다. 하지만 '부모들이 원하는 프로그램 제공'이라는 좁은 관점 안에 고착되어 있으면 오히려 사람들의 의존성을 부추기는 위험을 불러올 수 있다는 사실도 염두에 두어야 했다.

소셜페다고지 연구자들은 돌봄을 받는 사람들은 자신이 처한 상황을 이해받고 필요로 하는 것들을 지원받을 권리가 있지만, 동시에 전문가적 관점에서 문제의 핵심을 바라보는 사람의 도움을 받을 권리도 가지고 있음을 강조한다. 이를 위해서 소셜페다고그는 전문가적인 맥락으로 들어가야 하는데, 여기서 말하는 '전문가적인 맥락'이란 개인을 사회적 존재로 이해하고, 그들을 공동체에 포함시키려는 노력을 소셜페다고지 실천의 중요한 지향점으로 삼아야 한다는 것이다.

일방향 교육이 아닌 함께 살아가기
: 공동체와 공동체 교육에 대한 고민

앞 장에서 정리된 것과 같이 상시 프로그램의 윤곽은 잡혔지만 이것으로 만족할 수 없었다. 지난 시간의 쓰디쓴 실패의 경험들로 부모들이 어린이뜨락을 찾게 만드는 것은 아주 시작 단계에 불과하다는 것을 충분히 깨달았기 때문이다. 어린이뜨락을 통해 부모들이 공동체를 경험하고 공동체의 구성원으로서 성장하고 역량을 키울 수 있는 작업이 필요했다.

이 과정에서 제기된 핵심 고민은 '공동체란 어떻게 구성되고 성장하는 것인가?'였다. 애초에 부모들의 주체성으로 시작된 이 육아 공동체는 구성원들 간의 관계와 운영 구조가 다양한 형태로 변화하면서 유지되어 왔다. 처음에는 부모들의 주체성과 공동체성이 상당히 부각되었지만, 변화를 겪다가 이제는 그것들을 새롭게 구성하지 않으면 안 되는 상황에 이른 것이다.

공동체성이란 주체성을 지닌 사람들만 누릴 수 있는 특별한 혜택인가? 주체성과 공동체성은 누구에게나 있으며 사회적 환경에 따라 발현되는 것인가? 아니면 주체성과 공동체성은 특별한 교육 프로그램을 통해 가르쳐서 교화하는 것인가? 이런 의문들 사이를 헤매며 고민이 계속되었다.

공동체란 무엇일까? 공동체를 강조하는 사람들은 공동체에 대한 특정한 전형이 있는 것처럼 이야기하곤 한다. 그런데 공동체는 공동체마다 다른 모습을 가지고 있는 것이 아닐까? 어린이뜨락처럼 하나의 공동체라 하더라도 시간과 공간, 상황과 맥락에 따라 다양한 모습을 보이기 때문에 그때마다 최선이라 믿는 대안을 선택해야만 한다. 지금 우리에게 필요한 대안은 무엇일까?

솔직히 고백하자면, 이러한 고민 단계에서 나는 내가 추구하고자 하는 공동체의 모습이 무엇인지, 내가 부모들에게 기대하는 것은 무엇인지조차도 구체적인 그림을 가지지 못했다. 그래서 더 답답하고 아득하게만 느껴졌는지 모르겠다. 하지만 2019년 어린이뜨락이 마무리된 뒤 조금은 홀가분한 시간을 보내고 있을 때 SNS에 공유된 아래의 글을 읽으며 그때의 고민이 충분히 가치 있는 것임을 발견했다. 비록 그것이 막연부지했을지라도 말이다. 때로는 한참 후에야 과거의 일들에 대해 이해하게 되는데, 그건 아마도 지나간 경험들 속의 여러 가지 일들이 얼키설키 얽혀져 현재에 투영되기 때문일 것이다.

"공동체라는 말이 퍼지기 시작한 게 불과 몇 년 되지 않았어요. 중앙부처, 지자체, 교육청, 민간단체들까지 너나없이 공동체를 이야기하는데 다 비교적 최근의 일이에요. 그런데 어느 순간부터 사람들이 공동체 '전문가'가 된 것 같아요. 사실은 우리도 그렇게 살아보지 않았으면서… 이제 바꿔 보자고, 공동체를 해 보자고 하는 건데… 공동체로 살아본 경험이 없거나 부족해서, 공동체가 뭔지 사실은 잘 모르면서 마치 원래 잘 알았던 것처럼… 그래서 힘든 거 아닐까요?"

마을교육공동체 활동을 하면서 읽었던 모든 글들과 들었던 모든 말들 중에서 가장 공감이 가는 이야기였다. (…) 교육청에서 내놓는 마을교육공동체 정책들이 화석처럼 딱딱하게 느껴지는 이유, 짧은 시간 마을교육공동체 활동이 대폭 확산되었는데도 여전히 혼란스럽고 개념이 잘 잡히지 않는 이유, 현장의 요구가 잘 수렴되지 못하고 어려움이 노정되고 있는 현실 등등. 이게 다 '잘 모르기 때문' 아닐까? 공동체로 살지 않으면서 공동체를 이야기하는 이 모순의 한복판에 온갖 마을교육공동체 정책과 지침들이 뒤엉켜 있다. 다시 출발점으로 돌아가서 문제부터 새롭게 정의해야 하지 않을까? 올바른 질문을 던져야 올바른 해답을 구할 수 있다. 핵심은 '질문', 답은 그다음이다.

_ 이○○, 2020년 1월 31일, 페이스북 전체 공개 게시물

공동체 활동에 부모들을 참여시키고 그 안에서 함께 성장하는 것을 목표로 하지만 공동체적 가치를 노골적으로 드러내면서 강의식 교육을 진행하는 방법에는 실무자 모두가 동의하지 않았다. 아무

리 좋은 교육이 제공된다 하더라도 그 내용이 일상 속에서 조응되지 않으면 지식과 생활을 일치시키는 데는 한계를 지닐 수밖에 없다. 앎은 삶과 일관성을 가지고 구성되어야 한다.

따라서 즐거운 어린이뜨락 생활을 통해 경험하는 공동체적 관계가 사람들에게 '천천히 스며들 수 있는' 방법을 찾아보기로 했다. 이를 위해 부모 참여자들이 혼돈 영역Panic zone으로 내몰리는 일을 막고 안락 영역Comfort zone에서 충분히 탐색한 후 호기심을 가지고 새로운 발견을 할 수 있는 배움 영역Learning zone으로 조금씩 나아갈 수 있는 방법을 모색했다.

소셜페다고지 역시 이벤트성의 일시적인 교육을 제공하는 것으로 사람들의 역량이 강화되었다고 이야기하는 것은 매우 안일하고 위험한 태도라고 강조한다. 소셜페다고지에서의 역량강화란 지시를 통해 달성되는 것이 아니라 스스로 관계와 배움의 주체가 되어야만 가능해지기 때문이다. 소셜페다고지 실천의 중심이 되는 관계는 상호 호혜적인 성격을 지녀야 하며 양방향적인 방식을 통해서만 발전을 기대할 수 있다고 본다.

> 실무자 B 공동체라는 거, 공동체 교육이라는 거 어쩌면 별 게 아닐지 몰라요… 올해 우리가 이렇게 해서 만약에 변화가 없더라도, 뜨락에서 사람들이 겪었던 어려운 일들… 사실 이런 일들이 살아가면서 공동체 속에서 어려운 일이야, 라고 이야기해 주는 거… 그런 이야기를 나누는 것도 저는 배우는 거라고 생각하니까… 그런 것들을 다 이야기로 만

들면 별거 아닌 거잖아요.

나 그래요. 어차피 별거는 별거 아닌 데서 나오는 거니까….

실무자 B 그러니까요. 그러니까… 지금까지 막 공동체성을 강조하고 막 공동체 교육을 하고 그런 것들은 어떻게 보면 뭔가 있어 보이는 것에서 뭔가를 만들려고 했던 행위라면… 저는 어… '이런 것들이 무슨 무슨 교육이야'라고 굳이 거창하게 이름 붙이지 않아도… 우리가 해 왔던 것들이 원래 부모 교육이었고 아이 교육이었고 공동체 교육이었어… 별거 아니잖아? 그런데 우린 뭐라도 배운 게 있잖아? 이런 걸 함께 느끼게 하면 좋겠어요.

_ 2019년 4월 18일, 실무자 회의

일상에서의 즐거운 경험은 무척 중요하지만, 공동체 생활 속에서 의미 있는 깨달음을 얻게 해 줄 묵직한 중심은 생활 속에 반드시 존재해야 한다는 생각이 떠나지를 않았다. 그러기 위해서는 올해 어린 이뜨락의 모든 구성원과 함께 공유해야 할 목표가 필요하다고 생각했다. 우리는 여기에 왜 모였으며 공동육아를 통해서 우리가 지향하는 바는 무엇인지, 우리가 추구하는 가치는 어떤 것인지 등에 대한 개념을 공유하는 작업이 필요했다. 무겁거나 부담스럽지 않으면서도 우리의 목적이 분명하지만 따뜻하게 전달될 수 있는 무언가를 지속적으로 고민했다.

'공동체', '배움과 성장', '부모참여' 등을 키워드로 계속되는 브레

인스토밍 끝에 '참여를 통한 공동체 안에서의 배움과 성장'을 생각하게 되었고, 어린이뜨락과 함께 생활하는 일 년을 공동체의 성장과 연결해 보기로 했다. 그리고 이 과정에서 '나와 너, 그리고 우리의 성장'이라는 기본 방향이 도출되었다. 또한 한편으로는 메시지를 더욱 부드럽게 전달할 방법을 고민했는데, 공동체 구성원으로서의 성장 과정을 농사의 흐름과 연결해 보자는 의견이 제기되었다. 부모들을 일시적인 이용자가 아닌 어린이뜨락의 구성원으로 자리 잡게 해 보자는 고민 끝에 일 년 단위의 절기가 떠올랐고, 결국 육아정에서의 생활을 농사 흐름에 비유하여 작은 씨앗이 공동체 구성원으로 성장해 가는 모습을 은유적으로 표현해 보자는 생각으로 마무리된 것이다.

나 내가 어린이뜨락에서 차상진 역할이 뭐냐, 라는 이야기를 들었다고 했잖아요. 그 얘기 듣고 곰곰이 생각을 해 봤어요. 내 역할은 뭔지, 뭐여야 하는지, 음… 그리고 무엇이고 싶은지. 그런데 나는 내가 할 수 있는 역할 중에서 제일 큰 거, 그리고 내가 가진 전문성을 살릴 수 있는 게 읽어 주고 해석해 주고 의미를 부여해 주는 거라고 생각했어요. 그래서 두런-뜨락 세대통합 프로젝트로 논문[23]도 쓰고, (육아정) 개소식 때 구성원들 구술자료 수집해 가지고 뜨락 역사도 쓰고, 애들 놀이도 거기에 어떤 의미가 있는지 읽어 주려고 하고 그런 건데… 나는 이런 게 내 역할이구나 생각을 하고, 그리고 내가 가진 것들을 어린이뜨락에 녹여 낼 수 있는 좋은 방법이라는 생각이 들어요.

실무자 B 사실 저의 핵심도 의미 부여였어요. 우리가 올해 전체 운영 방식을 농사라고 잡는다면… 처음에는 씨도 뿌리고 아까 말씀하신 수확도 하고 이러는 변화 과정이 있을 거잖아요? 아이들과 엄마들에게 이런 콘셉트를 설명하는 거죠. 이런 설명을 하는 이유는 처음에 엄마들이 오셔서 여기에 어떤 기대를 하고 있고, 또 어떻게 했으면 좋겠고, 이 공간에서 어떤 활동을 그리고 있는지… 그런데 처음에는 그다지 별생각이 없을 것 같기는 해요, 처음에는 솔직히. 그래도 이 공간을 통해서, 엄마들도 여기 와서 처음에는 어려웠지만 사람들과 관계 맺는 데 힘든 것도 있었지만 배운 것도 있었다… 사실 거기에 의미 부여를 하고 안하고는 저는 큰 차이가 있을 거라는 생각이 드는 거예요. 그리고 그렇게 하다 보면 뭔가 연대감이라든가 유대감이라든가 그런 게 생기면 공동체 의식이라거나… 뭐 이런 게 공동체예요, 이렇게 이야기를 할 수 있을 것 같아요. 사실 모를 수 있잖아요, 이런 게 공동체인지. 아니면 내가 생각했던 공동체랑 좀 다르네, 이런 것도 공동체구나 그럴 수도 있고. 이 공간에 엄마들 아이들이 와서 한 행동들에 대한 의미… 아이가 여기 와서 그냥 노는 것처럼 보였는데 이런 상황에서 이런 생각을 하고 이런 행동을 했구나… 의미 부여를 해 주신 거잖아요. 전 그런 의미가 커요.

_ 2019년 4월 11일, 실무자 회의

어린이뜨락이라는 공동체 안에서의 나와 너, 우리가 함께 성장하는 모습을 농사 흐름으로 상징화하려는 궁극적인 목적은 우리 스스로에 대한 의미 부여이기도 했다. 실무자 B의 말처럼 우리가 살아내는 작은 일상에 의미를 부여할 때와 그렇지 않을 때는 스스로의 삶에 엄청난 차이를 만들어 낸다. 때로 의미는 삶의 목적이 되기도 하지 않는가.

이를 위해 실무자들은 농사 관련 서적을 뒤적이며 농사 용어들을 공부하고 우리가 기대하는 성장 모습들과 연결하여 공동체 생활을 일 년 흐름으로 정리해 냈다. 또한 2019년 어린이뜨락이 진행되는 시간 동안 매달의 주제를 정하고 각각에 의미를 부여하였다. 그리고 그 내용을 2019년 어린이뜨락 브로슈어에 실어 두었다.

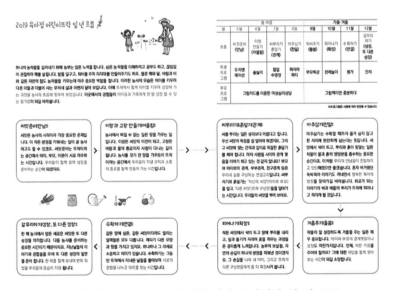

2019년 어린이뜨락 브로슈어에 실린 육아정의 일 년 흐름

하나의 농작물을 길러 내기 위해 농부는 많은 노력을 합니다. 심은 농작물을 이해하려고 공부도 하고, 끊임없이 관찰하며 때를 살핍니다. 밭을 일구고, 퇴비를 주며 지지대를 만들어 주기도 하죠. 물론 해와 달, 바람과 비와 같은 자연의 힘도 농작물을 키우는 데 아주 중요한 역할을 합니다. 이러한 농사의 모습은 아이를 키우며 다른 이들과 더불어 사는 우리네 삶과 어쩐지 닮아 보입니다. 이에 뜨락에서 함께 아이를 키우며 성장해 가는 과정을 농사의 흐름에 맞추어 보았습니다. 이곳에서의 경험들이 아이들과 가족에게 한 발 성장할 수 있는 밑거름이 되길 바랍니다.

5월²³: 씨앗 준비(만남)

씨앗은 농사의 시작이자 가장 중요한 존재입니다. 이 작은 생명을 키워 내는 일이 곧 농사라고도 할 수 있겠죠. 씨앗 준비는 뜨락이라는 공간에서 아이, 부모, 이웃이 서로 마주하는 시간입니다. 우리들이 함께 모여 성장을 준비하는 순간이 되겠지요.

6월: 이랑과 고랑 만들기(어울림)

농사에서 빠질 수 없는 일은 땅을 가꾸는 일입니다. 이랑은 씨앗의 터전이 되고, 고랑은 바람과 물의 통로이자 사람이 다니는 길이 됩니다. 농사를 짓기 전 땅을 가꾸듯이 뜨락이라는 공간에서 우리들이 지낼 규칙과 소통의 통로를 함께 만들어 가는 시간입니다.

7월: 씨뿌리기 & 흙덮기(관계)

씨를 뿌리는 일은 생각보다 어렵다고 합니다. 우선 씨앗의 특징을 잘 알아야 하겠지요. 그리고 씨앗에 맞는 간격과 깊이로 적절한 흙덮기를 해야 합니다. 마치 사람들 사이의 관계 맺음을 이야기하고 있는 것 같지 않나요? 부모와 아이와의 관계, 부부관계, 친구관계 등은 우리네 삶을 구성하는 연결고리입니다. 씨뿌리기와 흙덮기는 '자신의 씨앗'(아이와 부모)을 알고, '다른 씨앗'(뜨락 구성원)들을 알아 가는 시간입니다. 우리들의 씨앗을 뿌려 보아요.

8월: 아주심기(친밀)

아주심기는 수확할 때까지 옮겨 심지 않고 한 자리에 완전하게 심는다는 뜻입니다. 씨앗에서 싹이 트고, 뿌리와 흙이 맞닿는 일은 작물이 물과 흙의 영양분을 흡수하는 중요한 순간이죠. 이처럼 우리의 만남들이 친밀해지고 단단해졌으면 좋겠습니다. 혼자 버거웠던 독박육아 이야기도 꺼내면서 행복한 육아의 방향을 찾아가길 바랍니다. 위로가 되는 이야기의 싹과 배움의 뿌리가 뜨락에 피어나고 퍼지게 될 것입니다.

9월: 거름주기(돌봄)

작물이 잘 성장하도록 거름을 주는 일은 매우 중요합니다. 아이와 부모의 관계 맺음이나 성장도 마찬가지입니다. 언제, 어떤 거름을 주어야 할까요? 그에 대한 해답을 함께 찾아보는 시간이 되길 소망합니다.

10월: 피어나기(확장)

작은 씨앗에서 싹이 트고 땅에 뿌리를 내리고, 잎과 줄기가 자라며 꽃을 피우는 과정들은 경이롭게 느껴집니다. 농부의 보살핌, 자연의 손길이 하나의 생명을 피워 낸 것이겠지요. 그 손길을 나와 내 아이, 그리고 뜨락의 다른 구성원들에게 좀 더 확장시켜 봅시다.

11월: 수확하기(연결)

같은 땅에 심은 같은 씨앗이더라도 열리는 열매들은 모두 다릅니다. 제각기 다른 모양과 향을 가지고 있지요. 하나하나 그 자체로 소중하고 의미가 있습니다. 수확하기는 그동안 뜨락에서 지내 온 날들을 돌아보며 서로의 경험을 나누고 의미를 찾는 시간입니다.

12월: 갈무리하기(성장, 또 다른 성장)

한 해 농사에서 얻은 새로운 씨앗은 또 다른 성장을 의미합니다. 다음 농사를 준비하는 중요한 시간이기 때문이지요. 지난날들의 이야기와 경험들을 모아 또 다른 성장의 발판을 준비합니다. 한 해를 함께 보내며 변화되었을 우리들의 모습이 기대됩니다.

_2019년 어린이뜨락 브로슈어, pp. 5-6

어린이뜨락 일 년 흐름은 부모들에게 육아정의 의미와 가치를 이야기 구조를 통해 전달하려는 목적을 지닌다. 농사의 흐름에 비유된 이야기는 육아정 공동체 생활의 의미를 구성하기 위해 만들어진 기대의 말이기도 하다. 공동체 생활이란 특정 부류만이 누릴 수 있는 배타적 영역이 아니라 구성원 각자가 자신의 삶 안팎에 조금 더 깊이 관여하며 연결되면 새로운 삶을 만들어 낼 수 있다는 긍정의 메시지로 공동체적 삶을 축복하려는 의미를 담고 있다.

공동육아나눔터, 열린육아방 등 육아공동체를 지원하는 기관들은 '활성화'라는 명목으로 영유아 부모들을 위한 프로그램 마련에 고심하곤 한다. 하지만 프로그램에서 진행되는 활동이 사람들에게 공동체에 어울리고 관여하는 기회를 촉진하는 것이 아닌 단순히 참여를 독려하기 위한 것이라면 공동체성을 지향하는 페다고지 의도라고 보기 어렵다.

사람들이 진짜로 배워야 할 공동체적 가치는 프로그램 너머에 존재한다. 프로그램 활동에 참여함으로써 공동체적 삶의 가치를 경험하고 공동체 생활에 필요한 기술들을 익히는 것이다. 그리고 그 안에서 다른 사람들을 만날 뿐만 아니라 나를 찾아가는 기회를 얻을 수 있다. 소셜페다고지 관점에서 보자면 프로그램 활동은 배움의 방향을 설정하고 배움을 촉진하기 위한 수단이어야 한다. 배움은 일시적인 지침에 의해서가 아니라 일상에서의 자연스러운 상황을 통해 무작위적이고 통합적으로 일어나야 한다.

교육과정이건 프로그램이건 운영 구조 및 방법을 구성하고 조직하는 일은 결코 단순한 일이 아니다. 농사 흐름에 빗대어 우리가 어린이뜨락을 통해 추구하려는 운영 방향을 정리한 후에도 또 다른 문제가 남아 있었다. 그렇다면 이러한 은유적 개념을 어떻게 실제 현장에 녹여 낼 것인가?

실무자 B 솔직히 너무 어려워요. 이 흐름을 쓸 때도 음… 이런 생각도 많이 들었어요. 아니 이게 그냥 번지르르한 말만 만드는 게 아닐까? 저는 그 생각이 가장 많이 들었어요. 이거 사실 남들 누구나 다 할 수 있는 말, 어디서나 다 볼 수 있는 흔한 말, 보여주기식의 말만 적게 되는 건 아닐까. 그렇게 쓰다 보면 괜히 과하게 쓰게 되는 말도 있고 그럴 텐데….

나 논문을 읽어 보면 협동조합 어린이집이건, 공동육아 나눔터이건, 우리 육아정이건 어쨌거나 필요한 핵심 가치가 있는 것 같아요.[25] 두 가지인데 부모참여랑 공동체적 가치. 이건 2014년부터 내 경험을 통해서 봐도 아주 동의하는 부분이에요. 부모참여를 이끌어 내려면 무엇을 해야 할까? 좋은 프로그램을 많이 해서 사람들을 모아 보자, 우리가 그런 거잖아요. 그런데 너무 프로그램화되면 안 되니까 공동체적 가치를 세워 보자. 그래서 우리가 얘기한 게 흐름이 있었으면 좋겠다, 흐름대로 가면서(진행하면서) 공동체적 성장을 거기에 담아 보자. 어쨌든 두 개를 다 잡으려고 노력을 하는 거잖아요. 이제 앞으로 이걸 어떻게 할 것인가가 문제인 것 같아. 2015년에 했을 때는 어떻게 하면 재

있게 해서 사람들을 모을까, 막 그 생각만 했던 거예요. 그
런데 지금은 그게 다가 아니라는 것을 시간을 통해서 경
험을 통해서 깨닫게 되었고 어쨌든 재밌으면서도 엄마들도
성장하고 애들도 성장하고 우리들도 성장해야지… 재밌으
면서 묵직한 무엇을 가져가야 하고 그런 생각들이 생겼는
데….

실무자 B 친구(영유아 부모)들이 이런 이야기 진짜 많이 했
어요. 애도 챙기고 나도 챙겨서 한번 밖으로 나가기가 정
말 힘든데 그걸 다 감수하고 나가기까지 유혹적인 게 본인
한테는 있어야 한다는 거예요. 근데 말씀하셨던 이 공간이
어떤 목표를 가지고 있는가… 우리의 지향점들이 연결돼야
할 것 같아요.

_ 2019년 4월 18일, 실무자 회의

어린이뜨락을 찾는 부모들의 성향이 달라졌다고 해서 공동체성
이란 주체성을 지닌 사람들만 누릴 수 있는 특별한 것이니 우리가
만들어 낼 수 있는 게 아니라 생각하고 포기할 수는 없었다. 본디
어린이뜨락이 지향하는 사회적 가치는 분명히 챙겨서 가야 했다. 초
창기에 비해 상황은 달라졌지만 그래도 우리 안에 있는 잠재력을
믿어 보기로 했다.

소셜페다고지 실천의 중심인 할퉁Haltung도 사람들의 고유한 잠
재력을 존중하고 집중하는 것으로 출발하지 않던가. 사회적 환경을
마련해 준다면 주체성과 공동체성은 누구에게서나 발현될 수 있지

않을까? 여전히 염려되고 불안한 마음은 있지만 이러한 태도가 최선일 수밖에 없었다. 부모들이 자연스럽게 마음을 열 수 있도록 그들이 원하는 영유아 놀이 프로그램을 제공하면서, 공동체 안에서의 배움과 성장을 함께 모색하는 또 다른 프로그램으로 자극을 주어 시나브로 변화를 기대해 보기로 했다.

이를 위해 일 년 흐름을 상징하는 각 달의 주제에 맞게 특별 프로그램을 기획했는데, 상반기(봄·여름 시즌)에는 놀이 중심 활동을 통하여 친밀한 관계 맺기에 초점을 맞추고, 하반기(가을·겨울 시즌)에는 공동체 교육과 평가에 집중하기로 했다(121쪽 표 참조). 이에 따라 숲 해설가와 함께 하는 숲 놀이(6월), 육아정 마당에 물놀이 풀을 설치해 함께 노는 팝업 수영장(7월) 등이 봄·여름 시즌을 위한 특별 프로그램으로, 공동체 전문가를 초청해 진행되는 부모 특강과 한 해 살이 평가 등이 가을·겨울 시즌을 위한 특별 프로그램으로 마련되었다. 각 시즌의 마지막 특별 프로그램은 중간과 끝을 돌아보는 마무리 작업으로 기획되었다. 8월의 파자마 파티는 육아정에 온전히 정착하여 아주 심어진 자신을 발견하고, 12월 잔치는 공동체 생활을 통해 얻은 배움과 성장을 스스로 갈무리한다는 의미를 지닌다.

또한 각 시즌마다 격주로 부모들을 위한 프로그램도 마련했는데, 고된 육아 생활의 치유를 위한 시간이면 좋겠다는 생각이 들었다. 힘겨운 육아라는 동병상련을 겪고 있는 구성원들이 서로 이야기를 하고 들으며 끈끈한 관계를 맺을 수 있다면 큰 위로를 얻을 수 있을 것이다.

2019 육아정 어린이뜨락 일 년 흐름과 특별 프로그램

월	봄·여름				가을·겨울			
	5월	6월	7월	8월	9월	10월	11월	12월
흐름	씨앗 준비 (만남)	이랑과 고랑 만들기 (어울림)	씨뿌리기 & 흙덮기 (관계)	아주 심기 (친밀)	퇴비 주기 (돌봄)	피어 나기 (확장)	수확 하기 (연결)	갈무리 하기 (성장, 또 다른 성장)
특별 프로 그램	오리엔 테이션	숲 놀이	팝업 수영장	파자마 파티	부모 특강	전래 놀이	평가	잔치
부모 프로 그램	그림카드를 이용한 여성 심리상담				그림책 테라피			

　고민과 선택이 필요한 순간마다 과거의 경험들은 결정적인 영향력을 끼치곤 한다. 2016년 대전시 육아종합지원센터에서 지원받아 진행한 애니어그램 교육이 무척 좋은 반응을 얻었던 기억이 떠올랐다. 나 또한 아들을 대안학교에 보낸 직후 동기 엄마들과 1박 2일 집단 심리상담을 통해 한결 가까워진 경험이 있었다. 또 나는 평소에 그림책만큼 접근성이 탁월하면서 사람의 마음을 열게 하고 울림을 주는 매개물은 흔치 않다고 믿는다. 실제로도 부모교육이나 교사교육을 할 때 강의 주제에 대해 생각해 보게 만드는 그림책을 자주 활용하는 편이다. 게다가 그림책은 육아에 없어서는 안 될 필수품이기도 해서 이제까지 어린이뜨락에서 놀이, 훈육, 치유 등 다양한 목적으로 중요하게 사용해 왔다. 이리하여 여성 심리상담과 그림책 테라피가 부모들을 위한 프로그램으로 결정되었다.

실무자 A 안 힘든 엄마가 있을까? 육아가 너무 즐겁고 행복하기만 한 엄마는 없을 것 같아요.

나 안 힘든 엄마는 없지. 그래서 그걸 꺼내서 이야기하게 하고 들어주고 지지해 주는 것만으로도….

실무자 B 맞아요. 저는 우리 목표를 막 생각하면서 뜨락에 이런 사람 한 사람만 있으면 잘 운영되겠다고 생각했던 게… 거기 가면 내가 사소하게라도 내가 힘든 부분을 이야기할 수 있는 곳이야… 이런 생각을 하고 온다면, 그렇게 운영한다면 정말 성공할 것 같아요.

_ 2019년 4월 18일, 실무자 회의

삶에서 마주하는 고단함을 꺼내서 이야기하고 들어주고 지지해 주는 것만으로도 공동체는 충분한 의미와 가치를 지닐 수 있게 된다. 감정이 부대끼는 예민한 순간에 자신을 가리고 있는 장막을 열어 타인에게 보이는 일은 물론 쉽지 않고 용기가 필요하다. 하지만 소셜페다고그의 페다고지 의도와 노력으로 충분히 용기를 북돋울 수 있다. 그리고 어려움을 극복한 용감한 사람들은 삶에 대한 희망을 얻을 수 있다. 공동체 안에서의 관계는 그 무엇보다 이를 가능하게 만드는 강력한 힘이다.

구성원들 사이의 경계 허물기
: 육아정의 공동체성 구성

2019년 어린이뜨락 운영을 위한 전체적인 그림은 완성되었지만 중요한 것은 일 년의 흐름이 '번지르르한 말'뿐이 아니라 실제 현장에 녹아들어 성장으로 이어지게 만드는 것이었다. 그러기 위해서는 어린이뜨락에 초빙된 강사들과 단순히 일시적인 프로그램 제공자가 아닌 어린이뜨락 육아지원팀의 일원으로 관계를 맺고 협력하려는 자세가 필요하다고 생각했다. 그래서 강사들이 섭외되는 대로 어린이뜨락의 일 년 흐름 내용을 공유하고 우리의 취지와 목표를 설명했다. 고무적이었던 것은 부모들에게 중요한 프로그램이라고 생각했던 여성 심리상담 강사가 어린이뜨락 일 년 흐름과 연결된 강의 계획서(125~126쪽 참조)를 보내왔을 때였다.

나 (…) 올해 우리가 성공하기 위해서는 우리가 운영하는
    프로그램들이 흐름하고 연결돼서 성장까지 이어지게 하는
    게 되게 중요하겠다는 생각이 들어요. 여성 심리상담 선생
    님이 우리 취지를 딱 알고 강의 계획서를 보내 주셨을 때

뭔가 될 것 같은 좋은 느낌이 좀 들기도 했고… 뜨락에서 (여성 심리상담) 선생님 역할이 클 거라는 생각이 들어요. 그런데 사실 유아 프로그램으로는 이렇게 연결되기가 쉽지는 않지. 그냥 30분 놀다 가는 거니까….

실무자 B 체육이나 음악 선생님 같은 경우에는 딱히 뭐 (진행)할 때 정신이 없으니까 그렇게 자주는 못 하더라도 한 달에 한 번이라도 인사할 때 "아, 이번 달 뜨락의 흐름이 씨앗 준비라면서요? 어떠셨나요?" 한 번이라도 꺼내 주시면… 고 정도만이라도 충분할 것 같아요. 자주 얘기 꺼내도….

나 짜증 나지. (웃음)

실무자 B (웃음) 짜증 나고… 저도 왠지 주객이 전도될 것 같고….

나 그런데 아까 베이비 마사지 선생님도 말씀하셨지만 선생님 스케줄상으로는 안 되는 거였는데 우리 (일 년 흐름) 내용을 보고 '아, 여기는 꼭 해야 되겠다' 생각하셨다고 그러시잖아요. 여성 심리 선생님이나, 베이비 마사지 선생님 같이 연세가 좀 있는 분과 같이 우리 의도를 묵직하게 이끌어 나갈 필요가 있을 것 같아요. 그냥 시간 강사님들 이 분 저 분 막 모셔다가 시간 때우기로 가는 것이 아니라 같이 협력해서 육아지원팀처럼 함께 갔으면 좋겠다….

실무자 B 저는 파자마 파티 같은 거 할 때 오실 수 있는 분들은 오셔도 좋고, 뭐 이런 행사가 있다, 참여하실 수 있게 열어놓는 것도 좋을 것 같아요. 시간이 안 되면 뭐 할 수 없지만, 그래도 안 되더라도 우리가 먼저 말씀드리면 여기는 우리도 참여할 수 있구나, 내게도 열려 있구나, 느끼시면 한 번이라도 마음이 더 가지 않을까.

_ 2019년 4월 23일, 실무자 회의

그림카드를 이용한 여성 심리상담 계획서(봄·여름 시즌)

일시	흐름	주제
5월	1회기 씨앗 준비 (만남)	• 씨앗 고르기 – 나의 성장을 위한 씨앗(현재 상태와 어떤 내가 되길 바라는가) – 아이와의 관계를 위한 씨앗(현재 나와 아이의 관계와 어떤 관계가 되길 바라는가) – 부부관계를 위한 씨앗(현재 나와 배우자와의 관계와 어떤 관계가 되길 바라는가) – 공동체와 함께하기 위한 씨앗(내가 바라는 공동체)
	2회기	• 여성으로서 나의 삶 – 지금 나의 기분과 자신에 대해 알아차려야 할 것 – 내가 가진 자원 찾기(나의 내적 자원과 외적 자원) – 결혼 전, 지금의 나의 삶, 그리고 내가 원하는 미래 생각해 보기
6월	3회기 이랑과 고랑 만들기 (어울림)	• 부모 역할 수행을 통해 발달된 심리 – 나는 원래 이런 사람 & 어머니로서 나는 이런 사람 – 부모 역할을 하면서 어떤 점들이 발달되고 있는지 이야기해 보기(생각, 감정, 행동) – 아이와의 관계에서 나의 강점과 약점
	4회기	• 스토리텔링(나에 대해서 이야기하기) – 나를 행복하게 해 주는 것 – 지난 며칠 동안 잠깐이라도 행복했던 순간 – 막연하게 생각한 행복과 직접 행복감을 느낀 순간을 비교하고 어떤 발견을 했는지 이야기해 보기
7월	5회기 씨 뿌리기 흙덮기 (관계)	• 자기 돌봄 – 현재 나에게 가장 중요한 것은? – 자기 돌봄을 생각할 때 떠오르는 것 – 자기 돌봄 목록 적어 보기 – 자기 알아차리기

7 월	6 회 기	씨 뿌리기 흙덮기 (관계)	• 행복한 삶을 위한 관계 맺기 - 지금 자기 상태 이야기하기(나무 그림으로 지금 나의 상태 이야기하기, 내가 원하는 건강한 나무가 되려면 어떻게 해야 할까?) - 최근 주된 정서 만나기(최근 나의 정서는? 어떻게 표현했고 어떤 감정을 숨겼을까? 이러한 감정 처리 방식을 선택해 온 역사성은 무엇이었을까?) - 감정과 관계 패턴(나의 감정 처리 방식이 관계를 맺는 데 어떠한 영향을 미치는가? 그리고 부정적 정서에서 자유로워지기 위해 나에게 필요한 것은 무엇인가?)
8 월	7 회 기	아주 심기 (친밀)	• 몸과 섹슈얼리티 - 자신의 섹슈얼리티에 대해 어떻게 느끼는가? - 나는 성적으로 나를 어떻게 억압하는가? - 내가 원하는 행복한 성관계는? - 최근 고민을 떠올리며 카드 고르고 내 고민과 어떤 관련성이 있는지 말해 보기 - 만족스러운 성생활을 위해 나는 어떻게 해야 할까?
	8 회 기		• 내 안의 창조와 지혜의 여신 만나기 - 뜨락에서 보낸 봄·여름 시즌 동안 (나와 아이의) 경험 나누기 - 우리 가족의 강점 이야기하기 - 5년 뒤 나의 모습 상상하기(바라는 모습을 담아 친구에게 쓰는 편지 형태) - 서로에게 주고 싶은 에너지를 그림으로 골라 선물하기 - 여성 심리상담 전체 소감 나누기

물론 모든 강사가 어린이뜨락의 일 년 흐름에 따라 강의를 계획하지는 않았다. 강사마다 이미 준비된 커리큘럼을 어린이뜨락의 흐름에 맞춰 변경해 달라고 요구하기엔 무리가 있었다. 영유아 놀이 프로그램의 경우 억지로 끼워 맞추기 같은 느낌이 들기도 했고, 일년 흐름이 중요한 이유는 아이들보다는 부모들의 의식 변화가 목적이었기 때문이다.

강사의 성향에 따라 다른 반응을 경험하기도 했다. 여성 심리상담은 '재미있겠다'며 흔쾌히 각 회기마다 이야기 나눌 주제를 어린이뜨락의 일 년 흐름에 맞게 조율해 주었지만, 그림책 테라피의 경우에는 오히려 이런 제안이 불쾌감을 준 것은 아닌지 걱정하게 되는 상황을 맞기도 했다. 그래서 강사 고유의 권한까지 침범하는 결례를 범하지 않기 위해 수업 시간에 다룬 그림책을 역으로 뜨락의 일상에 적용하면서 우리의 취지가 프로그램 내용과 어우러지도록 노력했다. 예를 들면, 매달 마지막 목요일 오후 전체 구성원이 모여 이야기를 나누는 '생활나눔' 시간에 그림책 테라피에서 다룬 그림책 중 그달의 주제와 관련된 책을 함께 읽으며 시작하는 것이다. 한편, 가을·겨울 시즌에 중점을 둔 부모 특강 및 한 해 살이 평가 프로그램을 위해서는 우리의 취지에 공감할 만한 공동체 전문가를 섭외하고 실무자들이 미리 만나 그동안 뜨락에서 일어난 일들에 대한 설명과 함께 부모들에게 전달할 메시지 내용에 대하여 함께 논의하는 시간을 가졌다.

솔직히 고백하면 '육아지원팀' 구상은 이름만큼 거창하게 진행되지는 못했다. 하지만 육아정 어린이뜨락이라는 매개를 통해 지역의 다양한 사람들이 관계를 맺는 것이 사회육아를 실천하는 데 얼마나 중요한가를 경험해 볼 기회가 되었다. 음악 강사는 파자마 파티, 평가 행사에 참여했고, 평소에도 종종 오전 수업 후 뜨락 구성원들과 함께 점심식사를 하고 갔다. 손녀가 있는 터칭 테라피(베이비 마사지) 강사는 딸과 손녀와 함께 어린이뜨락을 찾아오고, 아이들이 좋아할 만한 반찬을 만들어 와서 수업 후에 뜨락 구성원들과 식사를 하고 가기도 했다. 체육 강사 역시 화요일 오후 수업 후에 아이들, 부모들과 함께 앉아 간식을 먹으며 시시콜콜한 사는 이야기를 나누곤 했다. 그 역시 두 돌 된 딸아이를 키우고 있는 아빠라 엄마들과 육아와 관련된 다양한 주제로 이야기를 나누었다. 체육 강사는 "어린이집 방과후 수업 나가면 먹고 가라고 해도 제가 그냥 나오는데 여기서는 먹고 놀다가 가게 돼요"라며, 뜨락의 재정 사정이 어려우면 재능기부 수업을 해 주겠다는 제안도 했다. 단순히 프로그램을 사는 교육 소비자의 입장이 아니라 관계를 중요시하려는 실무자들의 태도는 강사와 부모 및 아이들 사이의 관계를 친밀하게 변화시키고 공동체의 일상적 분위기까지 크게 바꿀 수 있음을 실감했다.

이러한 노력은 소셜페다고지의 기본 개념과도 연결되는데, 모든 사람은 각각의 고유한 잠재력을 지닌 가치 있는 자원으로 어떠한 방식으로든 사람들을 공동체에 포함시킬 방법을 찾으면 누구나 지역사회에 의미 있는 기여를 할 수 있다는 인본주의적 원칙에 근간을 두고 있다. 긍정적인 관계 맺기는 함께 살아가는 환경의 기초가 되며 스스로에 대해 좋은 느낌을 갖게 하여 배움과 성장을 촉진한다. 소셜페다고그의 역할은 사람들이 관계를 통해 서로 격려하며 성장할 수 있는 행복한 환경을 조성하는 것임을 다시 한번 상기하자.

합리적이고 효율적인 공간 구성하기
: 물리적 공간에 녹여 낸 공동체 가치

사실 육아정의 물리적 공간은 2019년 어린이뜨락 재도약 준비 과정에서 진행된 것이 아니라, 교회 영유아실을 빌려 쓰던 어린이뜨락이 전용공간을 구성하여 2017년 11월 1일에 정식으로 개소한 것이다. 그럼에도 여기서 실천적 준비 과정의 일부로 육아정 공간에 대해 설명하는 이유는 합리적인 공간 구성은 공동체 생활의 효율성을 높여 보다 원활한 육아공동체 운영을 가능하게 하기 때문이다. 물리적 공간의 모습은 그곳에 머무는 사람들의 정체성을 반영한다. 새로운 사회적 관계는 새로운 공간을 필요로 하고 새로운 공간은 새로운 사회적 관계를 만들어 내기 마련이다.[26]

육아정은 어린이뜨락 전용공간을 계획하는 단계에서부터 체계적으로 디자인되었다. 육아정 자리는 원래 교회의 기도실이었는데, 복도를 사이에 두고 왼쪽에는 작은 기도실 여러 개가 줄지어 붙어 있었고 그 맞은편에는 샤워실이 자리했다. 그래서 철거 단계에서부터 내력벽과 수도 및 하수도 시설 등을 고려하여 낮잠방, 부엌, 화장실, 마당으로 나가는 문 위치 등 공간 전체의 윤곽을 생각하면서 진행하였다. 이 과정에서 가장 염두에 둔 것은 공동체 생활의 효율성이었다. 정적이고 동적인 활동, 개인적이고 집단적인 활동, 건조하고 습한 활동 등이 효율적으로 일어날 수 있도록 계획한 것이다.

육아정 어린이뜨락 공간 평면도

육아정 내부 공간을 디자인할 때는 합리적으로 잘 짜인 공간 구성이 유아는 물론 성인들에게까지 자발성을 유발하여 더욱 적극적인 참여를 북돋는 결과를 낳는다고 강조하며 물리적 환경에 세심한 노력을 기울이는 하이스코프 유아교육 프로그램 접근 방법을 참고했다.[27] 특히 환대하는 분위기 조성, 여러 가지 종류의 행위(놀이)가 효율적으로 일어날 수 있는 공간 구성, '찾고-쓰고-제자리find-use-return cycle' 방식을 통해 누구나 접근이 용이하도록 꾸린 수납 체계

등은 육아정 공간에 적극적으로 적용한 요소이다. 육아정은 다양한 사람들이 모여 온갖 종류의 활동을 하게 될 공간이므로 이 안에서의 경험이 효율적이고 자발적으로 이루어질 수 있도록 꾸미는 것이 관건이었다. 그리고 더 나아가 육아정에서의 활동이 이곳을 찾는 모든 사람에게 교육적인 경험이 되어 개인과 사회의 성장으로 이어지길 바랐다. 그래서 다양성, 효율성, 교육적 경험(놀이), 자발성을 열쇳말로 하여 각각의 개념들을 서로 교차하고 결합하면서 이러한 원리가 공간 전체에 스며들도록 했다.

육아정 공간 구성의 원리

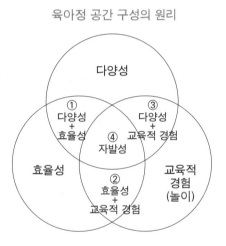

① 다양성+효율성

다양성과 효율성의 결합은 '어떻게 하면 다양한 성향을 지닌 사람들이 효율적으로 공존할 수 있을까'에 대한 고민에서 출발했다. 육아정은 여러 사람이 저마다의 필요와 요구를 가지고 모이는 공간이다. 어떤 사람은 정적인 활동을 좋아하고 또 어떤 사람은 동적인 활동을 즐긴다. 어떤 사람은 육아정에 놀기 위해서 오고, 또 어떤 사람은 육아의 고단함을 덜고 조금이나마 쉼을 찾을 수 있는 공간이 되길 바란다. 어떤 사람은 여럿이 모여 진행되는 대집단 활동을 좋아하고, 또 어떤 사람은 혼자 혹은 소수의 사람과 만나는 것에 더 편안함을 느낀다. 공동체성을 중요시하는 공간이라고 해서 개인의 요구를 간과하거나 무시하는 것은 바람직하지 않다는 생각으로 다양한 요구에서 비롯된 활동이 두루 가능하도록 전체적인 윤곽을 구성했다.

가장 안쪽에 있는 낮잠방은 육아정 안에서 가장 정적이고 조용한 공간이다. 주로 영아들의 낮잠과 수유를 위해 사용된다. 낮잠방과 인접한 책 영역은 조용히 책을 읽을 수 있는 공간이다. 카펫이 깔려 있고 쿠션, 봉제 인형 등이 마련되어 안락함을 느낄 수 있다. 낮잠방을 시작으로 책 영역을 거쳐 밖으로 나올수록 조금씩 동적인 움직임이 커지는 공간이다. 장난감 영역에는 퍼즐, 수 세기, 길이 재기, 패턴 만들기, 게임 등을 위한 놀이 자료와 좌식 탁자가 있어 혼자 혹은 삼삼오오 모여 조용한 활동을 진행할 수 있다.

낮잠방-책 영역-장난감 영역으로 이어지는 정적인 공간에서 멀리 떨어져 배치된 블록 영역, 집 영역, 음악 영역은 동적이고 소란스러운 활동이 가능한 공간이다. 미술 영역은 오른쪽 구석에 마련하여 동적이기도, 정적이기도 한 공간의 특징이 수용될 수 있도록 했다. 그림 그리기나 만들기 활동을 방해받거나 이로 인해 다른 사람들을 방해하지 않도록 고려한 것이다. 또한 화장실 옆에 위치해 물 사용이 용이하다는 장점도 있다. 물놀이 영역을 주방 한편에 마련한 것도 마찬가지 이유다.

정중앙에 마련된 열린 공간은 블록 영역, 집 영역, 음악 영역에서의 동적인 놀이 활동을 더 넓은 공간으로 확장 가능하게 함과 동시에 신체 활동이나 전체 모임 공간으로 활용할 수 있다. 또한 가운데 위치한 주방은 부모들이 육아정 공간 전체에서 일어나는 일들을 눈으로 확인하면서 식사 준비를 하거나 다과를 나눌 수 있을 뿐만 아니라, 육아정 전체 움직임의 컨트롤 타워 역할이 가능한 공간이다.

② 효율성+교육적 경험(놀이)

효율성과 교육적 경험(놀이)의 결합은 '어떻게 하면 다양한 교육활동(놀이)이 효율적으로 이루어질 수 있을까'에 대한 고민에서 출발했다. 육아정은 육아를 매개로 모이는 곳이기 때문에 유아들의 다양한 놀이가 가능한 공간이어야 한다는 전제에 충실했다. 그래서 여러 가지 창의적인 놀이가 일어날 수 있도록 전체 공간을 여덟 개의 놀이 영역으로 나누었다.

놀이 영역의 구분은 유아교육에서 제시하는 각 발달 영역에 해당하는 경험들이 고루 이루어지도록 했는데, 책 영역(유아 그림책, 낱말카드 등), 장난감 영역(각종 모형, 수학 및 과학 놀이 자료, 퍼즐 등), 블록 영역(대·중·소형 블록, 미니카, 대형 카, 나무기차 블록, 줄자, 안전모, 끈, 대형 천 등), 집 영역(각종 역할 놀이를 위한 놀이 자료), 음악 영역(사물놀이 악기, 젬베, 기타, 리듬악기, 메트로놈, 오디오 등), 미술 영역(각종 만들기 및 그리기 재료), 물놀이 영역(워터 테이블, 체, 집게, 스포이트, 여러 가지 용기 등)과 바깥놀이 영역(자전거, 붕붕카, 줄넘기, 홀

라후프, 콘, 대형 분필 등)이 그것이다.

또한 각각의 영역에는 창의적인 아이디어 발현을 위해 열린 놀잇감을 다양하게 비치했다. 예를 들면, 미술 영역에 각종 열매, 조개껍데기, 곡류, 재활용품 등과 블록 영역에 실제 자동차 핸들 및 계기판, 달팽이끈[28], 대형 천 등을 마련한 것이 대표적이다. 물놀이 영역의 워터 테이블에는 물뿐만 아니라 밀가루, 젤리구슬water beads[29], 우블렉oobleck[30] 등이나 계절에 따라 단풍이나 눈을 담아 놓기도 한다.

각 놀이 영역에는 발달 영역별 경험이 통합되고 융합되어 보다 발전된 놀이 형태로 나타날 수 있도록 고려했다. 예를 들면, 음악 영역의 메트로놈(수학)과 사물놀이 그림책(언어)이나, 집 영역의 요리책(언어), 타이머 및 저울(수학), 그리고 블록 영역의 줄자(수학) 등을 꼽을 수 있다. 또한 각 놀이 영역은 나뉘어 있지만 넘나듦의 경계를 자유롭게 하여 미술 영역에 있는 대형 스티로폼 박스 및 각종 만들기 재료와 블록 영역에 있는 자동차 핸들로 제작된 기차가 집 영역에서 일어나는 역할 놀이와 통합되고, 장난감 영역의 각종 모형이 블록 영역의 중·소형 블록과 합쳐져 새로운 놀이로 발전되기도 한다(135쪽 사진 참조).

이러한 효율성에 대한 창의적인 고려는 단순히 아이들의 놀이에만 그치는 것이 아니라 육아정의 전체적인 공간 구성에 적용되어 부모들에게도 유익하게 했다. 예를 들면, 낮잠방은 육아정의 가장 안쪽에 배치되어 있으며 육아정 안에서 가장 조용한 공간이다. 낮잠이나 수유, 혹은 구성원들의 휴식을 위한 목적으로 마련되었지만 때

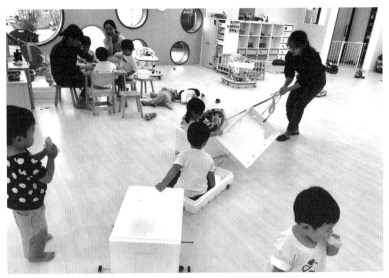

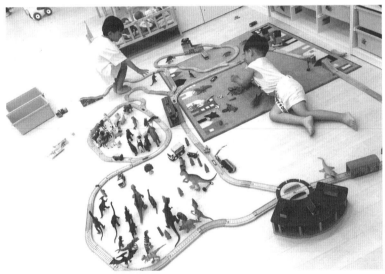

육아정에서의 놀이 경험

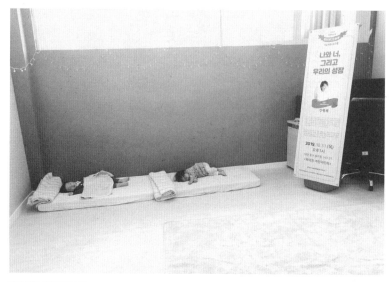

낮잠방 활용의 예

로는 프로그램 진행 장소로 활용되기도 한다(136쪽 사진 참조). 낮잠방에는 산부인과의 신생아실처럼 커다란 유리가 설치되어 안팎의 상황을 쌍방에서 육안으로 확인할 수 있다. 따라서 집단심리상담이나 그림책 테라피 같은 부모 프로그램이 진행되는 동안 부모들은 수업에 참여하면서 창문을 통해 가끔 아이들의 놀이 상황을 파악할 수 있다. 영아 동생을 둔 유아의 경우에는 부모와 동생이 낮잠방에서 진행되는 강좌에 참여하는 동안 놀이공간에서 친구들이나 실무자들과 따로 시간을 보내기도 한다. 합리적인 공간 구성은 운영의 융통성과 유연성과도 밀접하게 연결되기 때문에 물리적인 환경은 구성원 참여의 질에도 적지 않은 영향을 미치게 된다.

③ 다양성+교육적 경험

다양성과 교육적 경험의 결합은 '어떻게 하면 다름이 이 공간 안에 자연스럽게 수용될 수 있을까'에 대한 고민에서 시작되었다. 이러한 고민은 이 공간 안에서 사람들의 개성이 존중받고 수용되며, 자연스럽게 다름을 경험하고 배울 수 있도록 하자는 생각으로 연결되었다. 앞서 언급한 것처럼 육아정은 구성원 한 명 한 명이 자원으로 여겨지길 바란다. 그러한 취지가 실제 현장에서도 가시적으로 드러날 수 있도록 고려했다.

다른 사람들에 대한 이해는 나에 대한 이해로부터 출발한다. 영아기, 다른 사람이나 물건으로부터 분리된 자신에 대한 이해는 자아정체성으로 이어지고 다른 사람에 대한 이해로까지 발전되는 것이다. 이러한 의미에서 육아정 공간의 한쪽 벽면에는 대형 거울을 전면에 부착했다. 아이들이 자신의 모습을 비춰 보면서 나를 확인하기를 바라는 뜻에서다.

나에 대한 이해를 가족, 이웃으로 확장시키려는 취지로 부모들의 특기, 취미, 직업 등이 육아정 공간에 반영되도록 했다. 엔지니어 아빠가 직접 제작한 물놀이 영역 워터 테이블이나 그림 작가 엄마가 틈틈이 기록한 어린이뜨락 활동 드로잉 전시가 그 예다. 각각에는 작업 사진 및 설명을 함께 붙여 놓아 공동체 구성원들에게 사연이 공유될 수 있게 했다(140쪽 사진 참조). 또한 집 영역 옷장에는 소방관, 군인, 의사 등 다양한 직업을 상징하는 옷들이 걸려 있다. 이 밖에도 다른 사람들에 대한 이해를 마을, 지역과 연결시키기 위해 미술 영역에는 지역 신문과 지역 잡지 등을 비치했다. 구성원들은 지역의 신문, 잡지를 열람하고, 콜라주나 역할 놀이에 활용하기도 한다.

더 나아가 마을 및 지역에 대한 이해는 우리나라, 세계로 확장되어야 한다. 이런 의미에서 음악 영역에는 사물놀이 악기, 아프리칸 젬베 등과 집 영역에는 한복을 비롯한 세계 여러 나라 전통의상, 요리책 등을 비치하고, 책 영역 벽에는 우리나라 전도와 세계 전도를 붙였다. 지도 위에는 투명 시트지를 붙여 두어 구성원들이 어린이뜨락이 있는 대전과 가족, 친구들의 고향을 마커로 표시하기도 한다. 2016년 어린이뜨락에서 자원봉사를 했던 미국인 두 명이 남기고 간 손편지를 세계 전도 옆에 붙여 두고 그들의 고향도 마커로 표시해 두었다. 아이들은 해외여행에서 사 온 먹거리를 나누어 먹으며 친구가 다녀온 나라를 지도에서 찾아보기도 한다.

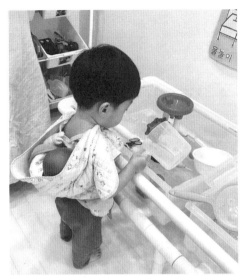

육아정에서의 놀이 경험

다양성이 반영된 육아정 공간

또한 인종, 장애, 문화 등의 다양성을 자연스럽게 수용하려는 의미로 육아정 공간 곳곳에 관련 물품을 비치했다. 장난감 영역에는 장애인 인형과 실제 점자책을 함께 두었고, 책 영역에는 여러 나라 언어로 출간된 같은 제목의 책들이 나란히 꽂혀 있다. 미술 영역에는 다양한 피부색을 표현할 수 있는 크레용과 마커, 집 영역에는 다양한 피부 색깔의 아기인형을 마련해 두었다(140쪽 사진 참조).

④ 자발성

육아정을 찾는 사람들이 이곳 생활에 자발성을 가질 수 있으려면 공간에 쉽게 익숙하도록 지원하는 작업이 필요하다. 앞서 언급한대로 다양한 필요와 요구가 충족될 수 있도록 정적인 공간과 동적인 공간을 나누고, 영역별로 공간을 구성한 것도 이를 위한 배려였다. 더 나아가 육아정에 비치된 모든 물건의 수납에도 합리적인 방식을 적용했다.

즉, 유아들도 자기에게 필요한 물건을 쉽게 찾아 사용하고 직접 제자리를 찾아 정리할 수 있는 '찾고-쓰고-제자리find-use-return cycle' 방식을 취했다. 이를 위한 첫 번째 방법이 영역별로 공간을 구분한 것이다. 어린 유아들이라도 영역별로 어떤 특징을 지닌 물건들이 갖추어져 있는지 쉽게 알 수 있으므로, 필요한 물건의 위치를 성인의 도움 없이도 찾을 수 있다.

각 영역에서 비슷한 용도로 사용되는 물건들은 같은 위치에 함께 정리해 두었다. 예를 들어 미술 영역에서 그리기에 필요한 색연필, 크레용, 크레파스, 사인펜, 마커 등이나, 붙이기에 필요한 물풀,

고체풀, 목공풀, 글루건, 테이프 등을 같은 레일 서랍장 안에 잘 구분해서 정리하는 것이다. 또한 접근성을 높이기 위해서 유아 키 높이에 맞는 열린 형태의 가구를 사용하고 내부가 들여다보이는 투명한 플라스틱 통을 주로 사용하여 물건들을 수납했다. 불투명한 바구니를 사용할 때도 쉽게 수납된 물건들을 알아볼 수 있도록 라벨을 꼼꼼하게 표시했다. 라벨을 붙일 때는 글을 읽지 못하는 유아들도 쉽게 이해할 수 있도록 사진이나 그림, 혹은 물건 자체를 글루건을 사용하여 직접 용기에 붙여 두었다. 원하는 물건을 찾아서 사용한 뒤에는 유아들도 직접 제자리에 가져다 놓을 수 있도록 모든 수납 용기가 놓이는 자리에도 세심하게 라벨을 붙여 표시한다. 놓일 물건의 바닥 면을 모양대로 표시하고 그 위에 그 물건의 사진이나 그림을 표시하는 것이다. 이때 물건이 담긴 수납통에도 동일한 라벨을 붙여야 한다. 바구니 자체가 서랍으로 가구와 결합하는 경우에는 서랍 레일에도 바구니와 같은 그림(혹은 사진)을 붙여 표시해야 마무리 정리가 깔끔해진다. 또한 같은 종류의 물건이 색깔이 다른 여러 개로 구성되었을 때는 그 물건이 놓일 자리에도 색깔을 구분해 두면 정리가 더욱 쉬워진다(143쪽 사진 참조).

육아정 어린이뜨락 상시 프로그램에 제시된 '자기주도 놀이'도 이러한 공간이 밑받침되어 있어야만 진행이 가능해진다. 영역별로 구분된 공간과 그 안에 비치된 다양한 물건의 위치와 기능, 용도를 이해하게 되면 아이들은 자발적으로 원하는 것을 '찾아서', '쓰고', 스스로 '제자리'에 정리할 수 있기 때문이다. 부모들의 요구에 따라

'찾고-쓰고-제자리' 방식의 예

영유아 프로그램을 마련하기는 했지만 어린이뜨락이 추구하는 목적
은 프로그램화된 놀이보다 아이들이 자신의 놀이판을 벌일 수 있게
하는 것이다.

　'놀이를 통한 교육', '놀이의 교육적 가치' 등의 개념이 확산되면
서 '교육'이란 단어에 지나치게 탐닉하여 놀이의 진정한 의미가 간과
되고 있는 현실은 참으로 안타깝다. 교육적 목표와 효과를 계산한
어른 주도의 활동을 하면서 이것이 놀이를 통한 교육이라 믿는 것이
다. 프로그램화된 놀이에는 아이의 현재 관심과 자발적인 몰입의 즐
거움이 부족한 경우가 많다. 놀이란 본디 아이들 스스로의 내적 동
기에 의해 아이들에 의해 지배되고 통제되어야 한다.[31] 프로그램 혹
은 제품에 의존하거나 다른 사람들의 지시와 간섭이 없어야 하는
활동인 것이다.[32] 또한 특정 목적을 강조하기보다는 놀이 행위 자체
에서 나오는 즐거움을 누릴 수 있어야 한다.[33]

　어린이뜨락의 자기주도 놀이는 아이들이 자기 마음대로 놀 수
있음은 물론, 부모도 아이의 놀이에 뛰어들어 함께 놀 수 있는 시
간을 제공하기 위한 목적이 있다. 놀이에서 발현되는 아이의 생각과
의도가 존중되고, 그 안에 담긴 교육적 의미를 공유할 기회를 만들
고 싶었다. 놀이를 가장한 프로그램화된 교육으로부터 아이들을 보
호하고 즐거움이 우선이 되길 바랐다. 아이들 스스로 벌인 놀이판에
서 단서를 찾아 지금, 여기 살아 있는 교육현장을 지원하는 일을 부
모와 함께하고자 했다. 진정한 놀이와 공동체 생활의 긍정적 경험을
통해 개인적인 삶과 사회적 분위기를 변화시키려는 것이 어린이뜨락
의 궁극적인 목적이라 생각하기 때문이다. 나는 자기주도 놀이의 이

러한 의도를 육아정에서 실제로 일어나는 아이들의 놀이 경험과 연결하여 SNS를 통해 공유하면서 부모들의 인식을 바꾸고자 노력했는데, 예를 들면 다음과 같다.

> (…) 어느 날 ○○이가 토끼 인형을 꺼내 당근으로 식사를 챙겨 주더니, 고양이 인형들도 꺼내더라고요. 그러더니 "물고기 없어요? 물고기가 필요한데요…." 하는 거예요. 옳지! 싶어 "○○아, 그럼 우리 물고기를 그려 볼까?" 하는데 ◇◇씨(○○ 엄마)가 언젠가 엄마들이 그려 만든 낚시 놀이를 장난감 영역에서 얼른 꺼내다 주었죠. 아이들과 같이 투명 필름에 유성 매직으로 바닷속 생물 그림을 그리고 하나하나 클립을 붙여 자석 낚시 놀이를 할 수 있도록 만든 거예요. 자석도 꺼내다 주니 ○○이는 필요한 물고기를 고르기 시작했어요. 그러고는 고양이들에게 생선을 챙겨 주었죠. 조개랑 오징어로는 해물찜도 만들고요. (…) 나중에는 장난감 영역에 있는 곰 모형[34]을 가져오더니 아기곰들만 골라내서 '아기곰 볶음'이라고 만들어 주더라고요. 뜨거우니 조심해서 먹으라는 말과 함께요. ○○이가 만들어 준 '아기곰 볶음'을 맛있게 먹다가 문득 색깔별로 분류해 보고 싶은 생각이 들었어요. 그래서 주방에 있는 같은 색 그릇들을 꺼내다가 색깔별로 분류해 담아 놓았죠. 그랬더니 ○○이는 제 분류를 잠시 진지한 표정을 들여다보더니 같은 색깔의 숟가락, 포크, 집게 등을 찾아다가 색깔에 맞추어 꽂

아 놓더라고요. '분류하기' 능력은 처음에는 블록더미에서 빨간색만 골라내는 것처럼 단순하게 시작되다가, 다른 사람이 분류해 놓은 것을 보고 그 기준을 발견할 수 있게 되고, 이것이 왜 그 범주에 속하고 속하지 못하는 지까지 설명할 수 있는 수준으로 발전하지요. 별것 아닌 것처럼 보이는 주방 놀이지만 ○○이의 생각은 이 안에서 조금씩 자라고 있었답니다.

13개월 △△이도 집 영역 그릇장에서 그릇 꺼내기 삼매경에 빠졌어요. 자꾸만 닫히는 그릇장 문을 잡아 주고 △△이가 맘껏 자신의 놀이판을 벌일 수 있도록 지원하는 것이 육아정 어린이뜨락 어른들의 역할이 된다면 어떨까… 생각해 봅니다.

_2017년 12월 17일, 네이버 밴드 게시물

경험에 따르면, 아이가 어린이뜨락에 와서 공간에 완전히 익숙해지고 자기주도적인 놀이가 가능해지려면 최소한 몇 주 이상의 시간이 필요하다. 각 영역의 특성과 그곳에 비치된 물건들을 파악하고 이해하는 시간이 소요되기 때문이다. 적응이 끝나면 아이들의 놀이는 하루가 다르게 다채로워지는 걸 발견하게 된다. 한 부모가 어린이뜨락 밴드에 남긴 글과 사진은 이를 뒷받침해 준다.

(…) ☆☆는 뜨락에 온 지 두 달 정도 되었어요. 근데 짧

은 시간이었음에도 뜨락에서 다양한 놀이를 원 없이 하는 것 같아 그새 추억이 많이 쌓인 것 같아요. 뜨락에서는 미술 재료들이 다양하게 비치되어 있어서 집에선 쉽게 해 주지 못할 예술 놀이들을 뜨락에선 듬뿍하고 오네요.^^ 그래서 요즘은 뜨락에서 집에 갈 때 ☆☆의 작품을 하나씩 들고 가는 것 같아요~ 재활용품도 활용할 수 있도록 놀이용으로 깨끗이 보관하고 계셔서 생각지도 못한 놀이들도 재발견하게 되네요.ㅎㅎ (…) 와~진짜 자동차 핸들이 있을 줄이야! (핸들을 가지고) 이렇게(집 영역에서 의자를 가져다가 자동차 계기판을 앞에 두고 핸들을 들고 운전) 노는 거라고 말 안 해 줬는데도 정리가 잘되었던지라 혼자 알아서 이것저것 꺼내 놀더라고요.ㅋㅋ 그림을 그리고 (그림) 위에 플레이콘[35]으로 장식도 하

며 무언가를 만들어요.ㅎㅎ 집에서는 물감과 플레이콘을
같이 활용할 생각 못 했을 텐데 플레이콘이 손에 쉽게 닿
는 곳에 있다 보니 이렇게도 스스로 접목시키네요.

_ 2019년 3월 2일, 네이버 밴드 게시물

이처럼 육아정의 공간은 공동체 생활이 효율적이고 교육적으로
이루어질 수 있는 합리적인 체계를 갖추도록 노력했다. 그리고 놀이
의 중요성이나 다양성의 존중 같은 어린이뜨락이 추구하는 가치와
목표가 물리적 환경을 통해 사람들에게 전달되도록 의미를 담아 놓
았다. 물리적 공간은 그곳에 머무는 사람들의 마음가짐과 태도에 큰
영향을 미치기 때문이다.

3부

육아공동체 바로 세우기 II
재도약을 위한 실질적 실천

공동체주의는 자유주의에 대한 전면적인 혁명이라기보다, 자유
주의가 상실한 규범적 통합성과 도덕적 소망성을 회복하려는
시도의 일종이라 할 수 있다. (중략) 하나의 연속선 위에 두 이
론이 대척점으로 존재하지 않고, 양자 사이에는 공통분모와 비
례관계가 존재할 수 있다는 의미다. 예를 들어, 어떤 사회는 자
유주의적 개인주의가 강하고, 다른 어떤 사회는 공동체성이 강
하다는 논리만이 성립할 수 없다는 의미이다. 그보다는 자유주
의가 성숙한 국가가 공동체주의 역시 높은 수준을 보일 가능성
이 크다.

– 이종수, 「공동체주의의 이론적 전개와 자유주의와의 논쟁 고찰」(2010, p. 9)[36]

사람들의 이야기에 귀 기울이기
: 공감과 위로가 주는 긍정 에너지

재도약을 위한 실천적 준비 과정을 마무리하고 2019년 5월 9일로 2019년 어린이뜨락 오리엔테이션 날짜를 공고했다. 행사에 앞서 영유아 부모들이 모이는 맘카페 등에 올린 홍보 글에는 "어떤 프로그램을 들을 수 있는지 관심을 가지기보다 2019년 어린이뜨락의 구성원으로 더불어 성장하고 싶은 마음이 있는가를 우선적으로 고민해 주길 부탁한다"는 글귀를 게시했다. 편의를 위한 이용시설이 아님을 암시한 것이다.

오리엔테이션 직후 여섯 가정에서 9명의 아이들과 부모들이 참여 의사를 전해 왔다. 그 이후에도 참여자는 꾸준히 늘어 봄·여름 시즌에는 열 가정에서 14명의 아이들, 가을·겨울 시즌에는 열한 가정에서 15명의 아이들이 함께했다.[37] 아이들은 0세(8개월)부터 5세까지 다양했다. 상시 참여하는 부모는 대부분 엄마였지만 육아 휴직 중인 아빠도 한 명 있었다. 다른 아빠들도 휴가를 내고 아내와 함께 종일 참여하거나, 오후에 간식을 사 들고 잠깐 들렀다 가는 일이 종종 있었다. 실무자 B는 SNS를 통해 2019년 어린이뜨락 첫 주에 대한 소감을 다음과 같이 기록했다.

⟨여러 씨앗들이 모여 첫 주를 보냈어요⟩
새롭게 문을 연 어린이뜨락이 한 주를 잘 마쳤네요. 아이들도 어른들도 서로가 처음이라 낯설기도 하고 어색함도 있었지만 그래도 다양한 씨앗들이 이렇게 모인 모습을 보며 뿌듯함과 기쁜 마음이 들었답니다. 모인 씨앗들이 어떤 씨앗일지, 어떠한 싹을 틔워 낼지 궁금해요.^^ 저도 올 한 해 뜨락에서 지내면서 많은 것을 배워 갈 것 같아 기대가 됩니다.

(…)

(봄·여름 시즌) 부모 프로그램으로 진행된 '그림카드를 이용한 여성 심리상담'입니다. 역시나 그림은 자체만으로 위력이 있어요. 정말 그림과 색채가 예쁜 카드였어요. 생태지향적 가치를 추구하는 작가는 섬에 살면서 만난 이웃들과 자연을 그림카드에 담았다고 해요. 자화상도 있었답니다.^^ 이 그림카드의 작가는 여성학과 사회학을 공부한 분이라고 선생님께서 알려 주셨어요. 그림카드 한 장으로 말로 다 표현하기 어려운 나를 이야기하는 게 좀 더 쉬웠어요. 나의 현재 상태, 나와 아이의 관계, 부부관계, 공동체에 관한 생각 등에 대해 내 마음에 와닿는 그림카드를 선택하여 서로 이야기했답니다. 여성으로서, 엄마로서, 아내로서 육아라는 주제로 이렇게 만났지만 결국 '나'로서 존재하고

싶은 마음이 우리에게 있다는 것을 알게 된 날이었어요. 서로 공감하고 연결됨을 느낄 수 있었어요. (…) 아! 그리고 이 수업 때 호칭으로 서로의 이름을 부르기로 했어요. 누구 엄마보다 내 이름을 더 많이 듣고 싶다는 마음이 모여졌어요.^^ 그 마음을 알아차리고 이야기해서 결정한 순간들이 너무 좋았어요.

_ 2019년 5월 17일, 네이버 카페 게시물

실무자들을 포함한 참여자 전체가 서로에 대해 알아 가기 위해서는 자신의 이야기를 꺼내 놓을 수 있는 자리를 어린이뜨락 생활 곳곳에 마련하는 작업이 필요했다. 더구나 어린이뜨락에서 만난 부모들은 대부분 자녀를 기관에 보내지 않고 가정에서 직접 돌보고 있었던 터라 육아로 인한 고립감이 가볍지 않았다. 한 부모는 '나는 이렇게 힘든데 인스타그램을 보면 다른 사람들의 육아는 즐거워 보이고 세련돼 보이기까지 해서 우울함이 커진다'고 털어놓았다. 이러한 심리적 상태에서 여성 심리상담은 자신의 상황을 하소연하며 힘들고 답답한 감정을 조금이나마 덜어내게 했고, 서로의 이야기 안에 다시 나를 투영해 보는 자리가 되었다.

여성 심리상담 강사는 상담심리학 박사로 여성 생애주기에 따른 심리 분석에 주된 관심을 두고 있었다. 그녀는 다양한 종류의 그림 카드를 이용하여 어린이뜨락 일 년 흐름과 연관된 내용으로 부모들과 이야기를 나누었는데, '씨뿌리기 & 흙덮기(관계)'에서 '행복한 삶을 위한 관계 맺기'라는 주제로 진행된 6회기 시간은 어느 때보다 부모들의 심리가 잘 드러났기에 여기 소개한다.

이날은 다양한 씨앗, 잎사귀, 나무 등이 그려진 그림카드를 이용했는데, 자신의 현재 상태처럼 보이는 그림을 골라 이야기하는 것으로 시작되었다. 부모들이 고른 그림 이야기는 '분재가 예쁘다는 생각보다는 갇혀 있어 힘들겠다. 요즘 나는 이렇게 분재처럼 갇혀 있는 느낌이다'라거나, '낙엽이 멋있어 보이는 게 아니라 메말라 있는 느낌이 든다. 나 자신이 팍팍하게 말라 가는 느낌이다'처럼 육아로 힘겨운 현실을 여실히 드러내었다.

당시 부모들의 마음은 고된 육아 상황과 맞물린 남편에 대한 감정으로까지 연결되어 있었다. 버거운 육아로 예민해진 심리 상태는 남편에 대한 서운함으로 이어져 일상 곳곳에서 소소한 갈등을 일으켰다. 강사는 부모들에게 불편한 상황에서 자신의 감정을 표현하는 방식은 원가족과의 관계 맺기 역사성과 연결되어 있음을 깨닫게 하고, 앞으로 주변 사람들과 좋은 관계를 맺으려면 어떤 태도가 필요한지 생각해 보게 했다. 155~156쪽 표에 정리된 내용은 이날 부모들 사이에 오간 이야기들을 구체적이고 생생하게 전달해 준다.

부모 A는 "이야기를 하면서 스스로 풀리는 게 있다"며 "그 과정에서 남편 입장도 다시 생각해 보게 되고, '그래, 나만 힘들었겠나' 이러면서"(2019년 8월 6일, 실무자 및 부모대표 회의) 반성하는 시간이었다고 했다. 부모 B는 "남편과 평소 이야기할 시간이 많지 않은 상황이지만 심리상담 후에는 자신이 그 시간에 했던 이야기를 일부러 전했고, 그러면 남편이 또 그에 대한 자기 이야기를 해 주어 부부간의 대화 양이 늘고 서로를 더 많이 이해할 수 있는 기회가 되었

질문	무기명	무기명	무기명	무기명
자신을 나무라고 생각하고 자신의 상태처럼 보이는 그림을 골라 이야기해 보기 (다양한 씨앗, 잎사귀, 나무 등이 그려진 그림카드 제공)	분재가 된 나무가 예쁘다는 생각보다 갇혀 있어 힘들겠다는 느낌이 든다. 남들은 아들도 딸도 있고 남편과 잘 지내며 예쁘게 산다고 하지만 나는 요즘 이 분재처럼 갇혀 있는 느낌이다. 자유롭게 살고 싶다.	부러진 나무 그림이 내 몸 상태를 말해 주는 것 같다. 양쪽 손목에 염증이 생겼는데 수유 중이라 치료를 못 받고 있다. 단유를 해야 치료를 시작할 수 있는데, 남편은 단유를 하라고 하지만 아쉬워서 쉽게 결정을 못 하고 있다.	달빛 아래 나무가 스산하다. 친정에서 며칠 지내다 왔는데 더 울적한 마음이 든다. 첫 손주인데 아이 크는 모습을 부모님께 보여 드리는 것도 효도다 싶었다. 친정이 멀어서 그게 쉽지 않다. 우울한 마음에 남편이랑 한판 했다.	낙엽이 멋있어 보이는 게 아니라 메말라 있는 느낌이 든다. 육아를 하면서 프리랜서 일을 병행했었는데 이도 저도 제대로 안 되어 육아에만 집중하기로 했다. 그런데 나 자신이 팍팍하게 말라 가는 느낌이 든다.
최근 일주일간 내가 감정을 표현했던 순간을 떠올려 보자. 어떻게 표현했고 그 뒤에는 어떤 감정이 숨어 있었을까?	애들이 아프니 나한테 더 치댔다. 그 와중에 병이 옮아서 나도 아팠다. 남편에게 맡기고 싶은데 남편이 더 아프더라. 그게 화가 났다. 남편이 말을 붙여도 대꾸도 안 하다가 "나 아플 때 아프지 마!" 화풀이하듯 감정을 표출했다. 남편이 한두 시간만이라도 애들을 봐주었으면 조금이라도 기운을 차릴 텐데 그게 안 되니 힘들었다.	둘째 돌 준비로 바빴다. 쳇바퀴 돌듯 살고 있는데 남편은 회식도 가고 친구들도 만난다. 싫은 소리 안 하고 싶어서 쌓아 두다가 결국 폭발이 되더라. 시아버지가 갑자기 돌아가시고 벌여 놓으신 농사를 남편이 짓느라 주말에도 독박육아다. 다툼이 싫어서 묻어 둔 감정이 너무 쌓인 것 같다.	평소 내 기분에 대해 이야기를 안 하는 편이다. 뚱하고 있으니 남편이 눈치를 보며 기분이 안 좋냐기에 "아니." 짧게 대답했다. 참으면 된다고 생각했다. 그런데 카톡으로 2차전이 시작됐고 옛날 사소한 것까지 다 나오더라. 그때 이야기를 안 해서 남편은 몰랐을 것이고 그래서 계속 반복됐던 것 같다. 말해야겠다고 느꼈다. 표현을 안 하면 모르더라.	남편은 가부장적인 면이 있고 타인의 감정 읽기가 잘 안 되는 편이다. 남편이 침대에서 자고 나랑 아이가 바닥에서 잤는데 난방을 하지 않으니 찬기가 올라와 몸이 아팠다. 남편하고 잠자리를 바꾸었는데 며칠 지나니 남편이 몸이 아프다고 하더라. 그런데 걱정되기보다는 내 잠자리를 사수해야겠다는 생각이 들었다. (웃음) 그러면서 너도 좀 당해 봐라 이런 생각이 들었다.

| 자기 감정을 표현하는 방식은 원가족과의 관계 맺기 역사성과 연결된다. 이에 관한 이야기를 해 보자. 지금과 같은 감정 처리 방식을 선택해 온 역사성은 무엇일까? | 형제가 많다. 둘째 언니는 자기 욕구를 다 충족하려는 스타일이다. 엄마는 당신 감정보다 우리들 감정을 더 살피셨다. 어렸을 때부터 나까지 그러면 엄마가 더 힘들어진다고 생각해서 내 감정은 죽이고 살았다. 나는 엄마처럼 살지 않을 거야 했지만 내가 그러고 있더라. 그러다가 벅차지면 남편에게 거칠게 표현하게 된다. | 엄마는 과한 시집살이를 하셔서 화병이 있다. 아빠는 가부장적인 분이셨다. 부모님은 다툼이 많았고 엄마는 짜증 섞인 말투로 이야기했다. 어릴 때부터 스트레스가 심하면 아팠다. 사회생활에서는 갈등 상황에 엮이고 싶지 않아 참는 편이고, 친한 관계에서는 짜증내는 말투가 나온다. 남편은 그런 내 모습이 힘들다고 한다. | 언니가 있는데 언니는 어려서부터 자기의 모든 감정을 다 엄마한테 이야기할 정도로 엄마랑 친했다. 그래서 나는 굳이 엄마한테 그러지 않아도 된다고 생각했고 언니 때문에 그럴 틈도 없었다. 그래서 그런지 내 이야기를 잘 하지 않는 스타일이 되었다. | 엄마는 감정 표현을 잘하는 스타일이어서 나는 늘 들어주기만 했다. 그런 상황이 되니 내 감정을 표현해도 될까 싶었다. 엄마가 내 말을 이해해 줄까 싶었고 내 이야기를 할 타이밍도 없었다. 엄마와 딸의 관계가 남들과 반대이다 보니 결혼 후에는 거리를 두고 싶다. |
| 나의 감정 처리 방식이 관계를 맺는 데 어떠한 영향을 미치는가, 그리고 좋은 관계를 위해 내게 필요한 것은 무엇이라고 생각하는가? | 예전에는 쌓아 두었다가 작은 일로 폭발했는데 이제는 그렇게까지 쌓아 두지는 않지만 표현을 잘해야겠다. 내 감정을 내가 돌보지 않으면 난 더 서러워지겠구나, 생각을 했다. 깊게 생각하지 않으면 날 제대로 알지 못하는 것 같다. 내가 왜 이랬을까 생각해 보는 시간을 가졌다. | 내 감정을 드러내지 않고 조용히 넘어가려고 하는 편이지만 스스로를 볶는 스타일이다. 그런데 사람들과의 조화 속에 내 자신도 넣어야겠다. 역사성을 이야기하면서 그래서 내 성격이 만들어졌구나, 생각했다. 변화가 필요하다는 생각이 든다. | 혼자서만 생각하지 말고 의도적으로라도 이야기하는 시간을 많이 가져야겠다. 나를 표현하면서 조금 더 편하게 살면 좋겠다. | 나는 개인적인 힘은 있는데 사회적이지는 않은 것 같다. 두 명 이상의 관계가 되면 내 생각을 표현해도 될까, 질서에 방해가 되지 않을까 고민이 된다. 그러다 보니 혼자 감당해야 할 일이 많이 생긴다. 앞으로는 표현을 하면서 살아야겠다. |

다"(2019년 8월 21일, 여성 심리상담 관찰기록)고 하였다. 아주 사적인 이야기였지만 부모들은 자신의 상황을 동료들에게 솔직하게 꺼내 놓았고, 진솔함으로 함께 웃고 울며 서로에게 조금씩 가까이 다가 갔다. 부모들은 힘든 육아 생활의 고충을 털어 내며 "다 똑같이 사는구나, 나만 그렇게 사는 게 아니구나 싶어 위로받고 위안이 되는 시간이었다"(2019년 7월 25일, 여성 심리상담 관찰기록)고 평가했다.

여성 심리상담 시간에 나누었던 대화는 어떠한 해답을 찾으려는 행위가 아니었다. 육아로 지친 각자의 심리 상태를 나눔으로써 혼자가 아님을 확인하고 공감과 위로를 받으며 함께 치유되는 시간이었다. 이러한 시간을 통해 부모들은 공동체 안에 조금씩 스며들게 되었고 공동체의 일원으로서 관계 안에 자신의 자리를 잡아 가기 시작했다.

봄·여름 시즌 동안 여덟 번의 여성 심리상담이 진행될 때마다 실무자 중 한 명은 현장에 참여하고 나머지 인력은 강의가 진행되는 낮잠방 밖 공간에서 아이들을 돌보는 일을 맡았다. 실무자 이외에도 두 명의 놀이지원교사(탁아도우미)를 추가로 섭외했는데 한 명은 2016년에 진행한 유아-청소년 세대통합 프로젝트에 참여했던 두런학교 졸업생이었고, 다른 한 명은 건신대 대안교육학과에 재학 중인 학생이었다. 두 명 모두 어린이뜨락과 관계를 맺고 있는 사람들이었고, 봄·여름, 가을·겨울 두 시즌 내내 부모 프로그램이 진행될 때마다 지속적으로 찾아와 아이들과도 무척 친밀해졌다.

아이들은 놀이지원교사들을 잘 따르긴 했지만 연신 낮잠방을 들

'그림카드를 활용한 여성 심리상담' 진행 모습

락거려 심리상담 시간은 늘 정신이 없었다. 본인도 공동육아로 아이를 키운 강사는 그러한 상황을 잘 이해하고 받아 주었다. 부모들은 온전히 집중할 수 있는 환경이 아니었음에도, 또한 지극히 개인적이고 때론 비밀스러운 이야기임에도 불구하고 열심히 자신의 이야기를 꺼내 놓고 다른 사람들의 이야기에 귀 기울였다. 이러한 부모들의 모습에 경이롭다는 생각마저 들었다.

소셜페다고지는 활동이 아닌 사람 자체가 자원으로 활용되는 것을 중요하게 여긴다. 자신을 꺼내 놓을 수 있는 자리를 만든다는 것은 사람 자체를 자원으로 삼아 구성원들 사이에 소통의 장을 마련하는 것이다. 부모 B는 "내 이야기를 하면서 스스로에 대해 집중할 수 있는 시간이어서 좋았다"며 "늘 아이에 대해서만 생각하느라 나에 대해서 생각해 볼 마음도, 기회도 가지지 못했는데, 심리상담을 통해 미래에 대한 희망을 얻었다"(2019년 8월 21일, 여성 심리상담 관찰기록)고 고백했다. 자신의 입으로 '나'를 이야기하며 기꺼이 자신과 마주할 수 있는 용기는 희망을 얻을 수 있는 기회의 시작이 아닐까. 실무자 B가 내게 들려준 이야기 역시 같은 맥락일 것이다. 대안교육학과에서 공부한 그녀는 자신이 내린 나름의 결론은 "(대안)교육은 이야기를 꺼낼 수 있고, 이야기를 들을 수 있고, 그렇게 함께 이야기를 나눌 수 있는 것"이라고 했다.

> 실무자 B (…) 왜냐하면 생각보다 그게 쉽지 않잖아요. 내가 이렇게 이야기해도 될까 (…) 사실 의미 없고 가치 없는 건데 내가 얘기를 꺼내도 될까. 저는 뭔가 혼났던 경험들

이 강렬하게 남아 있으니까. (…) 뭐야, 왜 이런 얘길 해, 이런 얘기를 듣는 게 싫으니까 얘기를 안 하는 게 정말 많았거든요. 근데 이제 또… 그런 얘기 또 좀 들으면 어때? 그러면서 용기 내서 이야기해 보자, 그러고 또 얘기를 했는데, 음… 생각보다 그렇게 겁낼 필요는 없겠구나, 그런 생각이 드는 거죠. 근데 어떻게 보면 거기에서 의미를 찾아내려면 다 의미 있는 얘기이기도 하잖아요. 어쨌든 그럼에도 불구하고 이야기를 할 수 있도록 하는 게 되게 중요하다는 생각이 저는 들더라고요. (…) 얘기할 수 있는 그런 분위기… 그러면서 관계를 맺어 갈 수 있는 곳이 저는 그냥 제가 생각하는 (대안)교육의 모습이 아닌가 그런 생각이 들었고, 또 그게 확장되면 또 그게 저의 삶이었으면 좋겠고 그래서….

_ 2019년 5월 15일, 비공식 대화

자신의 이야기를 털어놓고 다른 사람의 이야기를 통해 나를 되돌아보고 더 나아가 세상에 대한 이해를 넓혀 가는 행위는 중요한 배움의 장이 된다. 이런 의미에서 어린이뜨락 생활에서 구성원들의 이야기가 자연스럽게 오갈 수 있는 자리를 자주 마련하는 일은 우리가 공동체 안에서 나를 찾고 성장해 나가는 데 무척 필요한 부분이었다.

여성 심리상담 현장에 투입된 실무자는 그 시간 내내 부모들과 함께하며 참여관찰을 진행했는데, 나에게 그 경험은 부모들의 현재 상황을 이해하고 공감할 수 있는 소중한 기회였다. 또한 육아 전쟁 중인 부모들의 이야기를 들으며 육아정 운영을 너무 목적 중심으로 생각하지 않았나 반성하는 계기도 되었다. 부모들의 이야기를 듣고 있자니 수년 전 육아로 힘겨워하던 내 모습이 투영되었다. 그리고 당시의 고단한 몸과 복잡한 감정 상태는 잊고 '이만하면 훌륭하지 않으냐'며 어린이뜨락이 제공하는 것들에만 자만했던 나 자신의 오만함이 보였다. 이런 공간에, 프로그램까지 마련해 주었는데 왜 그렇게 의존적이냐며 부모들을 질책하고 있는 자기중심적인 나의 속마음이 부끄럽게 느껴졌다.

이제 와서 그 자리를 돌아보니 심리상담 시간을 부모들의 시간이라 여기고 관찰기록자로만 머물렀던 나 자신도 반성이 된다. 나도 똑같이 하나의 내담자로 참여하여 여성의 생애주기 속에서 그들보다 더 후기 단계에 머물고 있는 언니로, 또 어린이뜨락의 구성원 중 한 사람으로 나를 함께 나누었더라면 보다 친밀한 관계를 맺을 수 있지 않았을까? 커먼 서드(71~75쪽 참조)의 장을 만들어 놓고 정작 나 자신을 자원으로 활용하지 못했다. 부모들을 관찰하고 기록하는 사람으로 나를 고정시켰던 태도는 내가 범한 또 한 번의 자만이자 오만이었다.

소셜페다고지 연구자들은 소셜페다고그는 사람들을 만날 때 두 가지 측면을 염두에 두어야 한다고 조언한다. 하나는 돌봄이 필요한 사람들이 실제로 위치한 그곳으로 가서 구체적인 만남을 가져야 한다는 것이다. 연구실이나 사무실에서 말로만 하는 공동육아, 사회육아가 아닌 지금 그들이 살아내고 있는 삶의 현장으로 기꺼이 자신의 신체를 물리적으로 옮길 수 있어야 한다. 두 번째는 지나친 목표 의식을 버려야 한다는 것이다. 육아공동체가 추구하려는 공동체적 가치 전달도 물론 중요하지만, 부모들이 자신의 이야기를 꺼내 놓고 다른 사람들의 이야기를 들으며 공감하고 위로받는 자체만으로도 충분한 의미가 있다. 심리상담 같은 활동을 통해 부모들은 다른 사람들과 함께하는 시간 속에서 긍정적 에너지를 얻으며 새로운 삶을 살아갈 기회를 스스로 만들어 낼 수 있기 때문이다.

소셜페다고그가 작업 목표에만 지나치게 몰두하게 되면 생활 속에서 얻을 수 있는 진정한 중요 요소들을 놓치게 될 수도 있다. 사람들 속에서 얻게 되는 긍정 에너지는 소셜페다고그가 적용하는 페다고지 의도의 충분한 성과다. 소셜페다고지의 중요한 시작은 사람들을 사회 안으로 포함시켜 소외와 배제에서 벗어나게 하는 것이기 때문이다.[38]

공동체 역사 속으로 이끌기
: '지금, 여기'를 다시 일으키는 밑거름

    몇 년 동안 어린이뜨락에서 생활한 경험에 따르면, 부모대표의 태도는 다른 부모들이나 공동체 분위기 전반에 큰 영향을 미쳤다. 2019년은 어느 해보다 재도약이 필요한 시기였기에 부모대표의 역할이 매우 중요한 요소로 작용하리라 판단되었다. 그래서 실무자들은 5~6월 한 달 동안 함께 생활하면서 부모들의 성향이나 성격 등을 유심히 관찰하고 논의한 끝에, 6월 생활나눔 자리에서 두 사람을 부모대표로 지목했다. 지목한 이유는 공동체 생활에 의미를 두고 배움과 성장의 기회로 삼으려는 마음이 평소 생활 태도에서 엿보였기 때문이다.

> 부모 A 여기 공간은 (…) 누가 이렇게 해라 저렇게 해라 하고 규칙을 막 이렇게 알려 주는 것들이 아니라 그냥 본인들이 경험하면서 부딪혀 보면서 서로 느끼면서 조율해 가고 맞춰 가는 것들이 필요했고, 놀이도 자기주도적으로 많이 하는데, 아이들뿐만 아니라 '아, 나도 그래야 하는 곳이

구나. 내가 그러지 못하고 있는데 나에게도 훈련이 되겠다'
이런 생각이 많이 들었어요. (…) 저희가 조율을 하면서 맞
춰 가는 것들이 어떻게 보면 되게 능동적이고 협력적인 관
계 안에서 협의를 통해서 이렇게 하는 거잖아요. 제가 그
부분이 부족한데, 그 부분이 많이 훈련이 될 것 같다는 생
각이… "이거, 이거 해 주세요." 하면 저는 너무 잘할 수 있
거든요. 그런데 아무도 이제 그렇게 해 주지 않고 뭔가 큰
틀 안에서 정해진 규칙은 있지만 그 규칙도 고정되어 있는
것들이 아니라 이렇게 유동적이라는 게 너무 저에게는 어
렵지만 너무나도 좋은 거 같은….

_ 2019년 6월 27일, 6월 생활나눔

자원하는 사람이 있으면 환영이라고 했지만 다른 부모들은 이
상황을 오히려 반기는 눈치였고, 지목된 두 사람은 부담스러워했지
만 다행히 거절하지는 않았다. 다소 비민주적인 방법이었지만 이 전
략은 결과적으로 성공이었다. 부모대표로 지목받은 부모 A와 부모
B는 둘 다 자신은 "능동적인 사람이 아니"(2019년 6월 27일, 6월 생
활나눔)라거나 "소극적인 사람"(2019년 12월 19일, 마니또 행사)이라고
스스로를 규정했지만, 두 사람은 부모대표 자리에서 누구보다 적극
적이고 책임감 있게 어린이뜨락 운영에 관여해 주었다. 두 사람의 독
려로 부모들의 참여가 점차 확대되어 감은 물론, 다른 부모들은 두
사람을 보며 공동체 안에서 개인의 역할에 대해 다시 생각하게 되
었다.

부모대표들은 2019년 어린이뜨락 봄·여름 시즌의 마지막 달 8월의 특별 프로그램인 파자마 파티의 기획 단계부터 함께했는데, 부모대표와 실무자가 협력하여 만들어 낸 행사는 다른 부모들의 생각과 감정까지 긍정적으로 자극하는 결과를 낳았다. 미리 귀띔하자면, 파자마 파티는 어린이뜨락에 대한 부모들의 생각과 참여도를 크게 변화시키는 계기가 되었다. 나와 함께 수년 동안 어린이뜨락의 실무를 맡아 온 실무자 A는 한 해의 최종 특별 프로그램이었던 12월 '잔치'의 소감 나누기 순서에서 "파자마 파티가 끝나고 나서 뜨락이 안정되고 하나가 되는 느낌"을 2019년 뜨락 활동 중 가장 기억에 남는 일로 회고했다. 그렇다면 그 이유는 과연 무엇이었을까?

8월의 주제는 '아주심기(친밀)'이다. 씨앗을 땅에 묻고 "싹을 어느 정도 키워서 미리 거름을 준 밭에 옮겨 심는데 이것이 아주심기다. 더 이상 옮겨 심지 않고 완전하게 심는다는 의미"(영화 〈리틀 포레스트〉 대사 중)이다. 아주심기가 지닌 이러한 뜻처럼 2019년 어린이뜨락의 8월은 구성원들이 육아정에 어느 정도 적응을 마치고 어린이뜨락의 일원으로 키워져서 이곳에 완전히 심어지길 바라는 달이다. 그러기 위해서는 구성원 서로에 대해서, 육아공동체 어린이뜨락에 대해서 더 많이 알아 가는 시간이 필요했다.

부모대표 및 실무자들이 모여 논의한 끝에 2019년 어린이뜨락에 참여하는 구성원들이 서로가 서로에게, 대학 및 교회에서 육아정을 지원하는 협동조합원들이나 선배 부모들에게 궁금한 것들을 질문지로 정리하여 나누어 보기로 했다. 그리고 대학 및 교회 구성원들과 선배 부모들을 직접 초대해 2019년 참여 부모들이 준비한 질문을 던지고 이야기를 듣는 토크콘서트를 진행하자는 의견이 모아졌다. 질문들은 부모대표와 실무자들이 대략의 초안을 작성하고 나머지 부모들에게 추가로 궁금한 것들을 덧붙이도록 했다. 2019년 어린이뜨락 봄·여름 시즌에 참여하고 있는 열 가정의 부모들과 실무자들의 이야기는 글로 받아 가족사진과 함께 파워포인트로 편집하여 벽에다 게시해 공유하기로 하고, 토크콘서트에 초대할 사람들에게는 미리 질문지를 전달했다.

8월의 특별 프로그램 이름은 '파자마 파티'였지만 육아정에서 하룻밤을 보낼 만큼 이곳에 정을 붙인다는 상징일 뿐 실제로 숙박을 하지는 않았다. 대신 아이들은 내복을 입고 늦은 오후에 육아정에 와서 포틀럭 파티로 다 함께 준비한 저녁 식사를 같이 나누고 놀다가 밤늦게 세수와 양치질을 하고 차를 타고 귀가하는 방법을 택했다. 낮잠방에서 토크콘서트가 진행되는 동안에는 놀이지원교사(탁아도우미) 세 명이 놀이 공간에서 아이들을 돌보았는데, 한편에는 대형 스크린을 설치해 어린이 영화를 상영하여 행사 진행이 원활해지도록 했다.

또한 어린이뜨락의 재도약을 위한 체계 마련에만 신경을 집중하느라 2019년 새로 참여한 부모들에게 어린이뜨락의 역사에 대해 제대로 알리지 못했다는 생각이 들었다. 토크콘서트이니만큼 영상물로 제작하면 좋겠다고 생각하며 기술적인 고민을 하던 차에, 부모 B가 아이 돌잔치를 준비하며 만든 성장 동영상을 어린이뜨락 구성원들과 나누는 일이 있었다. 조심스럽게 어린이뜨락 역사도 동영상으로 편집해 줄 수 있겠느냐고 부탁했더니 흔쾌히 허락해 주었다. 다행히 2014년에 개설된 네이버 밴드가 유지되고 있었고, 2017년 육아정 개소식을 준비하며 2014년 이전의 초기 사진들이 확보된 상태여서 사진 및 영상 자료들을 모을 수 있었다. 기록물이 보관되어 있다는 것이 얼마나 감사한 일인지 통감했다. 7년 동안의 자료를 뒤져 스토리를 만들었고, 부모 B는 아이들을 재운 후 밤을 새워 가며 동영상을 편집했다. 지금 어린이뜨락을 살고 있는 부모들이 그보다 먼저 이곳을 살아낸 사람들과 그들이 걸어온 길을 함께 되짚어 보고 이야기를 나누는 것은 분명 의미가 있는 일이었다.

엄마들만 모였던 육아모임에서 (예비)아빠들까지 합세해 온 가족 단위의 육아공동체로 발전한 2014년 '놀이터뜨樂'에서 첫 남성 리더로 활동한 선배 부모의 이야기를 통해 부모들은 대표부모의 고충을 이해했다.

> "가장 힘들었던 순간은… 그러니까 (…) 사람들이 반응이 없는 거예요. (…) 저는 같이하고 싶다는 생각을 했는데, 도대체 무슨 생각을 하고 있는지 잘 모를 때가 있었어요. 그럴 때가 힘들었던 거 같아요… 그중에 가장 힘들었던 순간이 (…) 1박 2일로 어디 가자고… 그때 제천인가? 가자고 했는데 결국 이 사람, 저 사람 취소, 취소하다가 결국 취소가 됐어요. 그때 너무 힘들었어요, 저는."
>
> _ 2019년 8월 28일, 토크콘서트

그리고 협동조합 설립을 추진했던 2016년부터 육아정이 개소된

직후인 2018년 2월까지 활동했던 선배 부모의 이야기를 통해 부모들은 공동체를 통해 삶이 확장될 수 있음을 알게 되었다.

"사실 저는 그냥… 결혼해서는 남편과 잘 지내다가 애 낳고, 이뻐하며 키우고… 그냥 그게 저의 전부였지 다른 것에 대해서는 생각을 갖지 못했던 것 같아요. 예를 들어, 환경? 유기농 먹거리? 그런 게 좋다고는 하는데 저는 별로 큰 관심 없었고… 저는 그냥 평범한 동네 아줌마 중 하나였을 것 같아요, 여기 뜨락을 안 왔더라면. 그런데 여기 와서 엄마들을 만났고 되게 여러 분야로 관심이 있는 엄마들이 많았어요. 어떤 분은 녹색당 당원이어서 환경문제나 그런 거에 관심이 많았고, 어떤 분은 먹거리에 신경을 써서 나는 한살림 아니면 안 돼 막 이랬고 (…) 뜨락에 와서 엄마들이 막 그런 이야기들을 하면 도대체 무슨 소린지 잘 못 알아듣겠는 거예요. 그런데 그 앞에서는 모른다는 말은 안 하고 잘 기억했다가 집에 가서 검색하면서 공부를 한 거죠. 그러면서 아~ 이런 세상도 있구나… 세상에 대한 관심을 넓혀 가고 더 많이 알아 가게 된 것 같아요. (…) 그러다가 여기 교수님이 제안해 주셔서 두런학교 교사로 일하게 되었고…."

_ 2019년 8월 28일, 토크콘서트

이날 초대된 선배 구성원들은 어린이뜨락에 관여하는 이유가 조

'토크콘서트' 진행 모습

금씩 다름에도 불구하고 공통적으로 강조한 지점이 있었다. 그것은 바로 부모들의 주체성이었다. 어린이뜨락을 지원하는 지역 대학의 총장은 "프로그램 수혜자에서 벗어나 능동적인 입장을 취했으면 좋겠다"고 했고, 지역 대학의 교수 역시 마찬가지로 "육아정에 이용자로, 손님으로 오기보다는 주인이 되어 이곳을 더 많은 사람이 함께할 수 있도록 같이 고민해 주었으면 좋겠다"는 바람을 드러냈다. 2014년 '놀이터뜨樂' 활동 이후에도 부모협동 공동육아 어린이집에서 지역 사람들과 자녀를 함께 키우고 있다는 선배 부모는 "아이의 육아나 교육에 관심을 가지고 주도적으로 활동하는 것이 힘들긴 하지만 행복하다"면서 "부모들 개개인의 주체적인 참여 없이는 지속가능성을 유지하기가 어렵다"는 조언을 후배 부모들에게 전했다.

파자마 파티 행사는 성대히 잘 끝났다. 모두가 함께 준비한 포틀력 파티는 진수성찬이었고, 아이들도 놀이지원교사들과 밤늦게까지 돌고래 소리를 내며 흥분된 상태로 육아정을 뛰어다녔다. 2019년 어린이뜨락 재도약 프로젝트를 준비하고 진행하며 나를 비롯한 실무자들은 대단한 성공과 변화를 기대하지는 않았다. 언젠가 실무자 B와 나눈 이야기처럼 "두 명, 세 명만이라도… 그들이 생각했을 때… 아, 정말 좋은 경험이었다, 나에게도 그렇고 아이에게도 그렇고… 그런 정도라면"(2019년 5월 15일, 비공식 대화), 그리고 어린이뜨락에서의 경험을 통해 조금이라도 다르게 세상을 바라볼 수 있는 시각을 가지게 된다면 충분한 성과라고 생각했다. 그런데 다음 날 전체 구성원 단체 카카오톡 방에 올라온 한 부모의 반응은 기대 이상의 놀라움이었다.

부모 D 어제 멋~~진 시간을 만들어 주셔서 선생님들 뜨락 식구들 감사합니다~ 특히 부모 B! 멋진 동영상과 여러모로 수고하신 흔적에 정작 함께하지 못해 아쉬웠어요.^^[39] 저는 토크콘서트 내용이 가슴에 와닿았고 태동부터 함께하진 않았지만 영상 보면서 찡~하더라구요. 그리고 토크콘서트 이후 뜨락을 더 알게 되고 애정이 더 커지네요~ 혹 토크콘서트 뒤풀이 피드백하는 시간이 있었으면 좋겠다는 생각이 들어요~
부모 A 예엡~ 좋아요, 좋아요~ 으쌰으쌰!! 함께해요. 뜨락이 더 활기가 넘치겠는데요. 기대기대~
실무자 B 오오!! 좋아요, 좋아요~^^

부모 D (…) 토크콘서트 시간이 좋아서 글로만 표현된 우리들의 이야기를 서로 얼굴 보며 나누고 싶은 맘에 남겼어요~ (…) 토크콘서트 뒤풀이 시간으로 친밀감이 더 형성되면 좋겠어요~ㅋ 다들 좋은 반응해 주셔서 감사합니다 ~~^^

_ 2019년 8월 29~30일, 단체 카카오톡

소소한 반응이었지만 부모 참여자가 전해 준 글은 나를 비롯한 실무자들에겐 반가운 일이 아닐 수 없었다. 토크콘서트를 통해 부모들에게 전달된 이야기에는 공동체 안에서의 주체성에 방점이 있었지만, 그것이 어린이뜨락에게는 아킬레스건이었다. 그렇지만 내려놓지 않고 꼭 가지고 가고 싶은, 가지고 가야만 하는 것이기도 했다. 사람들은 서로의 모습을 통해 영향을 주고받으며 그 문화 속에서 길들여지기 때문에 공동체 내에 퍼지는 지배문화를 잘 관리하는 것이 중요하다. 따라서 실무자들은 공동체 안에 존재하는 지배문화에 민감하게 주목하고 상호 긍정적이고 협력적인 분위기가 자리 잡도록 그 흐름을 잘 포착해야만 한다.

다행히도 한 시즌을 보내고 난 시점에서 주체성을 이야기할 만한 기회가 보였고, 이 불씨를 잘 살리는 일은 우리 실무자들의 중대한 임무로 여겨졌다. 그래서 9월 '생활나눔'에서는 부모 D가 제안한 파자마 파티에 대한 소감을 시작으로, 뜨락이 걸어온 길이 담긴 동영상을 보고 그 역사 속에 한 점을 찍고 있는 한 사람으로서 어떤 생각이 드는지 등에 대해서 편안하게 이야기해 보기로 했다. 중요한 이야깃거리가 던져진 만큼 실무자들은 전 구성원이 모이는 자리의 시작을 따뜻하게 데워 줄 여는 활동까지도 고심했다. 마침 지금 우리 상황에 딱 어울린다고 생각되는 내용이 부모들을 위한 그림책 수업에 소개되었기에, 다 같이 모인 자리에서 다시 한번 읽어 보기로 했다.

『태어난 아이』[40]라는 그림책의 내용은 대강 이렇다.

태어나고 싶지 않은 아이가 있었다. 그 아이는 태어나지 않은 상태로 매일 세상 여기저기를 돌아다닌다. 태어나지 않았기 때문에 세상으로부터의 온갖 자극이 그 아이에게는 아무 상관없는 일이다. 부딪혀도 아프지 않고, 사자를 만나도 무섭지 않으며, 모기에 물려도 가렵지 않다. 누군가 인사를 해도 대답하지 않고, 같이 따라온 강아지들이 싸움을 해도 바라보기만 한다. 태어나지 않았으니 아무 상관없기 때문이다. 그러다 마침내 아이는 세상에 태어난다. 태어난 아이는 아프기도 하고, 배도 고프다. 엄마의 돌봄을 받으며 부드럽고 좋은 엄마 냄새도 느낀다. 물고기를 보면 잡으러 가고, 바람이 불면 깔깔깔 웃기도 한다. 친구를 보고 손을 흔들며 소리도 친다. 밤이 되자 태어난 아이는 "태어나는 건 피곤한 일"이라며 엄마 품에서 입맞춤을 받고 푹 잠든다.

어린이뜨락의 구성원들도 마찬가지가 아닐까? 이곳에 '태어나지' 않으면 아프지도 무섭지도 가렵지도 않은 것이다. '태어나는 건 피곤한 일'이지만 이제까지와는 다른 삶을 살 수 있게 되는 것이다. '태어난다'는 것은 관계를 맺는다는 것이다. 관계가 없다면 모든 것에 아무런 의미가 없지만, 용기 내서 관계를 맺게 되면 그 순간 사소한 것에도 의미를 얻을 수 있게 된다. 봄·여름 시즌을 보내며 부모들은 아주심어지고 새로이 태어나기 위해 어린이뜨락 관계 안으로 조금씩 들어가기 시작했다.

부모 D (영상을 통해) 지나온 시간들을 보고, 현재도 발을 담그고 있는 이 상태에서 보게 되니까… 이제까지 저는 조금… (어린이뜨락에) 뗐다 붙였다 뗐다 붙였다 하는 이런 마음들도 있었어요. 그런데 뜨락은 이렇게 시작을 했고 이런 마음으로 뭉쳐졌고, 그 작은 씨앗에서… 그냥 누가 봐도 여기는 다 만들어진 거 같고 아주 좋은 환경이 만들어졌는데… 그 우여곡절의 시간이 짠하게 느껴지더라고요. 그래서 감동을 받았어요. 좀 반성도 되고 내 모습도 돌아보게 되고, (선배 부모가) 엄마들하고 서로 대화를 통해 (세상을) 깨닫게 되고 또 대안학교 교사까지 되셨다는 말을 듣고 저한테 또 울림이 있는 거죠. 태동이 되는, 깨뜨려지는….
부모 E (…) 한두 명의 시작이 점점 넓어지고… 또 한두 명이 빠져도 또 한두 명의 힘으로 또 이렇게 넓혀 가고 이러는 거 자체가, 뜨락이 이렇게 길게 이어지는 게 너무 저는 신기한 것도 있었거든요. 그러니까 그 작았던 단체가 이렇게 점점 커지고, 또 다른 행동이 되고, 다른 단체로 또 만들고 이러는 거 자체가… 그 애정이….

_ 2019년 9월 26일, 9월 생활나눔

파자마 파티, 그중에서도 토크콘서트 시간을 빌려 모든 구성원이 함께 되돌아본 어린이뜨락의 지난 이야기들은 지금에 머물고 있는 부모들에게 적잖은 울림을 주었다. 그들에게 육아정은 실무자들까지 있는 어느 정도 '다 만들어진' 공간이었고, 이제까지는 그저 와서 이용하다 가는 존재로 스스로를 위치시켰다면, 토크콘서트는 부모들을 어린이뜨락의 관계 안에 '태어나게' 하는 계기가 되었다. 관계 안으로 들어가는 순간 역사는 그냥 흘러간 지난 이야기가 아닌 게 되어 버리는 것이다.

부모 F   어… 그러니까 지난 시간에도 제가 뜨락에 미안하다는 말을 했었잖아요. 저하고 아이의 행복을 위해서 여기를 왔는데 정말 이용만 하고 쏙 빠지는 거 같은… 그러니까 뭐라고 얘기하시지는 않는데 그냥 저 혼자 계속 그런 기분이었던 거 같아요… 그런데 그 영상(뜨락의 역사)을 통해서 저도 뭐라도 좀 해야겠다는 생각이 들어서….
부모 B   저는 (…) 영상을 만들면서 진짜 많이 든 생각이, 사실 저희가 선생님들이 계셨으니까 마음 편히 오고 있는 거지만, 그전에는 선생님들도 뭐 크게 주체적으로 하신 게 아니고 엄마들이 이끌어 가시고 이런 입장인데, 사실 올해는…저희가 정말 너무 편히 이용하는 거 아닌가 싶기도 했고….
부모 D   맞아요. 저희가 이렇게 왔다 갔다만 하잖아요… 선생님들이 리드해 주길 바라는 건지, 그런 생각이 들었어요. 그래서 주체성이 좀 바뀌어야 하지 않을까….

_ 2019년 9월 26일, 생활나눔

부모들에게 뜨락의 역사는 현재에 머물며 살아가는 자신을 돌아보게 하고, 달라져야 한다고 생각하게 만들었다. 역사 안에 녹아들어 있는 사람들의 흔적은 '지금, 여기'를 살아가는 사람들을 일으키는 의미 있는 밑거름이 될 수 있다. 먼저 여기 머물던 사람들이 이곳을 어떻게 일구었는지 살펴보고, 내가 거기에 있었다면 나는 어떻게 했을지, 그리고 지금의 나는 또 이 자리에서 어떻게 해야 하는지 고민하며 시야를 넓히는 것이다. 지난 시간을 살펴보면서 그로 인해 지금의 모습은 어떻게 달려졌는지 과거를 현재의 눈으로 바라보고, 이 자리에서 다시 미래를 생각해 본다. 한 공동체의 진정한 구성원으로 '심어지려면' 지나온 역사를 아는 것은 가히 필수적이다. 역사란 과거를 그저 흥미로운 지난 일로 흘려보내는 것이 아니라 오늘을 비추는 거울이자 내일을 내다보는 렌즈로 삼을 때 비로소 진정한 의미를 지닌다.

에드워드 카Edward Hallett Carr, 1892~1982에 따르면 역사란 과거와 현재의 끊임없는 대화이며, 역사가와 과거 사실 사이의 지속적인 상호작용이다. 현재를 과거와 연결해서 고찰하고 이를 바탕으로 앞으로 다가올 미래의 변화에 대비하는 것이다. 이런 맥락에서 육아공동체를 바로 세우려는 어린이뜨락의 소셜페다고그에게는 어쩌면 역사가의 역할까지 요구되었는지도 모르겠다. 여기저기 흩어져 있는 지난 시간의 사실들을 다시 엮고 다듬어서 '지금, 여기'에 있는 구성원들의 마음을 움직일 수 있는 메시지로 연결해서 보여 주어야 했던 것이다. 역사는 과거를 통해 현재를 이해하게 하고 보다 나은 미래를 준비하게 한다. 그리고 역사는 이따금 삶의 방향과 태도를 바꿔 놓기도 한다.

관계 안에 존재하는
복잡 미묘한 심리 알아 가기
: 공동체 회복을 위한 원동력

낯섦으로 시작한 공동체 생활에 어느 정도 적응을 마치고 어린 이뜨락이 어떤 곳인지 알게 되니, 부모들은 그렇다면 나는 이곳에서 어떻게 살아내야 하는지를 고민하게 되었다. 그리고 공동체 안으로 조금 더 깊숙이 들어가 그곳에서 연결된 사람들과의 관계를 보게 되었다. 세상 어디에나 그렇듯 관계 안에는 때로 복잡하고 미묘한 심리들이 얽혀 있기 마련이다.

6년이라는 짧지 않은 시간 동안 내가 몸으로 마음으로 어린이 뜨락을 살아내며 깨달은 것이 있다면 공동체는 결국 관계의 문제라는 것이다. 거창한 이론들을 들먹이며 공동체를 이야기하지만, 공동체를 살리고 공동체를 죽이는 열쇠는 결국 그 안에 존재하는 사람들 간의 관계에 있다고 감히 장담한다. 어린이뜨락 전용공간인 육아정이 개소되고 큰 도약을 꿈꾸던 시기, 당시 부모대표들과의 갈등도 결국엔 관계의 문제였다. 각자의 입장과 원하는 바를 충분히 공유하지 못했고, 건강하지 못한 방식으로 전달된 메시지는 끝내 감정 문제로 돌변해 돌이키기 어려운 선을 넘어 버렸다. 역시나 2019년에도 부모들은 관계 안에서 미묘하게 작동하는 마음들을 경험하고 있음을 발견했다. 하지만 이번에는 과거의 실패를 반면교사 삼아 다르게 행동할 수 있기를 바랐다.

부모 B　(…) 부모들 단톡방에 어떤 의견을 내고 뭐 하자 그러면 아무 반응이 없는 거예요. 그러면… 왜 저 토크콘서트할 때 오셨던 그 아빠분이 그러셨잖아요. 반응이 없는 게 제일 힘들었다고… 저도 그렇더라고요. 반응이 없으면 내가 글을 잘못 올렸나? 혼자 너무 나대나? 막 그렇게 걱정이 되는 거예요. 신랑은 저더러 너는 너무 쓸데없는 걱정을 많이 한다고 하는데, 그런 게 아니라 어쨌든 계속 얼굴을 보며 지내야 하는 거고, 또 여기가 끝나더라도 계속 연락하고 지낼 수도 있는 거잖아요. 그러니까 기분 나쁘지 않았으면 좋겠는데….

실무자 B　그러니까 그런 얘기를 해야지 같이 알 수 있을 것 같아요. 그러지 않으면 자기 맡은 일 아니니까 신경 안 써도 된다고 생각하게 되고. 그리고 사실 그런 이야기를 나눌 수 있는 거 자체가 뜨락에서 필요한 일이고. 안 그러면 힘들어지니까… 갈등이 생기는 걸 되게 어려워하는 거 같은데, 갈등이 해결되면서 서로 더 친해질 수도 있고….

부모 B　갈등이… 근데 (어린이뜨락에서) 나갈까 봐…. (웃음)

실무자 B　그런 걸 너무 두려워하지 마세요. (웃음)

나　갈등이 성장의 발판이 되기도 하죠. 제가 지금 제일 후회하는 부분이… 2017년에 그렇게 큰 갈등이 있었을 때 그것을 더 큰 발전의 도약으로 삼지 못하고 그렇게 끝낸 거에 대한 후회… 더 잘할 수 있지 않았을까… 그게 제가 제일 성찰하고 반성하는 지점이기도 하거든요. (…) 그러니까 우리 그런 얘기를 해 보자, 부모 A, 부모 B가 대표엄마로서 겪는 심정을….

_ 2019년 9월 18일, 비공식 대화

9월 생활나눔 자리에서 대표를 맡은 부모 B는 용기를 냈다. "워낙 소심해서 얘기해도 되나, 말아야 되나 고민도 많이 했다"고 운을 떼며 "(토크콘서트 준비를 위한) 질문지라든지 회의 날짜든지 이런 걸 얘기할 때마다 대답이 없으니 많이 속상했다. 의도를 알 수가 없어 이게 나 좋자고 하는 건지, 정말 다 같이 원해서 하는 건지, 내가 이렇게 해도 괜찮은 건가, 잘하고 있는 게 맞나, 이런 생각이 정말 복잡 미묘하게 든다"고 했다. 그러면서 "따로 (육아)품앗이 활동을 하고 있는데, 그곳의 리더가 어떤 마음일지 많이 생각해 보게 됐다"고도 덧붙였다. 두 명의 부모대표는 공통적으로 토크콘서트에서 선배 부모로부터 들었던 리더로서의 고충에 공감하며 "그 자리에 가 봐야 그 심정을 알 수 있는 것 같다"고 했는데, 이에 대해 부모 G는 눈물까지 보이며 자기 마음을 이야기했다. 그녀로 말하자면 2018년부터 활동을 했고, 2019년 초 서글프리만치 썰렁했던 어린이뜨락에 유일하게 남아 있던 바로 그 가정의 부모이다.

부모 G 부모 B 말이 계속 마음에 와닿는데… 뭔가 이게 작년을 겪어 보고 올해 겪어 보면 되게 많은 사람이 있다가 빠지고 나서 저는 진짜 (2019년 초) 저 혼자 있었을 때 뭔가 이게 좀 생겨요, 주체성이. 그래서 (주변 사람들에게) 막 오라고 이렇게 하게 되는데 또 막상 이렇게 (부모대표들에게) 책임이 가니까 뭔가 의지가 돼서 그런 거지 내 의견을, 피드백을 빨리 해 주고 싶지 않아서, 뜨락이 나한테 별로 중요한 존재가 아니라서 그런 게 아니라 그냥… 의지가 되고 하니까 믿음이 가고 하니까 이게 뭐가 결정이 났을 때 그냥 따라갈 자신이 있으니까 그렇게 한 건데 (눈물을 닦으며) 마음고생한 게 갑자기 확 느껴지니까… 아까부터 이 말을 어떻게 전하고 가야 하나….

부모 B (눈물을 닦으며) 눈물로 충분히 전해진 거 같아요. (웃음)

부모 G (눈물 닦으며) 항상 감사해요… 고생 많았어요.

_ 2019년 9월 26일, 9월 생활나눔

이렇게 터놓고 이야기할 수 있는 자리가 공동체에는 꼭 필요하다. 그 자리, 그 상황에 직접 가 보지 않으면 쉽게 짐작하기 어려운 마음들이 존재하기 때문이다. 그런데 이러한 심리적 어려움은 단지 대표 자리에서만 느낄 수 있는 마음으로 한정하기는 어려워 보였다. 대표라는 자리에서 겪는 마음과 마찬가지로 다른 부모들 역시 각자의 자리에서 또 다른 미묘한 심리를 경험하고 있었으니 말이다.

부모 H 단톡방에 보면 부모 A하고 부모 B는 되게 말에 대
답도 많이 하는데, 다른 분들은 말을 안 하는데 저도 대답
을 했다가… 어, 내가 너무 나대는 거 아닐까? 그런 생각
이 들 때도 가끔씩 있더라고요. 굳이 다른 사람들도, 다수
의 사람이 얘기 안 하는데 내가 얘기해서 뭐가 될까? 하면
서 얘기하다가 말다가 그럴 때가 있더라고요. 그래서 그런
태도가 되게 힘드셨던 거 같아요. 막 우리가 굳이 대답할
필요가 있나, 그런 생각도 들었고 했는데. 제가 주체가 되
어야 하지 않을까 생각이 들고. 우리 한 명, 한 명이….

부모 F 사실은… 만약에 뭘 하라고 하시면 사실 할 생각
은 다들 있으실 거 같아요. 그런데 이제 워낙 삶 자체가 너
무 수동적이다 보니까… 받는 데 좀 익숙하니까… 뭐 이렇
게 얘기를 해 주시면 할 수 있는 그런 거겠죠? 저도 도울
수 있으니까.

_ 2019년 9월 26일, 9월 생활나눔

토크콘서트 이후 진행했던 9월의 생활나눔은 소극성에 대한 답
답함, 나댐에 대한 우려 등 부모들 사이에서 일어나는 얽히고 뒤섞
인 감정들이 어느 때보다 두드러지게 드러난 시간이었다. 부모들의
허심탄회하고 진솔한 대화는 서로의 입장을 이해하는 소중한 자리
가 되었다.

이날의 여운은 금방 사라지지 않고 저녁 시간에 단체 카카오톡
방으로까지 이어졌다. 부모 D는 "모두의 진실된 이야기를 들으니 한

층 깊이 공감되고 더 친해진 것 같은 귀한 시간"이었다며 부모대표들에게 "마음고생하게 해서 너무 죄송하다"는 인사를 남겼다. 부모 H도 "서로의 마음을 알아 갈 수 있는 좋은 시간"이었다며 "이 시간을 통해 모두가 뜨락에 애정이 있다는 것을 알았고 주체성에 대해 생각하게 되었다"는 글을 올렸다.

어린이뜨락의 재도약을 준비하는 과정에서 실무진이 집중하며 고민했던 '공동체란 어떻게 구성되고 성장하는 것인가?'에 대한 고민에도 조금씩 길이 보이는 듯했다. 부모들의 모습을 보면 공동체성은 어쩌면 주체적인 사람들만이 누릴 수 있는 배타적인 영역이라기보다는 우리 모두의 유전자 속에 이미 잠재된 것인지도 모르겠다. 다만 오롯이 개인으로 살아남아야 하는 시대적 분위기로 이러한 성향을 발굴할 기회를 얻지 못했던 것이 아닐까. 그 영역을 잘 건드려 깨

9월 '생활나눔' 진행 모습

위 준다면 개인의 공동체성도 개발되고 발전될 수 있을 것이다.

소셜페다고그가 구성하는 환경에 따라 사람들은 다양한 방법으로 깨닫고 배우고 성장하며 변화할 수 있다. 공동체 안에서 사람들이 경험한 관계 맺기의 경험은 그들이 앞으로 또 다른 사람들과의 공동체적 관계 맺기를 시도하는 데 본보기가 될 수 있다. 그러므로 소셜페다고지 연구자들은 사람들에게 건강한 공동체적 관계를 경험할 수 있는 환경과 기회를 마련해 주는 것이야말로 소셜페다고지를 실천 현장에 적용하는 소셜페다고그의 역할이라고 강조한다.[41] 유능한 소셜페다고그는 갈등의 상황도 얼마든지 변화 가능한 배움의 기회로 볼 수 있어야 하는데, 이러한 관점과 능력이야말로 전문 역량의 핵심이다.[42] 이를 통해 사람들은 더욱 바람직한 방향으로 자신을 변화시키며 앞으로 나아갈 수 있기 때문이다. 소셜페다고그가 창의적으로 구성해 내는 다양한 관계 경험은 배움과 깨달음의 기회가 됨은 물론 자신이 속한 공동체에 대한 존중과 신뢰, 주인의식을 증대시켜 더욱 적극적인 사회적 존재로 성장해 나갈 수 있는 밑바탕이 된다.[43]

'나'와 '우리' 사이에서 균형 잡기
: 주체성과 공동체성에 대한 고민

봄·여름 시즌 마지막 달의 특별 프로그램인 파자마 파티(토크콘서트)에서 구성원들이 경험한 울림, 그리고 그에 대한 뒷이야기들로 인해 어린이뜨락의 분위기는 한층 활기를 띠게 되었다. 하지만 시작은 이제부터였다. 일어난 분위기를 배움과 성장으로 연결하는 일은 소셜페다고그가 이어서 감당해야 할 또 다른 중요한 임무이다. 이 시기 실무자들의 핵심 화두는 어린이뜨락 안에서 부모들의 주체성과 공동체성을 어떻게 끌어낼 수 있을까였다. 이러한 고민은 생활 속에서 부모대표들과 나누는 일상 대화에서도 이야기 주제가 되곤 했다.

> 부모 B　(…) 우리나라는 뭔가 의견을 내면 오로지 그거를 의견 낸 사람이 하는 거, 그런 게 참 크니까 사람들이 의견을 안 내려고 하고 그거 자체가 문제… 내가 의견을 내면 이게 다 내 일이 될까 봐… 그리고 사실 그렇게 만드는 분위기를 조성하잖아요.

실무자 B 근데 그거는 정말 생각의 전환이 (필요해요)…
우리는 사회에서 어릴 때부터 그렇게 접했지만 같이하
고 싶은 마음이 있으면 "어 그럼 그걸 어떻게 하면 좋을까
요?", "어떻게 하면 되게 할 수 있을까요?"…(라고 말할 수 있
잖아요)

부모 B 그런데 그렇게 안 하잖아요… 사람들이.

실무자 B 그런데 그거는 나부터 좀 시작해야 하는 거 같
아요. 자기도 모르게… 나는 잘 모르겠고 당신이 생각했으
니까 당신이 한번 보여 줘 봐 그러잖아요. (…) 그러니까…
내가 주체적으로 뭘 하면은 내가 뭘 더 해야 하는 걸로
받아들이는 거죠.

나 그러니까 그걸 우리가 바꾸자는 거죠.

실무자 B 그러니까 지금 우리가 생각하고 있는 주체성을
어떻게 인식하고 있느냐도 들여다보는 게 중요하고, 또 그
걸 우리가 어떻게 바꾸고 싶은지도 얘기를 해야 하는 거죠.

부모 B 그런데 지금 (우리는) 그렇게 의견을 내고, 난 이래
난 이래… 이 단계가 아니잖아요. 내가 이 생각을 가지고
있어. 응 나는 거기에 동의해, 아니 나는 동의하지 않아, 그
것부터가 어려운 단계니까 이거를 넘어가야죠. 그래야 그
다음 단계의 주체성이 생길 것 같다는 생각이….

_ 2019년 10월 2일, 비공식 대화

이즈음 나는 개인적으로 소셜페다고지에 관한 문헌 연구 중이었

는데, '소셜페다고그는 이중언어bilingual를 사용할 줄 알아야 한다'라는 대목에 영감을 받고 곰곰이 곱씹고 있던 차였다. 이 말인즉슨 전문가이자 실천가인 소셜페다고그는 전문가들의 이론적 지식을 현장에서 만나는 사람들의 눈높이에 맞추어 실천적으로 적용할 수 있어야 한다는 의미다. 동시에, 현장에서 일어나는 일 역시 전문가적 입장에서 이론적 지식을 토대로 성찰하고 이해해 낼 수 있어야 한다는 것이다. 이러한 주장은 당연히 지금, 여기 내 앞에 있는 어린이뜨락 상황과 연결되었다. 아무리 말로 공동체를 강조하고 주체성을 이야기한들 이는 학자들의 말 아니던가. 부모들이 자신의 삶 속에서 생각하는 공동체와 그 안에서의 주체성은 무엇인지 궁금해졌다. 부모들의 이야기를 이해하고 이를 토대로 부모교육을 진행한다면 조금 더 구체적인 변화를 생각해 볼 수 있을 것 같았다.

실무자들은 논의 끝에 부모들에게 '내가 생각하는 공동체성'과 '내가 생각하는 주체성'을 자신의 언어로 말해 달라고 요청해 보기로 했다. 그리고 이 과정에서 부모들과 똑같은 어린이뜨락의 구성원으로서 우리 실무자들이 생각하는 공동체성과 주체성을 먼저 이야기해 보자고 생각이 모아졌다. 우리의 이야기를 토대로 부모들이 내놓을 이야기의 내용과 방법을 유추해야 구체적인 지원 방법을 준비할 수 있을 것 같았다. 그리고 이 과정에서 실무자 A가 털어놓은 이야기는 논제의 핵심을 잡는 실마리가 되었다. 오랫동안 교회 공동체에서 생활해 온 실무자 A는 이제까지 자기가 가져왔던 공동체성의 개념이 혼란스러워졌다고 고백했다.

실무자 A 저는 어렸을 때부터 교회 공동체 속에서 자랐고, 또 지금까지 이렇게 오랜 시간 동안 공동체 안에서 살고 있잖아요. 저한테 공동체적인 삶이란 전체를 위해 나를 덜 드러내는 거였거든요? 가끔은 나를 죽이기도 해야 했고… 그런데 음… 공동체성과 주체성이 왜 함께 가야 하는가를 새롭게 생각해 보게 되었어요. 좀 혼란스럽기도 하고….

_ 2019년 10월 18일, 실무자 회의

실무자 A의 의문은 어린이뜨락이라는 공동체를 살아내면서 우리가 함께 고민하고 풀어내야 할 매우 중요한 지점이라는 생각이 들었다. 또한 우리의 공동체 생활이 왜 그렇게 어려웠는지 그 원인을 짐작해 볼 수 있는 단서가 되기도 했다. 공동체 생활이 어려운 이유는 주체성과 공동체성 사이에서 갈등하고 고민하며 균형을 찾아야 하기 때문이 아닐까? 실무자 A의 이야기를 들은 후 나는 주체성과 공동체성에 대한 부모들의 이야기를 모아 분석해 보는 작업이 필요하다고 생각했다.

실무자들은 부모들의 생각을 모아 보자며 색지 두 장에 주체성과 공동체성에 대한 자기 생각을 붙일 수 있는 메모판 두 개를 만들어 미술 영역 벽에 붙이고, 가까이에 포스트잇과 필기도구를 놓아두었다. 그리고는 실무자들이 먼저 솔선수범하여 붙이면서 한 달을 지켜보았다. 메모판은 육아정에서뿐만 아니라 집에서 적어와 붙인 메모들로 조금씩 채워졌다.

어린이뜨락 구성원들이 생각하는 주체성과 공동체성의 내용을 세심히 살펴보니, 구분된 두 가지 개념이 때로는 뒤섞여 그 안에서의 균형 잡기가 필요함을 알 수 있었다. 2019년 어린이뜨락의 목표처럼 '우리'를 추구하지만, 그 안에서 '나'와 '너'를 바로 세우기 위해 고민하고 있음이 엿보였다.

189~190쪽 표는 구성원들이 주체성과 공동체성이라는 두 가지 개념으로 나누어 붙인 메모의 내용을 주체성과 공동체성, 그리고 그 사이에서 균형 잡기라는 세 가지 범주로 나누어 정리한 것이다. 명확한 구분이 어렵지만 '내(나)'가 중심이 된 생각을 주체성에, '우리'가 중심이 된 생각을 공동체성에, 그리고 두 가지 개념이 공존하는 것을 균형 잡기 범주로 나누어 보았다.

공동체주의자들은 공동체 전체의 이상을 목표로 하는 '총체적 공동체주의'와 공동체 안에서 개별 구성원의 권리를 인정하며 공동체 미덕에 집중하는 '지역적 공동체주의'를 구분하며 고심한다. 지역적 공동체주의자들은 어떠한 거대 담론도 사회문제를 해결할 수 있는 궁극적인 답을 제시하지는 못한다고 주장한다. 공동체 구성원이 되는 것 자체가 선한 삶이 아니라, 공동체 생활을 통해 선한 삶에 좀 더 가까워질 수 있다는 것이다.[44]

이를 위해서는 공동체를 통해 공적 영역을 더욱 강화해야 하는데, 여기서의 '공적 영역'이란 구성원들이 공통 관심사나 이슈에 대해 논의하고 합의를 이끌어 낼 수 있는 공론의 장을 의미한다.[45] 따라서 각각의 개별 공동체가 그 안에서 공동체적 미덕과 민주적 덕성을 추구하기 위해서는 그 안에 존재하는 사람들이 전체와 개인

'사이'의 공간을 스스로 찾아 나가게 하는 작업이 필요하다. 이러한 작업이야말로 개인이 자신만의 울타리를 벗어나 다른 사람들과 함께 공동체를 만들어 가는 유용한 길이기 때문이다.[46]

이러한 의미에서 우리가 함께 고민한 내용을 가지고 맞이하는 가을·겨울 시즌의 첫 특별 프로그램인 부모교육은 어떠한 방법이어야 할지 큰 고민이었다. 부모교육이라고 해서 갑자기 뜬금없는 강론을 펼치는 것이 아니라, 생활 속에서 제기된 논제를 가지고 구성원들을 공론의 장에 초대하여 함께 토론하며 생각의 확장을 이끌어 낼 수 있다면 훨씬 큰 의미를 지닐 수 있을 것이다.

어린이뜨락 구성원들이 생각하는 주체성과 공동체성

내가 생각하는 주체성	• 개인의 역량, 가능성을 알고 능동적으로 수행하는 것 • 스스로 생각하는 것-주위에 휘둘리지 않고 • 내 삶의 주인은 나! • 내가 사랑하는 일을 하며 살아가는 것! • 주체성=자존감 • 어떠한 일에도 흔들리지 않는 마음가짐(누가 뭐라 하더라도) • 주변에 흔들릴 수는 있되, 꺾이지는 않는 것!! • 내가 할 수 있는 것을 스스로 찾아내는 것. • 내가 조금 더 하는 것 • 먼저 해 보는 것 • 주인의식을 가지고 적극적으로 참여하는 것 • 내가 뜨락의 주인이라는 생각을 가지고 뜨락에 자주 나오고 사랑하고 뜨락의 모든 것을 아끼면서 내가 지금 즐기는 것 이상으로 뜨락을 사랑하고 후대에도 전해질 수 있게 하는 것 • 내가 할 수 있다는 것에 즐거움을 느끼는! • 내가 불리고 있는 이름에 충실해지는 것. '엄마', '자기야' 그 이름에 걸맞게 삶에 충실해지는 것 • 오늘 하루를, 일주일을, 한 달을, 일 년을… 내 삶을 어떻게 살아갈 것인지 살펴보고 계획할 수 있는 힘 • 질문을 만들어 내는 것

주체성과 공동체성 사이에서 균형 잡기	• 자신의 자리에서 내가 할 수 있는 일을 찾아서 하는 것! 청소 시간에 ○○가 "청소기 소리가 너무 무서우니 문을 닫고 화장실 청소를 하겠다"라고 했다. 나를 지키면서 공동체에서 할 수 있는 일을 찾아서 하는 것이 주체성 아닐까? • 나만 편해도 너만 편해도 안 되는, 너도 편하고 나도 편해야 하는 곳 • 나의 사소한 말과 행동이 다른 구성원 누군가에게 미칠 긍정적/부정적 영향력을 생각해 보는 것. 내가 먼저 이 일을 하면/안 하면? 내가 조금 쉬운/어려운 일을 먼저 고르면? 내가 먼저 인사를 하면/안 하면? 내가 긍정적/부정적 반응을 보이면/안 보이면? • 나랑 너랑 우리가 함께하는 것, 곳, 여기… • 나와 남을 함께 사랑하는 것! 사랑하는 사람들을 위해 희생도 기꺼이! • 영향을 주고받는 관계 • 서로의 다름을 인정하며 서로 성장해 가기 위해 필요한 것 • 갈등이 성장의 기회가 될 수 있는 곳(성장의 발판으로 삼을 수 있는 곳) • 가끔은 불편한 일도 일어날 수 있는 곳 • 한 사람 한 사람 역량이 강화되는! 인재 발굴! • 누구를 위해서가 아닌 나 자신을 위해! 나를 포함한 우리를 위해! • 슬픈 일이 있을 때나 기쁜 일이 있을 때나 평범한 일상을 함께 나누고 싶은 것 • 기쁨과 슬픔을 공유하는 것 • 머리 '띵'한 일도 많은 곳. 사람이 많아서 여러 가지 힘든 일, 즐거운 일들이 일어나는 곳. • 이해와 배려 • 서로 이해하고 돕고 사랑하는 것 • 서로 아껴 주는 것 • 소통이 되는 호혜적 관계망
내가 생각하는 공동체성	• 나 자신만이 아닌 전체를 위해서 더 유익한 것을 선택하고 책임지는 것 • 동일한 방향으로 나아가는 무리(?) • 추억을 공유하는 것 • 함께 무엇인가 하고 싶은 것, 자꾸 생각나는 것 • 혼자가 아니라는 든든함. 울타리 • 있음으로 안정감을 느끼는 것 • 어린이뜨락에 대해 관심 가지고, 궁금해하고, 생각하는 것 • 공동체의 물건을 내 것처럼 아껴 쓰는 것

지역사회에서 이러한 작업을 해 줄 사람을 찾는 일 또한 실무자들의 큰 숙제였다. 어린이뜨락의 뒤에는 육아(교육) 및 공동체에 대한 전문성을 지원하는 대학의 연구자들이 있지만, 이론적 지식을 현장에서 실천적으로 풀어내는 작업은 참으로 녹록지 않다. 대학의 연구자들이 매번 프로그램을 진행하는 것도 어려운 일인 데다가 최고의 효과를 기대할 수 있는 것도 아니었다. 무엇보다 우리가 추구하는 사회적 가치에 동의하고 흐름에 맞는 메시지를 전달해 줄 수 있는 사람을 지역에서 찾는다면, 부모들에게는 지역사회의 다양한 사람들을 만나 식견을 넓히는 기회가 될 터였다. 이것이 가능하려면 실무자들이 지속적으로 지역사회와 상호작용하면서 사회적 네트워크를 구축해야 했다.

실무자들과 어린이뜨락을 지원하는 지역 대학의 교수는 함께 논의한 끝에 지역에서 공동체 전문가 A를 섭외했다. 그녀로 말하자면, 마을어린이도서관을 만들어 두 딸을 키우고 오랫동안 시민단체에서 활동하다가 개방형 공무원으로 발탁되어 관 차원에서 공동체 정책 관련 일을 하고 있는 사람이었다. 실무자들은 그녀와 미리 접촉하여 이제까지 어린이뜨락에서 일어난 일들을 설명하고, 부모들이 고민한 공동체성과 주체성에 관한 생각들도 미리 보내 두었다.

부모교육에서 공동체 전문가 A는 이제까지 수년 동안 공동체 활동을 하면서 자신이 가져왔던 아주 원초적인 고민을 부모들에게 들려주었는데, 그것은 '나는 왜 이 일을 했는가?'였다. 사적으로 사람들을 만나 이야기할 때나 공식적인 인터뷰 자리에서 자주 받는 질문이었지만, 그저 내 아이를 잘 키우고 싶은 '엄마의 본능'이라고 표현했을 뿐 명쾌한 답변이 쉽게 나오지 않았단다. 그런데 세월이 흐른 뒤 한발 물러서서 아이 엄마로 살던 자신의 삶을 사회 구조 안에서 다시 들여다보니, '우리 사회는 아이들이 순수하게 아이 대 아이로 만나 친구가 되기 어려울 정도로 굉장히 치밀하게 관계를 끊어 놓고 그 안에서 앓고 있는 형국'임을 깨달았다고 한다. 당시에는 인지하지 못했지만 그런 사회에서 '뛰어나지 않은 아이'를 키우며 불안을 누르며 살아야 했는데, 그럼에도 불구하고 그녀는 삶의 질을 포기하고 싶지 않았단다. 그래서 위기가 올 때마다 '내 아이 옆에 마음 편히 이야기할 수 있는 친구가 끝까지 있었으면 좋겠다'는 생각을 놓지 않았다고 했다.

> 공동체 전문가 A '내 아이 옆에 있는 아이는 경쟁자다'라는 생각이 저라고 왜 안 들었겠습니까. (그런 생각이) 들어올 때마다 '그렇지 않지. 내 아이와 같이 놀아 준 이 아이들이 끝까지 (함께) 있었으면 좋겠다.' 이거를 거꾸로 뒤집어 보면 '내 아이 옆에 놀고 있는 아이가 우리 아이와 같은 생각을 하면 더 좋겠다'인 거잖아요. (…) 그러면 그건 어떻게 만들어요? 이 아이를 중심으로 이 아이들을 돌보고 있는 나와 B의 엄마, C의 엄마가 '내 아이'가 아니라 '우리 아이들'을 어떻게 키우고 어떻게 바라봐 주고 어떤 관계를 형성해 줄 때 이 아이들의 삶의 질이 높아질까를 이야기하고, 공통으로 무엇인가 결정 내려 보고, 그걸 한번 해 보고, 안 되면 다시 이야기해 보고, 또 결정 내려 보고, 또

해 보고 하는 것들이겠죠. 아이들이 같이 자랄 수 있는 데 필요한 최소한의 가치를 함께 이야기해 보는 거, 이게 공동체죠. (…) 제가 철학을 (획일적으로) 맞추는 거로 표현하지 않았어요. 끊임없이 그 철학을 이야기해 보는 거. 그리고 거기서 그것들을 실제로 한번 해 보는 거. 나는 이 지점이 되게 중요하다고 생각하는데, (…) 이야기하는 건 사실 대단히 쉬워요. (…) 중요한 거는 내가 우리 아이들을 중심으로 해서 삶의 질을 담보로 잡히지 않으려는 거예요. (…) 그래서 같이 이 이야기를 해 보고, 이것들이 되는지 안 되는지 한번 해 보는 거. 해 보면서 (우리 안의 불안들을) 누르고 그것들이 우리 아이들한테 흘러 들어가지 않게 하는 거. 이게 공동체 테두리죠.

_ 2019년 10월 31일, 부모교육

공동체 전문가 A는 구성원들이 생각하는 사회적 가치를 함께 이야기해 보고 그 가치와 철학을 실제로 적용해 보는 것은 삶의 질을 지켜 내기 위한 중요한 작업이라고 강조했는데, 그녀의 역설은 소셜페다고지의 논점과도 맥을 같이했다. 소셜페다고지의 궁극적 목표는 사람들에게 사회에 참여하여 주변 사람들과 자신의 언어로 이야기할 수 있는 기회를 제공하여 스스로 변화를 만들어 낼 수 있다는 신념을 가지게 하는 것이다. 그래서 자신의 삶을 넘어 사람들과 함께 살고 있는 더욱 넓은 사회로까지 시야를 확장하고 영향을 미치게 하는 것이다.[47]

'부모교육' 진행 모습

부모교육에서 그녀의 일방향 강의는 50여 분 정도로 짧게 마치고, 이후에는 지난 한 달 동안 부모들이 메모판에 붙이며 고민해 온 공동체성과 주체성에 대해 함께 이야기해 보기로 했다. 자기 생각을 메모로 써 붙이면서, 강의를 들으면서, 혹은 어린이뜨락에 와서 생활하면서 어떤 생각을 하게 되었는지 나누고 전문가가 그에 대한 코멘트를 하며 함께 이야기를 확장시키는 방식이었다.

때로 눈물까지 찍어 내며 허심탄회하게 진행된 자리에서 부모 H는 20년 전 공동체 전문가 A가 아이를 키우며 느꼈다는 감정이 자신과 많이 닮아 있다며 본인의 이야기를 꺼내 놓았다. 첫째 아이를 낳고 아이와 나이가 같다는 이유로 육아모임이 형성되었고, 아이를 위해서라기보다 자신이 너무 외롭고 힘들어서 많은 교류를 했었단다. 그런데 공동체 안에서 내 아이가 다른 아이와 비교됐을 때 오는 불안감과 좌절감이 공동체 안으로 들어가기 어려운 이유가 되었다고 고백했다. 이 말에 공동체 전문가 A는 공동체 안에서 다시 태어나기 위해서는 이제까지와는 다른 새로운 내가 되어야 한다고 조언해 주었다.

> 부모 H 공동체가 편안해지려면 내가 발가벗겨져도 괜찮아졌을 때인 거 같거든요. 그런데 그러기는 굉장히 쉽지 않은 거 같고⋯ 그래서 이 주제가 딱 던져졌을 때, 그냥 나는 시골에서 이렇게 다 어우러져서 자랐기 때문에⋯ 이미 내 안에 공동체성이 굉장히 강하고 그거에 대해서 의심을 해 본 적이 없었는데, 이 주제에 대해 다시 생각해 보니 그 공동

체 안으로 들어가서 이렇게 무리 없이 되려면 어느 정도의 겸손함, 어느 정도의 이해심, 거기다가 적극성까지 있어야 할 거 같은데… 그러니까 저 혼자로 살아갔을 때는 사실 발가벗지 않아도 그 공동체 안에서 무리 없이 이렇게 됐는데 아이를 키우다 보면 감정도 되게 적나라해지고… 쉽게 잘되지 않는 그런 듯한 느낌이에요.

공동체 전문가 A (…) 금방 겸손함 이런 거 얘기하셨는데 (…) (이제부터는) 아주 다른 나를 만나는 거예요. 사람이 사실, 관계 속에서 내가 나오는 거잖아요. 되게 다른 관계가 될 거 같거든요? 엄청나게 질적 변화가 있는 관계예요. (…) 지금까지 살아왔던 것과 굉장히 다른 변화인데, 우리는 오히려 여기서 나를 처음부터 다시 내가 어떤 사람인가를 보려 하기보다 그전의 나를 계속 연장선에다가 넣고 있으니까 내가 나를 괴롭히는 일들이 훨씬 많아지는 거 같아요. 그러니까 겸손함이 없다거나 그런 것이 아니라 이제부터의 나는 어떤 사람인지가 다시 나타나는 거예요. 그런데 그렇게 보지 않고 내가 여태껏 살아왔던 나로서만 자꾸 보게 되니까 어렵지 않나… 혼자로 살았을 때 이렇게 공부하는데 (아이가) 와서 안기고 방해하고… 이런 걸 어디서 겪어요, 여기 와서 겪는 거잖아요. 그럼 지금 이런 것들을 겪을 때 나타나는 내 반응을 보고 '아, 나는 이런 사람이었구나'라는 걸 이제 알게 되는 거잖아요. 진즉에 알았다는 게 말이 안 되는 거 아닌가요? (웃음) 이제부터 알게 되는 게 나는 굉장히 많을 거다, 그러면 어떤 나로 살 것인지 이제부터 고민하는 거다. 그런데 그전에 있었던 나를 가지고 와서 고민하면 자기한테 자기가 속는 거다, 이렇게.

_ 2019년 10월 31일, 부모교육

'우리 아이들'로 같이 키우기로 했지만 그 안에서 '내 아이'가 보이고, 함께하는 '우리'로 만났지만 그 안에서 발가벗겨지는 '나'에 대해 불편함을 느끼며 고민하는 것도 결국은 공동체 안에서의 균형을 잡아 가는 과정이다. 나 역시도 공동체 안에서 적나라해지는 내 감정을 경험하면서 공동체에 대한 고민을 시작하게 되었고, '우리'와 '나' 사이에서 흔들리는 스스로를 들여다보고 성찰하며 조금씩 깨닫고 있다.

존 듀이John Dewey, 1859~1952는 경험을 통한 배움을 이야기할 때 성찰의 개념을 특히 강조하는데, 그에 따르면 우리는 경험에서 배우는 것이 아니라 '경험에 대한 성찰'로 배우는 것이다. 많은 소셜페다고지 연구자들 역시 소셜페다고지의 실천 매뉴얼을 제시하는 대신 '지속적인 성찰'을 강조한다. 소셜페다고지의 실천적 행동은 소셜페다고지 사고의 결과이며, 소셜페다고지 사고의 중심에는 성찰이 있다.

사람들은 심리적으로 불편한 사건이 닥친 당시에는 제대로 성찰하기 어려운 불안하고 혼란스러운 정서 상태를 경험하기 마련이다. 하지만 불안정한 정서와 합리적인 사고는 충분히 양립할 수 있으며 반드시 그럴 필요가 있다. 그러므로 성찰과 균형은 공동체 구성원 모두에게 요구되는 가장 중요한 역량이다.

풀어야 할 공동체의 딜레마
: 관계가 간과된 겉치레 공동체

부모들이 녹취록 공유를 요청할 만큼 큰 울림을 주었던 부모교육을 진행해 준 공동체 전문가 A를 나는 2015년에 처음 만났다. 2014년 '놀이터뜨樂' 구성원들이 흩어지고 내가 이 공동체를 지켜보겠다고 놀이 프로그램에 식사까지 제공하며 이리 뛰고 저리 뛰어다닐 때 그녀는 대전의 좋은마을만들기 사업을 주관하는 기관의 장이었다. 그 당시 나는 공동체가 무엇인지 몰랐고, 돌이켜 보면 깊이 생각해 보지도 않았던 것 같다. 공동체라는 이름뿐인 명분에 위안 삼으며 '소비자'들에게 다 내어주면 되는 줄 알았던 시절, 그녀는 내게 이렇게 말했었다. "차 선생, 그러면 안 돼. 공동체는 그렇게 일방적인 게 아니야. 지금 뭔가 크게 잘못하고 있는 거야. 내가 이 말을 꼭 해 주고 싶었어." 나는 그때 그녀의 말이 무슨 뜻인지 몰랐다. 오히려 열심히 하려는 사람에게 상처 주는 말이라고 생각하며 내심 서운했던 기억이 있다. 그런데 몇 년간의 좌충우돌 시간을 보내고 난 지금 나는 그녀의 조언이 무슨 의미였는지 아주 잘 알겠다. 그리고 이제 다시는 과거의 그때로 돌아가고 싶지 않다. 공동체란 모름지기 구성원 각각이 스스로 서야 서로를 살릴 수 있음을 아주 절실히 깨달았기 때문이다.

어린이뜨락에서 부모교육을 마치기 전 공동체 전문가 A는 부모들에게 아래와 같은 질문을 하나 던졌다. 공동체 안에서의 관계적 균형에 대한 생각을 스스로 구체화해 볼 수 있는 의미심장한 물음이었다.

공동체 전문가 A 질문 하나, 이 공간은 누구 거예요?

부모 E 전 저희 거 같아요. 아이들 것이기는 하지만 또 제 거 같기도 해요.

공동체 전문가 A 이걸 유지하기 위해서 선생님은 뭘 내어놨어요?

부모 E 음… 뭘 내어놓지는 않은 거 같은데… 받기만 한 거 같아요.

공동체 전문가 A 공동체를 이루는 건 되게 어려워요. 무너지는 건 엄청 쉽거든요. 그것의 가장 큰 주범은 무임승차예요… 사실 지금 우리가 왜 이렇게 울면서 얘기하느냐면 마음 놓고 애를 키우지 못해요, 우리 사회가. 애를 키우는 내내 가슴 졸이면서 키워요. 그래서 한편에는 나도 모르게 굉장히 많은 질투심과 시기심도 없지 않아 있거든요. 그거를 내려놓고 무너뜨리고 이 부분을 작게 해 가는 거죠, 사실. 이거를 조그맣게 해 놓고 '괜찮아'라고 안심시켜 놓은 것들이 이렇게 커지고 또 작아지는 것뿐이거든요. 그런데 그렇게 공동체를 하다가 무임승차하는 사람이 딱 오면 이 마음이 아주 간단히 다시 살아나요. 아까 마음이 고단하다고 하셨지만, 사실은 공동체 하는 데 실제로 고단한 건 몸이에요. 안 해도 되는 노동을 해야 하니까. 그런데 그거를 기꺼이 하셔야 해요. 그렇지 않으면 공동체는 존재할 수도 없고 실제로 무임승차가 있으면 있을수록 무너지게 되어 있어요. 이 공간이 없어진다고 할 때 나는 무엇을 잃게 되는가, 라는 걸 계산해 보면 이 공간을 유지하기 위해 나는 어떻게 해야 하는가, 라는 생각을 게을리할 수 없을 거예요. (…) 그런데 무엇인가 이 공동체를 유지하기 위해서 내가 내어놓는 것이 같을 필요는 없어요. (…) 미안함을 갖고 있으면 좀 사람이 주눅 들게 되거든요. 그걸 돈으로 내어놓아도 괜찮아요. 내가 돈은 없어, 그러면 시간을 내어놓으면 괜찮아요. (…) 아까 그런 얘기도 하셨지만, 우리 애가 공격적이면 다른 애를 더 많이 봐주세요. 엄마들 입을 닫는 거지. (웃음) 이 공동체를 유지하는 데 사실 중요한 건 내가 무임승차하지 않는 거예요. 그래야 그다음에 오시는 분들도 무임승차하지 않는다….

_ 2019년 10월 31일, 부모교육

소셜페다고지가 강조하듯 진정한 관계는 독립과 상호의존성이 변증법적으로 연결되어야만 가능하다. 이것이야말로 주체성과 공동체성, '나'와 '우리' 사이에서 균형을 잡는 일이다. 사람들은 모두 유기적으로 연결되어 있기 때문에 다른 사람에게 의존하는 것은 불가피하지만 독립은 호혜적인 관계의 기초가 된다.[48] 따라서 부모들이 무임승차하지 않아야 하는 것만큼 소셜페다고그들은 그들이 무임승차하지 않도록 돕는 것이 중요하다. 개인과 공동체의 역량이란 자신과 관련된 여러 가지 결정에 적극적으로 관여하면서 스스로 잠재력을 깨닫고 나와 주변 환경을 변화시키려는 노력을 기꺼이 해내려는 태도에서 비롯되기 때문이다. 소셜페다고그의 역할은 사람들의 재능, 기여, 노력 등을 자원 삼아 개인적이고 사회적 수준에서 삶의 질이 변화될 수 있도록 돕는 것이다.

나는 적지 않은 사람들이 관계의 중요성을 간과한 채 공동체를 '이용하는' 사람들의 숫자로 공동체의 활성화 수준을 이해하고 있음을 경험한다. 육아정 공간 이용 문의는 이와 관련된 딜레마가 가장 잘 드러나는 사례다. 어린이뜨락의 초기 모습이 그렇듯 품앗이육아 모임은 늘 공간이 문제다. 돌아가며 집에서 모이는 것도 부담이 되기 때문에 모두가 편안하게 사용할 수 있는 제3의 공간을 필요로 한다. 육아정은 놀이 공간, 낮잠방, 주방, 유아 화장실 등이 잘 갖추어 있다 보니 공간을 이용하고 싶어 하는 사람들의 문의가 끊이질 않는다. 마을공동체 간의 네트워크 및 협력을 담당하는 주민자치조직 활동가나 민과 관 사이를 연결하는 역할을 담당하는 중간지원가조차도 그들의 부탁을 받고 공간 대여를 권고한다. 하지만 '공동체'라는 이름뿐인 명목으로 공간을 내어주기 어려운 데는 다음과 같은 이유가 있다.

지역 교수   여기는 열린 공간이기는 한데 그렇다고 해서… 음 저희가 이 공간을 만든 이유는 그야말로 공동체를 만들고 싶은 거죠. 그래서 단순히 이용자 개념은 아니었으면 좋겠다… 여기의 운영과 지속가능성을 함께 책임진다는 게 무슨 의미인가 거기에 동의를 해야 되는 거지, 그냥 뭐 저기 공간 좀 쓰고 싶은데? 돈 좀 낼 테니까 여기 쓸 수 있는 거 아니야? 이런 식의 발상이나 접근은 아니었으면 좋겠다는 거 하나하고, 그런 의미에서… 그분들이 저희와 얼마든지 공동체를 같이 꾸릴 생각이 있으시다, 공동육아를 하고 계시는데 그거를 여기서 함께 하고 싶으시다, 그러면 환영이지요. 그런데 (…) 공간만 쓸게, 이렇게 된다면 우리는 그런 식의 네트워크는 어렵겠다, 그런 말씀을 드리고 싶어요. 어쨌든 우리가 관계를 맺은 다음에 그 이야기가 가능해지는 거죠. 왜냐하면… 여기(육아정)에 오는 부모들이라고 해서 다 공동체적 마인드를 가지고 오는 건 아니에요. 그래서 여기 있는 (실무자)분들이 엄마들과 계속 지지고 볶으면서 이 엄마들의 공동체성을 키우기 위해서 굉장히 애를 많이 쓰시고 어떤 의미에서 굉장히 많이 소진되고 계신 거예요. 그런데 그 외에 다른 사람이 와서… 니들이 씨앗 좀 뿌려 줘야 하는 거 아냐? 하는 거에 대해서 제가 이 (실무자)분들에게 그것도 해 주세요, 하고 이야기하기엔 저는 좀 어렵다… 왜냐하면 말씀하신 대로 씨앗을 뿌리는 것도 중요하지만 우리 안에 활동가들이 소진되지 않

는 것도 저는 굉장히 중요한 문제라고 생각해요. 그런 의미
에서 지금은 저희는 일단 지금 협동조합에 들어와 있는 엄
마들… 지금 이 일 년짜리 성장 프로그램을 마련한 것도
이분들에게 공동체성을 넣어 주기 위해서, 이 사람들이 이
안에서 주체로 설 수 있도록 키우기 위한 노력인 거고…
그래서 그 엄마들이 우리는 일주일 내내 열겠습니다, 한다
면 일주일 내내 여는 거는 아무 문제가 없죠. 우리는 다른
사람들도 받아야 되겠습니다, 한다면 저희가 더 바라는 거
고요. 그런데 지금으로선 저희는 그렇게 공간만 쓰겠습니
다, 하는 분들에게 내어드릴 여력은….

_ 2019년 9월 3일, 중구넷 방문 회의

육아정 공간 이용 문의에 대한 이런 식의 대응 때문인 걸까? 발
원지는 알 수 없지만, 훗날 어린이뜨락에 대한 부정적인 말들이 여
러 통로로 들려왔다. '끼리끼리만 논다', '어린이뜨락의 공동체성에
대해서 생각해 봐라'는 말들이었다. 미안함과 부당함, 죄책감과 억울
함 사이의 어딘가에서 감정이 혼란스럽게 뒤죽박죽되었지만 나 자
신과 우리의 정체성을 지켜 내는 일은 중요한 기준이었다. 부모들에
게 협동조합, 공동체를 먼저 강요하지 않고 다양한 프로그램을 마련
하면서 그들의 요구를 수용하고 즐거운 경험이 되도록 했던 것처럼
실무자들이 혼돈 영역Panic zone으로 밀려나지 않기 위한 기준도 필
요했던 것이다. 당시에 하고 있던 업무만으로도 실무자들은 충분히
힘겨운 상태였던 터라 외부 사람들의 공간 이용까지 관리할 만한 여

력이 부족했다. 그리고 무엇보다 관계가 무시된 공간 대여는 업무 과부하를 감수하고라도 감당해야 할 만큼 공동체 활성화를 위한 이유로 납득되지 못했다. 이러한 결정 역시 소셜페다고그로서의 판단이었다.

2019년 2월 어린이뜨락이 반복되는 위기에 처해 있을 때 돌파구를 찾고자 시민 공유공간 지원 사업에 응모한 적이 있었다. 공터로 존재하는 실외마당을 흥미로운 놀이터로 만들고자 했다. 이를 위한 대면 심사에서 심사위원들은 몇 사람이나 오는지, 중구에 속해 있는 동洞들에서 오는 이용자는 몇 사람이나 되는지 등을 물었다. 결과는 탈락이었고 어린이뜨락이 최하점을 받았다는 이야기를 전해 들었다. 아무에게나 열려 있는 공간으로 이용자가 많으면 구성원들의 참여 형태나 태도, 그리고 관계의 질 등은 크게 상관하지 않아도 되는 걸까? 만약 육아정 어린이뜨락이 민民 중심의 협동조합이 아니라 완전히 공적 자금으로 운영된다면 공간 대여 문제는 어렵지 않게 해결될 수 있을까? 공동체 형성을 위해 공적 자본이 의미 있게 사용되려면 어떤 기준을 적용해야 하는 걸까? 공동체 형성을 위한 '의미 있는' 자본 사용이란 과연 무엇일까?

사회적 네트워크란 공간이나 프로그램을 공유하는 것이 아니다. 관계를 통해 삶의 경험이 확장되는 과정에서 배움과 성장의 기회를 얻는 것이다. 여기서의 배움과 성장은 사회적 차원으로까지 확장하여 이해되어야 한다. 즉, 개인의 변화를 통해 사회의 변화를 꾀하는 것이다. 개인 스스로 자신의 삶을 바람직한 방향으로 변화시킬 수 있는 사회적 주체로 세워 내는 것이야말로 우리 사회에 필요한 소셜페다고지의 중요한 목표이다.

지역사회가 참여하는 돌봄 공동체 조성 및 활성화를 목적으로 한다는 공동육아나눔터나 열린육아방 등의 관 조직 기관들도 이 문제에 대한 더욱 심도 있는 질적 고민이 필요하지 않을까 생각한다. 소셜페다고지가 강조하듯 관계가 무시된 일시적 전략의 돌봄 복지는 개인과 사회의 궁극적인 변화를 기대하기 어렵다. 개인과 사회의 중간 어디쯤에서 배움의 기회를 지속적으로 제공하여 개인과 사회가 함께 변화할 수 있는 방법을 모색해야 한다. 관계는 실천의 내용과 방향을 결정하는 기초가 되어야 한다.[49]

성장과 변화에 따른 주체의 전이
: 부모들을 공동체 주역으로 세우기

부모교육은 가을·겨울 시즌의 첫 번째 주제 '퇴비 주기(돌봄)'에 해당하는 특별 프로그램이었다. 이어지는 '수확하기(연결)' 특별 프로그램은 어린이뜨락에서의 한 해 살이를 돌아보는 평가의 시간이다. 이 행사를 위해 초대된 지역의 공동체 전문가 B는 과거 공동육아로 자녀를 키우다가 자연스럽게 마을활동에 발을 들이게 되어, 현재는 사회적협동조합 대표로 다양한 (마을)공동체를 위한 퍼실리테이터로 일하고 있었다. 이번에도 실무자들은 사전에 그녀와 만나 이제까지 육아정에서 부모들과 함께 나눈 이야기 내용을 전달하고 부모들이 스스로 성찰하고 평가하며 미래를 생각해 보게 해 달라고 부탁했다. 그리고 구성원들에게는 '어린이뜨락을 통해 기뻤던/행복했던 순간'에 대한 글과 사진을 부탁하여 벽에 붙이고 공유했다.

2019년 봄부터 어린이뜨락에서 만난 다양한 사람들과의 관계 위에 매달 특별 프로그램을 통해 차곡차곡 쌓인 메시지들로 부모들의 공동체에 대한 생각은 서서히 변화해 갔다. 부모들과 공동체에 대한 이야기를 이어 가려는 노력은 한 해 살이 평가에서도 계속되었다. 그리고 이 시간은 무엇보다 부모들이 어린이뜨락을 위해 '내가 할 수 있는 일'을 사소하지만 구체적으로 생각해 보고 함께 이야기해 보았다는 데서 큰 의미를 찾을 수 있었다.

부모 A 지난달에 공동체 전문가 A 선생님이 오셔서 우리가 뜨락을 위해서 함께 할 수 있는 일이 뭐가 있나, 생각해 보라고 하셨었거든요. 그때는 아무리 생각해도 '내가 뭘 할 수 있지?' 했었는데 그때 선생님께서 팁을 주신 게… "할 수 있는 게 없다면 그냥 시간이라도 들여라." 이렇게 얘기를 했던 게 기억이 났어요. 그러면 시간을 투자하자… 그래서 꾸준한 출석이랑… (…) 청소라도 열심히 하자. (…) 앞으로도 또 할 수 있는 일을 찾아보도록 하겠습니다. (박수)

부모 I 저는 제가 할 수 있는 게 없어서… 제가 딱히 잘하는 거는 없는데 제가 음악을 전공해서 혹시나 (…) 뭐 오카리나라든지 배우시고 싶으시면 (수업이) 가능해서… 뭐 그런 부분?

부모 F 음 (…) 바깥 활동들에 대한 얘기가 많아서 제가 모임을 한번 주최해 볼까. (박수) 바깥놀이든지… 그런데 워낙 지금 겨울이기도 하고 미세먼지도 그렇고 해서 일단 안 되면 저희 집이라도 초대를 해서 놀겠습니다. (박수)

부모 B 저는 꾸준한 연락? 뭐 제가 먼저 일주일에 한 번이라도 '잘 지내세요?'라고 물어보면 관계가 지속되지 않을까 싶었고. 이제 곧 뜨락의 공식적인 활동이 끝나서… (…) 그래도 저희끼리 또 모일 생각이 있어서 일주일에 한 번 정도는 제가 뭐 잘하지는 못할지라도 엄마표 수업 같은 거를 하면 그래도….

_ 2019년 12월 12일, 한 해 살이 평가

오랜 시간을 함께 답답해하며 고민하고 이야기한 끝에 우리는 주체성과 공동체성은 결국 삶이고 생활임을 깨닫고 있었다. 아주 작고 소소한 것에서 시작되고 그런 것들을 통해 완성되는 것이리라. 힘 없는 사람들이 모여 만든 별 볼 일 없어 보이는 공동체가 개인과 집단을 변화시키고 더 나아가 사회를 변화시킬 수 있다는 것도 어쩌면 별거 아닌 작디작은 시도와 노력으로 이루어지는 일인 것이다.

공동체 전문가 B 여러분이 뜨락에서 배운 것을 뜨락에 혹시라도 나오지 않게 되더라도 동네에서 비슷한 엄마들끼리 삼삼오오 해서 하실 수 있어요. 왜냐하면 그 힘을 여기서 얻었잖아요? 뜨락이 그런 엄마들을 배출해 주면 동네 가서 3명, 4명, 5명이 해 주고. (…) 그리고 그분들과 여기를 연계하면 되잖아요. 그러면 뜨락도 같이 성장하는 거예요. 뜨락은 지금 이런 활동을 하지만 곳곳에서 공동육아 하는 사람들을 연결해 주는 플랫폼 역할을 할 수도 있다는 생각이 들거든요. 왜냐하면 뜨락은 굉장히 많은 걸 갖고 있어요. 자원을 연결해 줄 수 있고 이런 쪽 배움도 왜 이게 의미가 있는지, 그 이후에 어떻게 하면 더 좋을지에 대한 다양한 가능성을 제안해 줄 힘을 갖고 있거든요. 여러분이 실제로 아까 일상에서 내가 할 수 있는 것도 얘기하셨잖아요… 내가 일상에서 만나는 사람들과 그 일을 하면 (…) 여러분이 퍼실리테이터가 되는 거예요.

_ 2019년 12월 12일, 한 해 살이 평가

여러 사람과 만나 이야기를 나누다 보면 집단지성의 힘이 생긴다. 오랜 공동체 경험에서 우러나오는 공동체 전문가 B의 제안을 곱씹으며 정말 동네마다 마을마다 이런 육아정이 자리 잡으면 좋겠다는 생각이 들었다. 이러한 생각은 8월 '아주심기(친밀)'의 특별 프로그램이었던 토크콘서트에 초대된 선배 부모 B의 이야기를 통해서도 전해졌었다. 그녀는 "부모들이 주체적으로 맥을 잇다 보면 선배 엄마가 있고 후배 엄마가 있고, 또 아이들끼리 모일 수도 있고 그 아이들이 다시 동생들을 봐줄 수도 있고… 이렇게 공동체적인 것들이 끊이지 않으면 아주 크고 단단한 공동체가 되지 않겠느냐"(2019년 8월 28일, 토크콘서트)면서 우리가 각자의 자리에서 할 수 있는 지속가능성을 위한 일들을 고민해 달라고 당부했었다.

이를 위해서는 육아공동체, 돌봄공동체를 지원하는 돌봄 복지기관 내에 함께 배우고 성장하려는 페다고지 요소가 지배 문화로 깔려 있어야 한다. 소셜페다고그가 적용한 페다고지 의도를 통해 성장하고 변화된 사람들이 육아정 바깥으로 나가서 또 다른 개인 및 공동체와 연결되어 성장과 변화를 일으킬 수 있다면 관계가 중심이 된 사회육아가 가능해질 것이다. 치열한 고민과 사람들과 함께 나누

'한 해 살이 평가' 활동 모습

아이를 함께 키울 온 마을은 어떻게 만들어야 할까?

는 이야기를 통해 (육아)공동체에 대한 막연했던 그림이 조금씩 윤곽을 드러내는 느낌이 들었다.

가을·겨울 시즌이 중반을 넘어서면서 육아정의 분위기는 한결 달라졌다. 무엇보다 고무적인 것은 작은 일 하나도 서로 도움을 구하고 함께 해결하려는 태도가 보인다는 것이었다. 토크콘서트 이후 공동체에 대하여 본격적으로 고민하기 시작한 부모들은 하나둘 자신이 뜨락에서 할 수 있는 일들을 스스로 제안하여 진행했다. 평소 이것저것 손으로 만드는 일을 좋아하는 한 사람은 풍선공예와 케이크토퍼를 부모들에게 가르쳐 주며 함께 만들었고, 시민대학에서 책놀이를 공부한 다른 이는 뜨락 아이들과 함께 그림책을 읽고 놀이 활동을 진행했다. 다른 부모들은 이러한 활동을 개인에게 그냥 맡겨 두는 것이 아니라 전체 구성원 단체 카카오톡 방에서 소통하며 필요한 준비물들을 같이 마련했다.

12월 주제 '갈무리하기(성장, 또 다른 성장)'의 특별 프로그램인 마지막 잔치는 모두가 둘러앉은 간식 시간에 함께 아이디어를 내며 기획했다. 크리스마스 케이크 꾸미기를 시작으로 다 함께 캐럴 부르기, 산타할아버지 방문으로 오전 일정이 세워졌다. 포틀럭 파티로 점심식사를 한 후에는 부모들의 OHP 인형극 상영, 그리고 이날의 하이라이트인 마니또 선물교환식을 진행하기로 했다. 세부 계획이 세워지자 부모들은 부모대표를 중심으로 척척 역할을 분담했는데, 실무자들이 준비해서 부모들을 맞았던 상반기에 비하면 눈에 띄는 변화였다. 특히 OHP 인형극을 위해서 부모들은 틈틈이 낮잠방에 들어가 필름 인형 조작과 대사를 연습했다. 실무자 B는 "와… 아까 이 모습 보고 진짜 와… 경건하다… ㅋㅋㅋㅋ 너무 멋졌어요!!!"라는 글과 함께 연습 장면 동영상을 단체 카카오톡 방에 공유하기도 했다.

한편, 실무자들은 어떻게 하면 마지막 잔치가 의미 있는 마무리 행사가 될 수 있을지 지속적으로 고민해야 했다. 논의 끝에 일 년 동안 일어난 성장과 변화를 자신의 언어로 이야기하는 시간을 마련하기로 했다. 그리고 부모들에게 어린이뜨락 공동체에서 생활하며 자신이 공동체 안에서 성장한/(긍정적으로) 변화한 이야기를 들려달라고 요청했다. 공동체를 통해 이제까지 하지 못했던 것을 할 수 있게 되고, 알지 못했던 것을 알게 되고, 생각하지 못했던 것을 깨닫게 된 바를 누구의 엄마로서가 아니라 원래 나였던 자신에 대해 말하도록 부탁한 것이다.

어린이뜨락에서의 지난 시간을 돌아보고 스스로 배우고 성장한 것을 자신의 언어로 말하는 행위는 부모들에게만 한정된 것은 아니었다. 실무자들도 똑같이 어린이뜨락의 구성원으로 자신의 성장에 대해서 말하도록 했는데, 나는 최전선에 서서 가장 먼저 한 해의 시간을 다음과 같이 돌아보았다.

> 나 올해 어린이뜨락을 하면서 '어린이뜨락 안에서의 나의 정체성은 뭘까?' 생각을 해 봤어요. 저는 대학에도 소속이 돼 있으면서 대안교육연구소에 있는 연구자로서의 차상진도 있고 대안교육센터에 있는 실천가로서의 차상진도 있는데 그 두 개 사이에서 나는 어떤 역할에 비중을 더 두어야 하냐는 고민을 되게 많이 했던 거 같아요. 이제까지 나는

12월 마지막 '잔치' 중 부모들의 OHP 동화 구연 모습

실천가로서의 어떤 역할을 했나 생각을 해 보니 그냥 엄마들한테, 부모들한테 '너네들이 해 봐. 이렇게 지원을 다 해 주는데 이것도 못 해?' 이런 생각이었다는 반성이 들었어요. 그런데 이제 2019년도 재도약 프로젝트를 (진행)하며 내가 뭔가 크게 잘못 생각했구나 싶었고 어떻게 부모들 안에 숨어 있는 주체성과 자발성을 끌어낼 수 있을까에 대해 고민을 많이 하고 준비를 했어요. 연구자로서 실천에 대해서 고민을 하고 실천가로서는 실천 안에 이론을 어떻게 적용할까 고민을 되게 많이 했던 거 같아요. 그래서 연구자로서나 실천가로서 어린이뜨락 안에서 제가 많이 성장했음을 느낍니다.

_ 2019년 12월 19일, 잔치 중 나의 성장 이야기하기

부모들은 공동체 안에서 다른 사람들을 보면서 자극받고 배우고 성장하며 변화되어 갔다고 이야기했는데, 앞서 언급했듯이 그럴 수 있었던 데에는 부모대표의 역할이 컸다. 여기서 우리가 주목해야 할 것은 부모대표들 역시 처음부터 공동체에 대한 열정이 있거나 적극적인 사람이 아니었다는 점이다. 소셜페다고그로서 실무자들이 제공한 도전의 기회, 그리고 그 과정에서 두 명의 부모대표가 함께 만들어 낸 협력적 관계가 두 사람 모두에게 시너지를 일으킨 것이다.

부모 A (⋯) 저는 원래 대표를 할 수 없는 사람이에요⋯ 그냥 뒤에서 이렇게 도와주는 거를 즐겨 하지 제가 뭔가 이

렇게 나서서 하는 것들을 많이 어려워하는 스타일인데, (…) 뜨락에서 어쨌든 부모대표로 부모 B와 같이 일을 하면서 정말 많이 성장한 저를 보게 되었어요. 그러니까 '나는 절대 저런 일은 할 수 없어.' 하고 선을 그어 놨던 그것들을 넘어서 한 걸음 한 걸음 산을 넘고 있는 저를 발견했던 거 같아요. 그래서 할 수 없었던 사람이지만 (…) 지지해 주시고 막 격려해 주시고 '할 수 있다' 해 주시니까 그렇게 넘은 거 같아요. 제가 그어 놨던 그 선들도 누군가가 이렇게 함께하면 내가 하나하나 뛰어넘을 수 있겠다는 생각이 더 많이 들었던 저였어요. 그래서 책임감이라든지 아니면 이렇게 좋은 사람들과 함께하는 거에 대해서 공동체에 대한 믿음이 제 안에 정말 많이 자란 거 같아요.

부모 B (…) 저는 좀 소극적이었던 사람이었다면 부모대표를 하면서 좀 주체적인 사람으로 성장할 수 있었던 거 같습니다. 저를 믿고 이렇게 이끌어 주셨던 선생님들이랑 부모 A 언니한테 감사해요. 실패해도 괜찮다고 해 주셔서 너무 감사해요.

_ 2019년 12월 19일, 잔치 중 나의 성장 이야기하기

이러한 부모대표의 모습은 공동체 안에 긍정적인 영향력을 끼쳤다. 부모대표의 주체적인 행동은 다른 부모들의 마음을 자연스럽게 자극했고 공동체에 요구되는 구성원으로서의 역할을 배우고 깨달을 수 있는 기회로 발전한 것이다.

부모 H (…) 저는 부모 A랑 부모 B가 (대표직을) 맡으면서 자기가 다 알아서 하려고 하고, 또 되게 희생하는 정신이 보이더라고요. 귀찮을 만한데 다들 열심히 하고… 그런 모습을 보면서 내가 배울 점도 참 많고 부모들이 여기 와서 부모교육을 받는 장소구나, 생각도 들고….

부모 D 여기서 공동체를 이렇게 이루어 나가시는 모습을 통해서, 또 부모 A와 부모 B가 이렇게 헌신하고 섬겨 주고 (하는 모습을 통해서) 아, 이렇게 사람은 살아가는 거구나, 그런 생각이 들더라고요. 그리고 이 뜨락에서 1년 동안에 심겨지고 수확하고 농사지은 경험을 통해서 아 나도 할 수 있겠구나, 이렇게 하는 거구나, 뭔가를 이렇게 해서 하는 거구나….

_ 2019년 12월 19일, 잔치 중 나의 성장 이야기하기

또한 부모들은 단순히 '보고 배움'이 아닌 공동체에 적극적으로 참여하는 사람들의 모습에 자신을 투영했는데, 이는 공동체 안에서의 관계를 통해 나를 찾아가는 과정이기도 했다. 관계는 배움을 이끌 뿐 아니라 그 안에서 나를 발견하는 수단이 되기도 한다. 성장과 변화는 공동체 안에서의 관계를 통해 자신을 다시 바라보고 깨닫고 이야기하는 과정에서 이루어지는 것이다.[50]

부모 E (…) 저는… 눈을 보고 얘기를 못 나눌 거 같아요. 글 보고 읽어 드릴게요. 뜨락 공동체를 통해 엄마들이 서

로 모여 자기 능력을 다른 사람에게 나누는 것의 멋짐을 알게 되었습니다. (…) 그걸 통해 나는 무얼 잘하지? 나는 다른 사람들에게 어떤 재능을 나눌 수 있을까? (…) 아이를 낳고 평소에 이런 고민을 할 틈이 없었던 제가 나에게 질문을 던지며 누군가에게 도움이 될 수 있으면 좋겠다는 두근거리는 생각이 듭니다. 이제 곧 새해가 될 텐데 내년에는 그동안 생각만 해 왔던 요가 자격증을 따 보려고 합니다. (함성) 뜨락을 통해 배움의 열정이 불타올랐습니다.

부모 F (…) 나는 어떤 사람일까, 그런 궁금증이 있었는데… 제 개인적으로는 그러니까 엄마 역할의 한계에 대해서 알게 된 한 해였어요. 자식은 마음대로 되는 게 아니구나, 하는 생각에… 제가 사실 여기서 그러니까 각자의 재능을 펼쳐 주시는 분들을 되게 감사하게 생각하는데, 그럼 나의 재능은 뭘까? 내가 할 수 있는 게 뭘까? 하는 생각을 해 보게 됐어요. 그게 엄마 역할이랑 되게 상충되는 거라는 생각이 많이 들었거든요. (…) 그냥 내면의 갈등이 많았는데 여러분 보면서 이렇게 생각을 바꾸어 보려고 했었고요. (…) 뜨락과 함께 저는 서서히 마음에 철이 들었어요.

_ 2019년 12월 19일, 잔치 중 나의 성장 이야기하기

삶 속에서 어떤 관계를 경험하느냐는 앞으로 어떤 관계를 만들어 나가느냐를 결정하는 기초가 된다.[51] 관계의 경험은 관계의 기대치를 구축하고 그 기대치에 따라 스스로의 행동 방식을 선택하기

때문에 어린이뜨락에서의 이러한 관계적 경험은 공동체에 관여할 수 있는 마음과 용기를 만들어 낸 것이다.

이에 더하여, 자신은 "시골에서 어우러져서 자랐기 때문에 내 안의 공동체성을 의심해 본 적이 없다"(2019년 10월 31일, 부모교육)던 부모 H가 어린이뜨락 안에서의 경험을 통해 잠재된 공동체성을 다시 찾아가며 변화되는 모습은 관계의 힘으로 일어나는 배움과 성장의 과정을 매우 흥미롭게 보여 준다. 그녀의 이야기가 나에게 유독 흥미롭게 다가온 이유는 다소 내향적인 기질을 가진 엄마가 외향적인 아이를 공동체 안에서 키울 때 겪게 되는 그녀의 경험이 나의 과거에 투영되었기 때문이다.

부모 H는 다른 부모들보다 한 시즌 늦은 9월 어린이뜨락을 찾아왔는데, 첫 번째로 참여한 '생활나눔'에서 그녀는 공동체를 부담스러워하는 모습을 보였다. "사실은 문화센터를 가듯이 그런 마음으로 참여 신청을 했다"며 자신은 "동참할 수 있는 마음의 여유도 시간적 여유도 없는 것 같다"고 했었다. 그리고 "아이들과 어쩔 때는 너무 뒤죽박죽이라 그냥 근심 걱정을 좀 버리고 이 하루를 좀 열심히 살아보자는 마음으로"(2019년 9월 26일, 9월 생활나눔) 육아정에 오고 있다고 했다.

함께 생활하면서 부모 H가 들려준 이야기들을 통해 그녀가 아들 ○○이의 매우 활발한 성향을 버거워한다는 사실을 알게 되었는데, 엄마로서의 나도 똑같이 겪었던 경험이라 애정을 가지고 지켜보게 되었다. 부모 H는 부모교육 시간에도 공동체 안에서 "내 아이가 남과 비교됐을 때 오는 불안감과 좌절감으로 공동체 생활에 어려움

'잔치' 중 마니또 행사-나의 성장 이야기하기

을 느꼈다"(2019년 10월 31일, 부모교육)고 했는데, 그러한 경험 역시 나와 같았다. 하지만 내가 그랬듯이 그녀도 공동체 안에 녹아들어 '이방인 같은 느낌'을 극복하고 '물들어 가고 어우러지면서', '편안하게 성장해 나가고' 있었다. 또한 그러한 과정을 통해 "공동체는 함께 만들어 가야 하는 것임을 깨닫게"(2019년 12월 12일, 한 해 살이 평가) 되었다. 221쪽 표는 이러한 변화 과정을 그녀의 목소리로 생생하게 전달한다.

공동체를 몸과 마음으로 직접 살아내며 그 중요성과 가치를 깨달아 가는 데 있어 나에게 아이와 함께 다닌 비인가 대안학교의 선배 부모들과 동기 부모들이 있었다면, 부모 H에게는 어린이뜨락의 실무자들과 동료 부모들이 있었다. 대안학교 선배 부모들의 솔선수범하는 모습과 그곳에서 전달받은 사회적 메시지가 나를 바꾸어 놓았다면, 어린이뜨락 실무자들의 페다고지 노력과 함께 애쓰는 동료 부모들의 모습은 부모 H를 서서히 변화시켜 나갔다.

소셜페다고지 관점에서 변화란 자연스럽게 일어나는 단순한 성장의 개념을 넘어선다. 페다고지 의도에 의해 계획되고 실행되는 과정 안에서 스스로 불편함을 극복하며 이루어 내었기 때문이다. 기존의 생각이 흔들리는 혼란의 상황은 배움과 성장으로 이어지는 성찰의 기회를 제공한다.[52] 이러한 과정에서 새로운 깨달음을 얻고 보다 높은 수준으로 성장하는 것이다. 공동체 안에서의 배움과 성장은 사람들과의 관계 안에서 일어나는 과정이며, 관계 안에서 나를 스스로 발견할 수 있을 때 이루어진다. 하지만 모든 개인은 저마다 다른 지식과 기술, 태도를 지니고 있기에 그 출발점은 각각이 다르

9월 26일 생활나눔	"(…) 지금은… 정말 솔직하게 부담이 돼요. 심장이 뛰어요. 그러니까 음… 사실은 되게 문화센터를 가듯이 그런 마음으로 그렇게 (신청)했는데 자료를 받고 그거 하나하나 읽어 가면서 이 뜨락이 가지는 그런 되게 좋은 의미? 사회적으로 굉장히 좋은 의미이고 이게 뜻깊은 일인데, 나는 동참할 수 있는 마음의 여유도, 시간적 여유도 없는 거 같은 마음이 들어요. 그러니까 아직 아이들과 어쩔 때는 너무 뒤죽박죽이고 (…) 사실 지금은 잘 모르겠어요. 그냥 늘 마음으로는 근심 걱정을 좀 버리고 이 하루를 좀 열심히 살아보자, 그런 마음으로 오고 있는 거거든요."
10월 31일 부모교육	"나는 시골에서 이렇게 다 어우러져 자랐기 때문에… 이미 내 안에 공동체성이 굉장히 강하고… 그거에 대해서 의심을 해 본 적이 없었는데, 이 주제에 대해서 다시 생각해 보니 그 공동체 안으로 들어가서 이렇게 무리 없이 되려면 어느 정도의 겸손함, 어느 정도의 이해심, 거기다가 적극성까지 있어야 할 거 같은데 (…) 쉽게 잘 되지 않는 그런 듯한 느낌이에요."
12월 12일 한 해 살이 평가	"사실 살짝 처음에 이방인 같은 느낌이 있었어요. 그런데 지금은 제가 이 안에서 뭔가 물들어 가고 어우러져 가고 있는 거 같아서 편안해지고 있거든요. 오늘 다시 한번 느꼈지만 이렇게 어우러지면서 내가 나를 돌아보고, 그리고 성장해 나갈 수 있는 것 같아요. 편안하게 성장해 나갈 수 있을 거 같아요." "음… 주체성? 주어진 것이라고 생각했어요. 주어진 것에서 그냥 있는 거라고 생각했던 것 같은데, 몇 번의 이야기를 나누면서 더 확실하게 '아, 함께 만들어 가야 하는구나'라는 생각이 더 많이 와 닿고 강해지는 것 같아요."
12월 19일 잔치 중 나의 성장 이야기하기	"제가 9월부터 왔어요. 그런데 이제야 조금 뜨락의 의미, 그리고 뜨락 사람들이 저에게 좀 많이 더 깊이 있게 다가오는 것 같거든요. 그래서 저는 제가 조금 더 빨리 더 적극적으로 뜨락에 함께했으면 좋았겠다는 생각이 들어요. 여기 오고 나서 계속 부모교육이나 이런 시간들을 가지면서 거의 공통된 이야기들을 계속해 왔잖아요. 한 번쯤 제가 인생을 살아가면서 고민했어야 하는 것들을 이렇게 자극을 통해서 이런 시간을 가질 수 있어서 너무 좋았고요, 진정하게 함께하는 것이 무엇이고 공동체가 무엇인가에 대해서 어쩌면 생각하지 않고도 살아갔을 텐데 진지하게 고민하고 되게 의미 있는 시간을 가진 것 같아서 좋았습니다."
12월 19일 나에게 보내온 손편지	"선생님이 처음, 뜨락이 편하지만 가끔은 부담스럽기도 할 거라고 하셨던 말씀의 진정한 의미도 알아 가고 있었는데, 이제 마무리라는 것이 많이 아쉽습니다. 참 많은 걸 얻을 수 있는 시간이었습니다. 저에게 필요했던 고민들이기도 했고요. 애써 뒷받침해 주셔서 정말 감사합니다. 그리고 조금 늦어서 죄송합니다."

다. 따라서 자신의 능력을 주변 환경과 연결시켜 잠재력을 끌어내기 위해서는 소셜페다고그의 애정과 전문적이고 창의적인 역량이 필요한 것이다.

12월 '갈무리하기(성장, 또 다른 성장)' 특별 프로그램인 '잔치' 중에서도 마지막 순서인 '나의 성장 이야기하기'는 한 시간여 동안 진행되었다. 그동안 열다섯 명의 아이들은 어른들 주변을 뛰어다니며 육아정에 비치된 거의 모든 놀잇감을 꺼내 공간을 초토화했다. 아이들 소리가 커질수록 어른들은 더 큰 목소리로 이야기해야 했고, 아이들의 요구에 따라 화장실로 주방으로 낮잠방으로 수시로 들락거려야 했다. 그럼에도 참여자들은 때로는 울고, 때로는 웃으며 마지막 한 사람의 이야기까지 귀 기울여 듣고 박수와 함성으로 격려해 주었다.

마니또 시간이 끝나고 부모들은 사전에 이야기되지 않은 깜짝 행사를 마련했다. 실무자와 놀이지원교사(탁아도우미)를 위한 상장 수여식을 준비한 것이다. 일 년 동안 행사 때마다 부모들을 대신해 아이들을 돌봐 준 놀이지원교사와의 관계까지 생각한 세심함에 적잖이 놀랐다. 부모들의 관계 맺기는 이렇게 외부를 향해서도 조금씩 넓어지며 깊어지고 있었다.

이 한 몸 바쳐 상
위 선생님은 아이들에게 편안한 미소로 다가가 기꺼이 자신의 한 몸 바쳐 아이들의 환자가, 아이들의 소방관이, 아이들의 경찰관이 되어 주셨습니다. 이에 뜨락에서 아이들의 웃음소리와 돌고래 소리가 끊이지 않았습니다. '이게 바로 놀이다' 신공을 보여 주신 그 공에 감사하며 이 상장을 수여합니다.

이 구역 인기 다 내꺼 상
위 선생님은 모든 아이들을 1초 만에 무장 해제시키고 소리 없이 강하게 아이들 마음을 홀딱 빼앗아 가 아이들이 더 이상 엄마를 찾지 않고 노는 경지에 이르게 하였습니다. 그리하여 육아에 지친 엄마들에게 극강의 자유 시간과 부모교육 시간을 선물한바 그 공에 감사하며 이 상장을 수여합니다.

_ 2019년 12월 19일, 부모들이 놀이지원교사에게 수여한 감사장 내용

후일 실무자 B는 "지금의 내가 있기까지 이렇게 세상의 많은 사람의 도움을 받으며 살았겠구나 생각했다"(2019년 12월 20일, 전체 구성원 단체 카카오톡)며 부모들에게 인사를 전했는데, 이 말에는 육아를 사회 공동의 책임과 기쁨으로 바꾸려는 어린이뜨락의 사회적 가치가 담뿍 담겨 있었다. 사회 모든 구성원이 각자의 자리에서 내밀어 준 작은 손들이 모여 우리 아이들은 더불어 자라게 되는 것이다.

부모들이 감사의 인사로 한 해를 마무리한 것과 마찬가지로 실무자들 역시 가을 무렵부터 2019년 어린이뜨락의 마지막 결과물을 고민해 왔다. 자료집을 만들까, 소감문을 받아 문집을 만들까 등 여

러 가지 고안 중에서 일의 부담을 더 이상 가중시키지 않으면서 모든 구성원이 추억으로 오래 간직할 수 있는 아이템을 생각하게 되었다. 바로 '벌새 이야기'를 담고 있는 아주 작은 벌새 목걸이였다.

> 벌새 이야기
> 숲이 불타고 있었어요. 동물들은 앞다투어 도망가고 있는데 작은 벌새 한 마리는 조그마한 부리에 물을 담아 열심히 불을 끄고 있었죠. 도망가던 동물들이 그 모습을 보고 비웃으며 말했습니다. "그래 봤자 무슨 소용이 있겠어?" 그러자 작은 벌새는 이렇게 대답했답니다. "나는 지금 내가 할 수 있는 일을 할 뿐이야."

이것은 안데스 지방에서 전해져 내려오는 설화로 '크리킨디 이야기'[53]로 잘 알려져 있다. '벌새 이야기'는 어린이뜨락의 존재 이유를 상징적으로 담고 있어 2019년 어린이뜨락 브로슈어에도 실어 두긴 했지만, 생활 속에서 그 의미를 나눈 적이 없어 아쉬워하고 있던 터였다. 마지막 날 이 이야기로 우리가 함께 보낸 한 해를 마무리하며 벌새의 의미를 목걸이에 담아 어린이뜨락의 마음을 전달하고자 한 것이다.

마지막 행사가 끝나고 난 뒤 단체 카카오톡 방에는 "저와 아이들의 이야기를 전할 수 있어서, 또 우리들의 이야기를 나눌 수 있어서 참 좋았습니다. 벌새 이야기와 벌새 목걸이가 사는 내내 용기를 줄 것 같아요."(2019년 12월 20일, 전체 구성원 단체 카카오톡)라는 인사가 올라왔다. 또한 "마지막 날 벌새 이야기가 가슴에 새겨져 그리 실천하려고 하고 있어요~ 공동체까지는 아니지만 모임도 만들어 시작하고 있어요~"라며 "뜨락 효과(?)에 감사"한다는 개인적인 인사 (2020년 2월 13일, 개인 카카오톡)를 전해오기도 했다.

2019년 육아정 어린이뜨락을 살아낸 우리들의 이야기가 성공 사례로 비치지 않기를 바란다. 계속되는 위기 끝에 달라져야 한다고 생각했고 절실한 심정으로 달라지려고 애썼다. 이전과는 다른 우리를 발견하고 새로운 가능성을 볼 수 있었지만 너무나 고. 됐. 다.

그리고 또다시 시작 지점에 서 있다. 이 가능성을 어떻게 유지하고 발전시킬 것인가, 또한 이 고된 작업을 건강하게 지속할 수 있으려면 어떠한 조치들을 취해야 할 것인가?

마지막 잔치 후 두어 달의 휴식기를 보내고 나서 2000년 2월 말, 그 부모들과 실무자들은 육아정에 다시 모여 또다시 시작될 한 해를 어떻게 보낼까에 대한 이야기를 나누었다. 나에게는 2019년 어린이뜨락 생활에 대한 전반적인 소감을 들어 볼 수 있는 시간이기도 했다. 부모들은 '나와 너, 그리고 우리의 성장'을 목표로 한 일 년 흐름을 그대로 유지하고 싶어 했다.

> 부모 B 일 년 흐름은 정말 너무 좋았어요. 뭔가 아~ 이때쯤 되면 우리가 이렇게 해야 되는구나…. 우리가 이렇게 만들어지는 것 같은 느낌?
>
> 부모 A 우리가 성장하고 있는 게 보이니까….
>
> 부모 F 아~ 이렇게 완성되어 가고 있는 거구나….

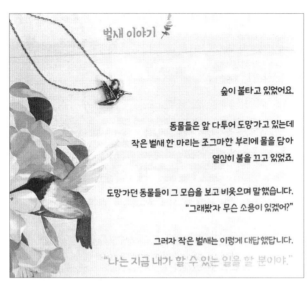

벌새 이야기

숲이 불타고 있었어요.

동물들은 앞 다투어 도망가고 있는데
작은 벌새 한 마리는 조그마한 부리에 물을 담아
열심히 불을 끄고 있었죠.

도망가던 동물들이 그 모습을 보고 비웃으며 말했습니다.
"그래봤자 무슨 소용이 있겠어?"

그러자 작은 벌새는 이렇게 대답했답니다.

"나는 지금 내가 할 수 있는 일을 할 뿐이야."

벌새 목걸이와 부모들이 선물 뜯어 보는 모습

부모 E 저는 제가 중간에 왔잖아요. 그래서 이걸 보고 아~ 지금 '친밀' 단계구나… 이분들은 이렇게 이야기가 쌓여서 친밀해진 거구나, 그걸 느꼈어요. 딱 제목만 봐도 느낄 수 있는 거기 때문에 언제든 어떤 낯선 사람들이 와도 아~ 이분들은 이러한 단계를 거쳐 나가고 있구나, 쉽게 볼 수 있으니 제목이 좋았던 것 같아요.

나 부담되는 건 없었어요?

부모 F 아니 전혀요. 그냥 뜨락 과정을 가고 있는 거, 주제가 전혀 부담을 주는 게 아니어서.

나 너무 지겹지 않았어요? 네가 생각하는 주체성, 네가 생각하는 공동체성이 뭐냐 계속 물어보고… 스트레스 받았잖아요, 사실…. (웃음)

부모 F (웃음) 뜨락을 생각하면서 뭔가 깨어나야 됨을 의식해야 하니까.

부모 A '부모교육'이든 '생활나눔'이든 저도 뭐 제 생각을 이야기하고 그런 게 쉽지가 않아서… 어, 그전까지는 스트레스 받기는 해요, 솔직히. 그런데 딱 와서 이야기를 나누면 어, 별거 아니었는데 그동안 왜 이렇게 힘들게 생각했을까, 그렇더라고요. 사실 그 공동체성도 정말 엄청나게 생각했거든요. 근데 선생님이 오셔 가지고 강연처럼 이야기해 주셨는데, 그게 다 풀어졌잖아요. 그러면서 아~ 내가 그렇게 머리 싸매면서 고민했던 걸 선생님이 저렇게 다 풀어주시네, 내가 너무 어렵게만 생각했구나… 그래서 지금 와서 생각하면 너무 좋은 시간이었고 남는 게 더 많았지 스트레스만 받지는 않았어요.

부모 F 정말 너무 좋았지.

부모 B 그리고 그런 걸 이야기로 나누면서 아~ 나만 이런 고민을 하고 사는 건 아니었구나, 그런 느낌?

부모 E 저희가 맨날 만나서 얘기할 때 그런 얘기까지는 안 하잖아요. 그런 시간이 있기 때문에 그런 이야기도 할 수 있는 거고, 그래서 그 시간 덕분에 저희가 더 가까워진 거, 그러니까 이만큼 가까운지 몰랐는데 우리가 이만큼이나 가까웠구나, 라는 거를 느낀 거 같아요.

부모 A 같은 인간들이라서 이런 고민을 하는구나, 이런 것들을⋯ 그냥 우리끼리 만나면 애들이 어떻게 지냈고 그런 얘기들은 하는데 깊은 이야기는 안 하잖아요. 그런데 주제가 있으니까 어쨌든 생각해 보고 얘기를 하면서 우리가 공통적으로 이런 생각을 가지고 있었네, 하면서 되게 친해지는 느낌⋯.

_ 2020년 2월 20일, 2020년 어린이뜨락 기획회의

2019년 봄, 재도약을 위한 준비 과정에서 일 년 흐름을 구성하며 실무자들이 가장 우려했던 부분은 한 해 살이의 각 주제들이 '겉만 번지르르한' 작위적인 은유로 그치는 것이었다. 그리고 공동체에 대한 경험도, 공동체에 대한 목마름도 크지 않은 요즘 부모들에게 실무자들의 페다고지 의도가 지나친 부담감이나 거부감으로 다가가지

않아야 한다고 생각했다. 일 년을 무사히 보내고 난 지금, 초기에 실무자들이 가졌던 우려와 염려, 긴장감을 무사히 넘길 수 있었던 이유가 무엇이었냐고 누군가 묻는다면 나는 부모들의 반응을 잘 살피며 민감하게 지원 대응하려고 노력한 것을 꼽겠다. 즐겁지만 결코 가볍지 않고, 따뜻하지만 책임을 나누어 져야 하는 공동체. 실무자들은 이러한 사회적 분위기를 잘 관리해 보려고 애썼다. 하지만 공동체를 움직이는 힘은 분명 부모들에게 있었다. 내가 육아정에서 만난 부모들에게는 공동체에 참여하고 관여하며 사회적 존재로 살아갈 수 있는 잠재력과 역량이 충분했고, 소셜페다고그의 역할은 다만 그것들을 잘 건드려 주는 일이었다.

어린이뜨락에서의 한 해 살이 후 부모들은 이전과는 다른 주체적인 모습을 내비쳤는데, 이제는 부모대표도 돌아가며 해 보자고 했다. 심리적이고 물리적인 부담감을 줄이면서 공동체 안에서 주체적으로 행동할 방안을 스스로 모색해 나가고 있었다.

> 부모 E 원래 언니들이 리더의 역할을 맡으신 거잖아요. 힘들어 보이시긴 했는데… 근데 (부모대표를) 돌아가면서 해 보면 어떨까라는 의견이 나왔다고 언니들한테 들었거든요. 만약에 나한테 리더의 역할이 주어진다면 뭔가 주체성을 더 크게 키워 가지고 할 수 있을 것 같고, 이게 뭔가 부담감이 될 수는 있으나 부담감이 어느 정도의 나의 성장이 될 수 있는 거기 때문에 충분히 이런 환경(제안)이 좋은 거 같아요. 그리고 (앞으로) 오시는 부모님들도 제가 그랬

던 것처럼 그런 역할들을 보고 배우고, 어? 나도 해 볼까? 하는 그런 마음이 충분히 들 수 있을 것 같고. 그리고 돌아가면서 한다는 게 부담이 많이 떨어져요. 그래서 그만큼 더더욱 하겠다는 의지도 생기고….

부모 A 저는 사실 부담감을 되게 많이 느끼는 사람이라… 근데 또 맡겨 놓으면 어쨌든 (웃음) 힘들어하면서도 하긴 하는데, 둘이 같이 하니까 너무 의지가 되는 거예요. 혼자 하면은 그게 되게 힘들 수도 있는데 우리가 어쨌든 해 봤으니까, 아니까, 우리랑 (새로 올 부모들이랑) 한 명씩 같이….

부모 B 짝꿍을 정해서….

부모 A 그렇지! 그렇게 하면 그분들이 어쨌든 (기존 부모에게) 의지는 하지만 본인도 나는 부모대표다, 하는 위치가 있으니까 서로 이렇게 같이 하면서 되지 않을까… 돌아가면서 하는 것도 좋겠어요. 그래야 마음도… (웃음) 그리고 또 그 자리에 딱 가 봐야지 본인의 마음가짐도 달라지지 않을까요? 만약에 제가 부모대표를 하지 않았더라면 저도 그렇게 가벼운 마음이었을 거 같거든요. 그런데 그 자리가 또 사람을 만드는 거 같아요. 돌아보니까 나쁘지 않았어요

_ 2020년 2월 20일, 2020년 어린이뜨락 기획회의

소셜페다고그는 사람들과 함께 작업할 때 협력적인 동시에 비대칭적인 관계를 맺는다. 함께 추진해야 하는 업무가 있다는 측면에서는 협력적 관계이지만 권위와 책임이 평등하게 분배되지 않는다는

측면에서 비대칭적 관계이다.[54] 사람들이 협력의 방법을 이해하는 일은 공동체 내에서 벌어지는 일들에 대한 관찰, 해석, 평가 등에 의해 구성되는 복잡한 사회화 과정이기 때문에 사람들의 협력을 이끌어 내기까지는 소셜페다고그의 전문적 역량과 책임이 요구된다. 소셜페다고지 전문가들에 따르면, 협력이 제대로 이루어지기까지는 공동체가 추구하는 목표, 공동체 내의 작업 방법, 의사소통에 대한 구성원들 간의 이성적인 합의가 필요하며, 이 요소 중 단 하나의 결핍만으로도 협력 과정 전체는 붕괴될 수 있다고 강조한다. 목표, 작업방법, 의사소통에 대한 세심한 준비와 대비는 소셜페다고그의 전문적 역량이 요구되는 일인 것이다. 그리고 이러한 전제적 책임은 협력이 일어나지 않는 경우를 사람들의 개인적 성향 탓으로 돌려버리는 위험을 방지할 수 있다고 조언한다. 소셜페다고그의 페다고지 의도는 공동체 내의 규범과 문화로 발현되어야 하며, 공동체를 지원한다는 것은 구성원들이 그 문화를 습득하고 바람직한 방향으로 새롭게 구성해 낼 수 있도록 돕는 일이어야 한다.[55]

부모들은 이날 매달 주제에 맞게 진행하는 특별 프로그램으로 체육대회를 하자, 소풍 가서 보물찾기를 하자 등 많은 의견을 적극적으로 내놓았다. 이번에는 요가, 우쿨렐레 같은 문화 활동을 해 보고 싶다고 했다. 우쿨렐레를 배워서 마지막 잔치 때 부모공연을 해 보자며, 잘하면 우리도 반짝이 옷을 입고 지역 행사 무대에 설 수 있지 않겠냐고 낄낄거렸다. 그런데 며칠 후 코로나바이러스가 우리 삶에 침투했다. 그리고 우리가 팬데믹으로 흘려보낸 암담한 시간만큼 육아정의 문은 닫혀 있었다.

만약 코로나19가 없었다면 우리는 지금 어떠한 이야기를 살고 있을까? 아니, 포스트 코로나 시대 육아정 어린이뜨락은 어떤 이야기들을 다시 살아내야 할까? 코로나 시대, 개인의 삶은 더욱 유리되고 공적 부조는 한계를 드러냈다. 물론 코로나로 시작된 문제는 아니겠으나 코로나로 드러난 우리 사회의 민낯이라 해석된다. 다시 관계의 문제에서 실마리를 찾아야 한다는 해법들이 민간단체는 물론이고 지자체, 지역교육청, 중앙정부까지 앞다투어 공동체를 강조할 수밖에 없는 환경을 만들었다. 공동육아나눔터, 열린육아방, 품앗이 육아 등 조금씩 다른 이름으로 공동육아와 육아공동체를 확산하려는 정책 기조가 형성되었지만, 사업은 기존의 관성으로 여전히 하드웨어 건설과 사업화 경향을 벗어나기 쉽지 않다. 그러니 결국 우리가 다시 출발해야 할 지점은 '페다고지'일 수밖에 없을 것이다. 페다고지를 통해 개인을 성장시키고 사회적 관계망을 만드는 일, 거기서 다시 출발해야 한다.

4부

(유아)공동체 조력자 역할과
존재의 의미

인간은 본성상 모형대로 찍어 내고 그것이 시키는 대로 따라
하는 기계가 아니다. 그보다는 생명을 불어넣어 주는 내면의 힘
에 따라 온 사방으로 스스로 자라고 발전하려고 하는 나무와
같은 존재이다.

– 존 스튜어트 밀(John Stuart Mill), 『자유론』(2018, p.130)[56]

소셜페다고지의 실천 맥락
: 관계, 구조, 변화

　돌아보니 지난 몇 년 동안 어린이뜨락과 더불어 살며 육아공동체의 조력자로서 나의 역할을 탐색하는 일은 퍽이나 쉽지 않은 여정이었다. 더불어 함께하기에 즐겁고 재미있을 거라 기대했던 공동체 속에는 어렵고 부대끼는 일투성이었고, 보람 뒤에는 기진맥진 소진된 내가 남아 있었다. '네 사업 하려는 것 아니냐', '네 역할이 뭐냐', '어린이뜨락의 공동체성에 대해서 생각해 봐라' 같은 말들은 참 오랫동안 괴로웠다. 하지만 그것이 나와 우리의 정체성을 찾아야 하는 이유가 되었고, 그 길에서 만난 소셜페다고지는 그에 대한 상당한 해답과 위로를 주었다.

　소셜페다고지는 당면한 사회문제를 해결하려 노력하는 과정에서 생겨났다. 마치 육아정 어린이뜨락처럼. 출산과 육아 뒤에 존재하는 고립감, 그리고 그 해결책으로 선택되는 상업적이고 소비적인 교육시장. 자본주의, 경쟁주의 사회 속에서 부모들이 처한 교육 소비자로서의 위치는 그들을 점점 불안으로 몰아넣고 있었다. 관 혹은 민관 협력 차원에서 공동육아 활성화란 명목으로 공동체적 대안이 제시되기도 했지만 복지형 키즈카페, 마을형 문화센터 형태의 소비적인 돌봄 서비스를 쉬이 벗어나지 못했다. 어린이뜨락도 마찬가지였다. 잘 갖추어진 육아정 공간도 놀이 프로그램도 소비육아, 개인주의의 한계를 뛰어넘지 못했다. 그렇다면 이 문제를 어떻게 해결할 수 있을까?

거듭되는 고민 속에 소셜페다고지가 내게 던져 준 실마리는 '페다고지'였다. 소셜페다고지는 다양한 맥락에서 발생한 사회문제의 해결에 페다고지 접근법을 사용한다는 특성을 가진다. 여기서 말하는 페다고지 접근법이란 교실 현장에서 특정 교과목을 잘 가르치기 위해 적용하는 배움과 가르침의 과학을 뜻하지 않는다. 더군다나 사회문제를 해결하기 위해 골라 사용할 수 있는 하나의 선택지를 지칭하는 것은 더더욱 아니다. 소셜페다고지에서 강조하는 페다고지란 사람들과의 관계 안에서 기존 문화를 전수받고 새로운 문화를 형성하면서 배움과 성장을 이루어 내려는 노력을 의미한다. 또한 거기서 생겨나는 성과를 기반으로 사회문제를 해결하려는 관점, 그리고 이를 위한 실천을 아우른다. 특정 방법을 사용했기 때문에 소셜페다고지가 아니라, 이러한 관점으로 선택된 방법이 소셜페다고지의 실천인 것이다.

소셜페다고지의 실천은 상황과 맥락에 따라 다양하게 이루어질 수 있기 때문에 만능으로 적용 가능한 완전한 매뉴얼을 만들어 내기란 불가능하다. 소셜페다고지가 나라마다 조금씩 다른 역사를 가지고 변화하며 발전한 이유도 여기에 있다. 그럼에도 소셜페다고지라는 울타리 안에서 공통적으로 공유되는 전통은 분명히 존재하는

데, 그것은 사람들이 더불어 배우고 성장하며 자신의 잠재력을 펼칠 수 있는 환경을 조성하는 것이다. 임의로 정한 목적을 달성하기 위해 사람을 '조각하는' 대신 자신의 성향과 속도에 맞추어 '스스로 자랄 수 있는' 정원을 조성하는 모든 일들을 포괄한다. 그리고 그 정원에는 페다고지라는 양토를 깔아 둔다.

소셜페다고지의 발전은 '페다고지'를 수단으로 하여 사회문제를 해결하려고 노력하는 과정에서 이루어졌다. 즉, 페다고지는 사회문제의 솔루션을 제공한다. 소셜페다고지는 개인과 사회가 성찰적으로 관계를 쌓아 가는 과정에서 형성되고 발전한다. 따라서 페다고지란 사회문제에 대하여 건강한 비판의식과 적극적인 참여의식을 가질 수 있도록 도와 스스로를 세상에 영향을 끼칠 수 있는 존재로 인식하게 하는 것이다. 페다고지는 개인과 공동체의 잠재력을 자극하는 방법이며, 사람들의 삶을 대하는 태도를 바꾸어 지속가능성을 높이는 길이다.[57]

내게 그랬던 것처럼 여전히 많은 실천가들에게 소셜페다고지는 잡힐 듯 말 듯 아련한 이론처럼 여겨질지도 모르겠다. 귀에 걸면 귀걸이 코에 걸면 코걸이로 둘러대기에 따라 달라지는 오묘한 실천 지식으로 받아들일 수도 있겠다. 하지만 나에게 소셜페다고지는 노르웨이 학자 얀 스토뢰Jan Storø, 1954~ 의 저서 『실천적 소셜페다고지 *Practical social pedagogy: Theories, values and tools for working with children and young people*』를 만나면서 고개가 끄덕여지는 이론이 되었다. 어린이뜨락의 과거와 현재를 연결하여 지금의 이야기가 과거와 다른 어떠한 의미를 지니고 있는지 이해할 수 있는, 그야말로 '실천적' 관점을 가질 수 있었다. 그리고 더 나아가 미래의 이야기를 준비할 수 있는 토대를 마련해 주었다.

스토뢰는 이 책에서 소셜페다고지를 실천하는 현장에 반드시 요구되는 주요 요소들을 제시하고 있다. 각 개인이 자신의 잠재력을 발견하고 발전시킬 수 있는 환경과 그 바탕에 깔린 페다고지는 어떠한 방식으로 구성되어야 하는지 설명한다. 그는 소셜페다고지의 실천적 토대가 되는 필수적인 요소를 '관계', '구조', '변화'로 보았는데, 이 세 가지 간의 상호보완적인 긴밀한 연관성이야말로 소셜페다고지의 실천이 일어나는 맥락이라고 강조한다. 그가 제시한 세 가지 요소는 내게 육아공동체의 조력자 역할과 존재의 의미를 헤아릴 수 있는 열쇳말이 되었다.

'관계', '구조', '변화'라는 실천적 맥락은 소셜페다고지뿐만 아니라 다른 전문 분야에도 적용 가능한 보편성과 일반성을 지니고 있다는 스토뢰의 주장에 십분 동의한다. 어떠한 목표를 두든 사람들과의 작업은 반드시 '관계'에서 출발해야 한다. '관계'는 사람들과의

소셜페다고지 실천의 맥락[58]

작업을 위한 매개가 되며, '구조'는 작업을 일으키는 매개로서의 특징을 가진다. 그리고 '변화'는 작업의 목표가 된다. 다시 말하면, '구조'는 '관계'를 이루어 내는 환경이며, '구조'와 '관계'의 결합으로 '변화'가 일어나게 된다. 4부에서는 소셜페다고지 실천을 가능하게 하는 이 세 가지 요소를 어린이뜨락과 연결하여 육아공동체 조력자의 역할과 존재 의미를 이야기해 보려고 한다.

'관계'의 차원

합리적으로 '선택된 관계'

2019년 초 반복되는 위기를 극복하기 위해 어린이뜨락을 다시 세워야겠다고 결심한 후 가장 먼저 취한 조치는 협동조합을 재정비하는 일이었다. 소유권을 둘러싼 온갖 비평과 비판, 비난을 극복하고 지역 부모와 대학, 교회라는 3주체가 평등한 입장에서 호혜적인 관계를 유지하려면 정직, 개방성, 사회적 책임, 타인에 대한 배려라는 협동조합의 윤리적 가치가 구성원들 사이에서 공유되어야 한다고 판단했기 때문이다. 이는 우리에게 필요한 가장 합리적인 관계를 '선택'하는 작업이었다. 협동조합을 정상화하고, 협동조합과 육아정과의 관계를 정립하는 일은 어린이뜨락의 정체성을 찾으려는 중요한 시도였다. 어린이뜨락은 기본적으로 육아를 사회 공동의 책임과 기쁨으로 바꾸려는 사람들이 모인 조직이다. 지역 대학과 교회의 지원을 받고 있기는 하지만 자본과 권력의 폐해를 극복하고자 협동조합이라는 수단을 빌려 평등한 관계를 선택하기로 한 것이다. 이는 모두가 한 표씩을 가진 민주적인 방법으로 관계의 균형을 찾으려는 의도인 동시에 관계에 대한 책임 공유를 의미한다.

소셜페다고지 관점에서 볼 때 사람들과 무언가를 함께한다는 것은 그들과의 관계 속으로 들어가는 일이다. 즉, 관계를 '선택'해서 그 속으로 들어가는 일이다. 여기서 우리가 주의 깊게 주목해야 할 지점은 관계를 이해하는 데는 여러 가지 방법이 있다는 사실이다. 단호히 권위적일 수도, 한없이 수용적일 수도 있다. 혹은 수용적이면서도 권위가 온전히 살아 있는 관계를 유지할 수도 있다.

관계 맺기 방식은 사람들을 둘러싼 상황과 맥락에 따라 영향을 받게 되는데, 이때 중요한 것은 어떠한 관계 맺기 방식을 '선택'해서 결정할 것인가에 대한 충분한 고민이 필요하다는 것이다. 사람들과 어떠한 방식으로 관계를 맺을 것인가에 대한 결정은 자발적이고 적극적인 선택에 기초한다. 관계 맺기는 그 관계에 참여하는 사람들에 의해 구성되기 때문에, 사람들에게 공동체는 그 안에서 이루어지는 사회적 경험에 따라 달리 이해되는 것이다.

2014년 '놀이터뜨樂' 시절 나는 (유아)교육 전문가로서 부모들의 육아공동체를 지원하기로 선택하여 결정했다. 하지만 여러 가지 사정으로 공동체가 와해되면서 2015년에는 공동체를 지키기 위해 직접 나서기로 했다. 놀이 프로그램과 식사를 계획하고 준비하여 무조건적으로 제공하는 헌신적인 관계 맺기 방식을 선택한 것이다. 공동체에 대한 충분한 고민과 경험이 없었기에 저지른 일이었다. 한 공동체 전문가가 이야기한 '무임승차'를 오히려 조장하고 있었던 것이다. 하지만 경험과 성찰 및 반성, 그리고 깨달음을 통해 그러한 태도는 공동체 내에서의 바람직한 관계 맺기 방식이 아님을 이해하게 되었다.

　사회적기업가육성사업을 통해 협동조합을 설립한 2016년과 전용공간 육아정을 개소한 2017년에는 부모들의 주체성은 살아 있었지만 대학과 교회의 지원자들이 공동체 내에서 당당한 역할을 가진 구성원으로 부모들과 균형 있는 관계를 선택했다고 보기에는 아쉬움이 남는다. 각자의 역할을 분명히 정립하고 공유하지 못했기에 서로에 대한 존중과 인정이 부족했다. 대학 및 교회의 지원자들은 권위를 스스로 세워 내지 못했으며 공동체의 지속가능성을 대비하고 준비하지 못했다. 서로의 역할에 대한 의심과 비판, 육아정 개소식 현수막에 교회와 대학 이름을 올린 것에 대한 불만 토로, 협동조합의 필요성을 못 느끼겠으니 탈퇴하겠다는 발언 등은 관계 선택의 실수를 여실히 드러내는 살아 있는 일화들이다.

　이러한 실수는 또다시 공동체가 와해된 후 맘카페 홍보를 통해 새롭게 모인 부모들과 진행한 2018년 어린이뜨락에서도 계속되었다. 초기에 우연히 주체성이 강한 부모들이 모이게 되어 자발적으로 숲놀이 등을 진행하며 공동체가 살아나는 듯이 보였지만 오래가지 못했다. 공동체의 토대가 되는 관계적 기반을 제대로 갖추지 못하고 있었기 때문에 지속가능성이 무너지는 것은 예정된 수순이었다.

　이렇듯 우리가 선택하는 관계 맺기 방식은 항상 그것이 최선이고 합리적인 것이 아닐 수 있다. 따라서 관계는 지속적인 협상을 통해 보다 나은 방향으로 개선하고 변화시키며 구성해야 한다. 개인 각각의 고유성과 잠재력에 대한 존중과 믿음, 애정을 가지고 사람들과의 정서적 연결을 위해 노력하는 태도를 의미하는 할퉁Haltung은 소셜페다고지의 실천에서 선택의 순간에 가치 지향점을 가리키는 나침판에 비유된다. 소셜페다고그는 기본적으로 사람에 대한 애정이 있어야 하지만, 동시에 사람들에게 배움의 기회를 제공하여 관계 안에서의 책임을 깨닫고 스스로를 사회적 존재로 자리매김할 수 있도록 도와야 한다. 이러한 전제는 소셜페다고그가 사람들과의 관계를 합리적으로 '선택'할 수 있는 기준이며, 개인적이고 사회적인 맥락에서 암묵적이고 명시적으로 발휘되는 전문성은 소셜페다고그가 스스로의 권위를 지켜 낼 수 있는 방법이다.

소셜페다고그가 구성하는 '전문적 관계'

하지만 사람들로 하여금 관계에 대한 책임을 인식하게 하는 일은 일방적인 강요로 이루어지는 것이 아니다. 더구나 자발적이고 주체적인 활동이 미약한 사회 분위기 속에서 성장한 2030 부모들에게 관계적 책임이란 막연한 부담감으로 다가오기 쉽다. 공동체 안에서의 책임 있는 관계 맺기 방식을 알려 주기 위해서는 보다 창의적인 방법이 필요하다.

이때 소셜페다고그로서 (육아)공동체 조력자들에게 요구되는 역량은 관계에 뿌리를 둔 애정과 권위 사이에서 적절한 균형을 잡는 일이다. 공동체 목표만을 추구하기보다는 사람들과의 관계 자체를 소중히 여겨야 한다. 하지만 동시에 그들이 공동체 내에서 책임을 배울 수 있도록 창의력을 발휘하여 전문가의 권위를 지켜 낼 수 있어야 한다.

어린이뜨락 재도약을 준비하며 실무자들은 부모들이 원하는 각종 놀이 프로그램을 마련하되 어린이뜨락 활동을 통해 경험하는 공동체적 관계가 그들의 삶에 긍정적으로 스며들게 하는 방법을 고심했다. 긴 논의 끝에 '나와 너, 그리고 우리의 성장'이라는 목표를 정하고 어린이뜨락에서 보낼 일 년 흐름을 농사에 비유해 매달의 주제를 정했다. 그리고 각 주제에 걸맞은 특별 프로그램을 마련하여 서로 친밀해지고 책임 있는 관계 맺기로 발전할 수 있는 환경을 구성했다. 이야기 방식의 메시지와 실제 프로그램을 연결하여 공동체의 목표를 전달한 것이다. 또한 여성 심리상담과 생활나눔같이 구성원들이 모여 공감하고 위로받으며 서로에 대해 이해하고 조율해 나갈 수 있는 자리를 마련했다. 이는 어떠한 이야기라도 가치 있게 여겨지는 공간이 되었고, 사람들은 그 안에 자신을 투영하여 성찰할 기회를 얻었다.

이러한 방식에는 전문성을 평범한 일상에 녹여 낸 페다고지 의도가 숨어 있다. 소셜페다고지의 중요한 접근 방법 중 하나인 다이아몬드 모델The Diamond Model이 어린이뜨락에 적용된 예로 공동체 안에서의 긍정적인 경험을 통해 웰빙 및 행복, 통전적 배움, 관계, 역량 강화를 가능하게 만들고 스스로의 가치를 발견하게 했다.

소셜페다고지에서 소셜페다고그와 사람들의 관계는 '전문적 관계'이다. '전문적 관계'란 우리가 일상에서 주변 사람들과 가볍게 맺는 개인적인 관계와는 달리 특정한 목적이 있다. 개인적 관계는 관계 자체로 존재하지만 전문적 관계는 한쪽이 다른 쪽에 도움을 주는 것을 전제로 한다.

개인적인 관계에서의 쌍방 상호적이고 평등한 정도와는 조금 다른 기대 수준을 지니고 있기 때문에 '비대칭적 관계'라고 묘사되기도 하는데, 한쪽이 다른 한쪽을 어느 정도 받아들여야 하는 조건을 가진다는 의미가 내포되어 있다.[59] 그럼에도 상대에 대한 존중과 배려는 개인적인 관계에서와 마찬가지로 전문적 관계 안에서도 분명히 존재해야 함은 절대로 간과되어서는 안 된다.

스토뢰Storø는 이렇게 전문적이며 비대칭적인 관계를 부모와 자녀 관계에 비유해서 설명한다. 부모와 어린 자녀의 관계는 처음에는 분명히 비대칭적이지만 아이가 성장함에 따라 양쪽 관계는 점차 대칭적인 모습으로 변해 간다. 자라면서 아이는 점점 부모와 평등한 위치로 성장하고 그 이후에는 오히려 부모를 도울 수 있는 성숙한 인간으로 변화한다. 어린이뜨락 안에서도 마찬가지다. 육아정 안에서의 긍정적 경험을 통해 공동체성 지향의 사회적 가치가 서서히 스며들게 하려는 실무자들의 노력은 부모들의 생각을 조금씩 변화시켰고, 공동체의 주체가 실무자에게서 부모들에게로 조금씩 전이되어 가는 결과를 보여 주었다.

실천 현장에서 경험하는 관계는 앞으로 좋은 관계를 구성할 수 있는 기반이 된다. 좋은 사람을 경험했다는 것은 나도 다른 누군가에게 좋은 사람이 되게 하며, 누군가에게 좋은 사람이 된다는 것은 스스로를 좀 더 괜찮은 사람으로 여길 수 있는 기회가 된다. 그리고 이러한 경험은 사람들에게 보다 다양한 공동체에 참여할 수 있는

기회를 증가시킨다.[60]

소셜페다고지에서 전문적 관계 맺기의 특징 중 하나는 그것이 일시적이라는 것이다. 소셜페다고그로서 (육아)공동체 조력자들은 공동체 안에서의 역할 비중을 조금씩 줄여 나가야 한다. 참여자들이 공동체 생활을 통해 자연스럽게 사회적 존재로 성장하도록 지원하는 것이다. 공동체를 이끄는 동력은 소셜페다고그에서 참여자들로 서서히 전이되어가야 한다. 언젠가는 수혜자 입장에서 벗어나 독립적이고 주체적인 존재가 되어 사회에 이바지할 수 있는 역량 있는 구성원으로 성장해 나가는 것이다. 이것이야말로 소셜페다고지가 추구하는 궁극적 목적으로, 성장은 개인적이고 사회적인 방향에서 동시에 이루어진다. 개인이 독립적인 주체로 올곧이 설 수 있는 기술과 능력을 습득하는 것은 사회적으로 더불어 살아갈 수 있는 힘의 토대이며, 우리 사회문제 해결을 위한 역동적인 출발점이 된다.

소셜페다고그의 '페다고지 의도'

사람들과의 작업 안에 페다고지를 녹여 내려는 소셜페다고그의 의도는 그들과 함께 만들어 가는 경험을 어떻게 구성해 나갈 것인지를 결정하는 중요한 요인이다. 공동체가 추구하는 사회적 목표를 사람들의 삶에 녹여 내려는 중요한 실천 행위인 것이다. 어린이뜨락의 과거에서 위기가 반복적으로 일어났던 이유는 문제의 단기적 해결을 위한 개별화된 전략에만 몰두했기 때문이다. 함께 공동육아를

할 수 있는 사람들을 모으기, 편의 제공하기 등의 단편적이고 가시
적인 것만으로는 성장과 배움을 끌어내기 어려웠다.

어린이뜨락 재도약 과정에서 실무자들은 일상 안에 공동체 가치
라는 페다고지 의도를 담아내려고 다양한 방법을 고심했다. 봄·여
름 시즌의 마지막 프로그램 파자마 파티(토크콘서트)가 끝나고 부모
들 사이에서 관계적 책임에 대한 인식이 조금씩 올라오기 시작했을
때 실무자들은 부모대표들과 함께 그 분위기를 배움과 성장으로 끌
어올리려고 노력했다. 생활나눔에서도 『태어난 아이』라는 그림책을
함께 읽고 '태어난다'는 것은 관계 안에 태어난다는 의미임을 강조
했다. 부모들과 어린이뜨락에 대한 생각들을 함께 나누고, 더 나아
가 공동체 관계 속에서 느끼는 어려운 심정들을 허심탄회하게 이야
기할 수 있는 기회를 만들었다. 또한 공동체 생활에서 요구되는 주
체성과 공동체성을 생각해 보고 지역의 공동체 전문가들과 함께 자
신의 언어로 이야기해 보는 자리를 마련했다. 그 과정을 통해 부모
들은 관계 안에서 자신의 잠재력을 확인하게 되었다.

육아공동체 조력자가 어떠한 생각을 가지고 공동체를 지원하느
냐는 그 운영 모습에 고스란히 드러난다. 단순히 이용자를 늘리고
눈에 보이는 양적인 성과를 드러내는 데 초점을 맞춘다면 그 공동
체는 사업의 한계를 넘어서기 어렵다. 소셜페다고그가 가지고 있는
페다고지 의도는 실천 행위에 페다고지 요소를 반영하게 만드는 필
수 요인이다. 소셜페다고지의 실천은 개인과 사회 사이에 위치한 공
동체 공간에 지속적으로 페다고지 요소들을 녹여 넣는 일이다. 공
동체 생활 곳곳에 페다고지 의도와 내용이 깃들어 있지 않으면 궁

극적인 변화는 저절로 일어나지 않는다. 개인의 성장을 통한 사회의 성장, 개인의 변화를 통한 사회의 변화가 이루어지지 않으면 지속가능성 또한 담보할 수 없다. 이는 비단 어린이뜨락에만 한정되는 이야기가 아닐 것이다. 품앗이육아, 공동육아나눔터, 열린육아방 등 공동육아를 목적으로 하는 모든 육아공동체 지원 기관들이 면밀히 주목해야 할 매우 중요한 지점이라 생각된다.

전문성의 일상화

소셜페다고지 연구자들에 따르면 소셜페다고그의 전문성은 일상생활 전반에 퍼져 있어야 한다고 강조한다. 다시 말하면, 페다고지 요소를 적용하는 작업은 매일 반복되는 소소한 일상 안에 자연스럽고 지속적으로 녹아 있어야 한다는 것이다. 이 방법을 보다 체계적으로 설명하기 위해 스토뢰는 소셜페다고지 실천이 일어나는 공간을 여섯 가지 영역으로 구분하였다. 249쪽 표를 보면 소셜페다고지가 실천되는 공간에는 다양한 종류의 관계가 존재한다는 것을 알 수 있다. ①, ②는 소셜페다고그(실무자)가 맺는 관계에 관한 것이며, ③, ④는 사람(부모)들이 맺는 관계에 관한 것이다. 소셜페다고그(실무자)와 사람(부모)들 사이에서 구성되는 관계가 변화를 위한 작업의 중심에 놓이기는 하지만, 소셜페다고지 실천 공간에 존재하는 다른 관계들도 공동체 전체에 직간접적으로 영향을 끼치게 된다.

⑤ 실무자가 공동체 밖에서 하는 일은?

지역사회와의 네트워킹 및 협력

① 실무자가 부모들과 함께 하는 일은? 변화를 지향하는 페다고지 활동	② 실무자가 (다른)실무자와 함께 하는 일은? 동료와의 소통
③ 부모들이 (다른)부모들과 하는 일은? 소통 및 규범 마련	④ 부모들이 실무자들과 하는 일은? 부모들의 영향력 발휘

⑥ 부모들이 공동체 밖에서 하는 일은?

지역사회와의 상호작용 및 사회적 네트워킹

이를 어린이뜨락 사례에 적용해 보면 여기서 가장 두드러지는 것은 역시 실무자들과 부모(사람)들 사이에서 이루어지는 관계(①)다. 실무자들은 단순히 부모들을 모집한 후 즐거운 시간을 보내는 것을 넘어서, 사회육아라는 사회적 가치를 실현하기 위해 그들과 '전문적 관계'를 맺고 그들과 함께하는 시간에 '페다고지 요소'를 적용하려고 애썼다. 하지만 위의 표에서 확인할 수 있듯이 이것은 어린이뜨락 안에 존재하는 관계 맺기의 여러 형태 중 일부분일 뿐이다. 어린이뜨락의 일상생활에는 또 다른 많은 관계 맺기 영역이 포함되어 있음을 인지해야 한다.

관계는 실무자와 부모들 사이에서만 중요한 것이 아니라 나머지 영역에서도 합리적으로 '선택'되어야 한다. 부모들은 관계 안에서 새로 태어나서 '나'를 기꺼이 공동체 자원으로 활용하고 다른 사람들과의 적극적인 관계 맺기를 통해 배우고 성장하며 변화의 주체로 스스로를 자리매김해야 한다. 공동체 안에서 주체성과 공동체성은 독립과 상호의존의 변증법적인 작용으로 균형을 이루어야 하며, 이를 통해 확장된 관계는 더 큰 사회적 배움과 성장으로 이어지게 된다.

이를 위해서 실무자들은 늘 공동체 안에서 합리적인 관계가 '선택'되고 유지될 수 있도록 주의를 기울여야 한다. 공동체는 언제든지 변화할 수 있는 살아 있는 존재이기 때문에 공동체의 구성원이 된다는 것은 그 안에 존재하는 지배문화와의 끊임없는 협상의 과정이다. 상호 긍정적이고 협력적이길 바라지만 때로는 그렇지 않은 문화가 발생하기도 한다. 구성원들의 배경과 성향에 따라 선택되는 관계 맺기 방식은 달라질 수 있으며 그에 따라 공동체의 분위기도 변화하기 때문에 시시때때로 살피고 관리하는 일 역시 실무자들의 몫이 된다. 따라서 실무자들은 공동체가 추구하는 가치가 지배문화에 깃들도록 노력하면서 공동체에 소속된 사람들 사이에서 벌어지는 일에 대하여 특별한 관심을 가지고 있어야 한다.

어린이뜨락 내에서 실무자들은 구성원들 사이에 오가는 이야기의 내용이 공동체적 가치를 지향하도록 유도하는 동시에 일상의 문화가 지나치게 시장 중심의 소비적인 방향으로 가지 않도록 주의를 기울였다. 또한 어린이뜨락 운영 및 관리에 필요한 일들이 소수의 일방적인 헌신으로 해결되지 않고 다 함께 분담하는 공동체 분위기를 만들려고 노력했다. 이는 바람직한 방향으로의 변화를 위해 '선택'한 관계인 동시에 소셜페다고그의 '페다고지적 의도'가 일상적 분위기로 자연스럽게 퍼지도록 노력한 결과라고 할 수 있겠다. 이것이 가능하기 위해서 소셜페다고그는 공동체 내부에 어떠한 협력관계가 이루어지고 있는지 일상에서 지속적으로 관찰하고 공동체를 지배하는 문화가 부정적으로 흐르지 않도록 늘 깨어 있어야 한다.

또한 소셜페다고지의 변화지향적 실천 작업은 얼핏 보면 주요 업무와 직접적인 관련이 없어 보이는 사사로운 관계를 통해서도 영향을 받을 수 있다. 소셜페다고지 실천 작업은 개인이나 집단의 상태나 상황, 시스템 등이 복잡 미묘하게 연결된 과정이다. 따라서 일상에서 모든 구성원이 친밀하고 긴밀하게 소통하며 딜레마로부터 서로를 보호하는 일은 긍정적인 변화를 꾀하는 데 절대 간과해서는 안 될 요소이다. 어린이뜨락의 예를 들면, 외부인들이 관계 맺기를 무시한 채 공간 대여만을 요구한 일은 얼핏 육아정에서 진행되는 소셜페다고지 실천 작업과는 별개의 일로 생각될 수 있다. 하지만 '무임승차'에 대한 무심한 수용이 공동체 분위기를 좀먹는 계기가 될 수 있으며, 또한 실무자들의 심리적이고 육체적인 에너지 관리 역시 소셜페다고지 실천에 영향을 미칠 수 있는 요소임을 놓쳐서는 안 된다. 이렇듯 소셜페다고그의 관계적 고려는 세심한 부분까지 닿을 수 있어야 한다.

여기서 한발 더 나아가 스토뢰가 중요하게 강조한 것은 공동체의 관계 확장이다. 한 공동체가 외부 기관에 폐쇄적이면 다른 공동체들은 그 기관에 대해 회의적일 것이며 이는 지역 사람들에게까지 영향을 줄 수 있다. 게다가 공동체에 문제가 생겼을 때 지역 사람들은 도움의 손길은 고사하고 관심조차 가지지 않을 것이다. 이러한 문제를 방지하기 위해 소셜페다고그는 외부 세계와 협력하는 것이 중요하다. 외부 세계와의 호혜적인 관계 맺기는 공동체가 유용할 수 있는 자원을 더욱 풍성하게 하여 개인과 공동체의 역량을 더욱 확대시키는 데 긍정적인 요소로 작용할 수 있기 때문이다.

어린이뜨락에서 섭외된 강사들과의 관계를 프로그램의 공급자와 수요자로 여기지 않고 사회육아에 기여하는 협력자로서 위치시키려는 노력은 육아공동체를 매개로 육아정에서 만나게 된 사람들을 연결하여 확장하려는 페다고지 의도였다. 공동체 안에서의 긍정적 관계 맺기는 더불어 살아가는 세상을 만나는 토대가 되어 모두의 배움과 성장을 이끌어 낸다. 따라서 공동체 외부 환경과 지속적으로 관계를 맺고 협력하는 일은 소셜페다고그로서 실무자들이 긴장을 늦추지 말아야 하는 매우 중요한 사항이다. 더 나아가 공동체에 머물렀던 구성원들이 그 안에 머무는 동안에나 떠난 후에도 지속적으로 교류하면서 자신을 매개로 지역의 자원들을 연결하고 협력할 기회를 제공하는 일은 관계를 통해 사회 변화를 꾀할 수 있는 의미심장한 방법이다. ⑤, ⑥ 영역은 공동체에 소속된 사람들이 개인 및 공동체를 넘어 사회로 시야를 넓혀 나가는 출발점이 될 수 있으며, 이러한 관계의 확장은 개인과 공동체의 역량 강화를 낙관적으로 기대할 수 있는 바람직한 수단이 된다.

소셜페다고지에서 '관계'의 주요 목표는 한 사람을 더욱 바람직한 사회적 존재로 성장시키는 것이다. 다시 말하면, 개인을 사회와 어울리며 살아갈 수 있는 공동체의 주체로 세워 내는 일은 '관계'를 통해 가능해진다. 소셜페다고그의 지속적인 성찰은 공동체 내의 관계 맺기 방식을 결정하고 유지하는 전문적 역량으로 실제 현장 모습에 고스란히 드러난다. '관계'는 소셜페다고그의 전문성이 반영된 '합리적 선택'이기 때문에 더욱 중요한 의미를 지니게 된다. 관계를 의식적으로 사용하는 방법에 관한 것이 소셜페다고지의 내용이라 할 수 있다.[62]

'구조'의 차원

구조의 사회문화적 기능

어떤 사람들은 페다고지, 그러니까 교육 안에서 '구조'를 논하는 것을 다소 불편하게 여기곤 한다. 구조란 유연성이나 융통성 없이 제한된 틀에 가두어 오히려 실천을 방해하는 것이라 생각하기 때문이다. 게다가 무엇보다 인간에 관심을 두고 있는 소셜페다고지 관점을 생각하면 구조는 관계만큼이나 중요한 것이 아니라고 생각할 수도 있겠다.

하지만 역설적으로 스토뢰Storø는 소셜페다고지에서 구조를 이해하는 것은 무엇보다 중요한 문제라고 주장한다. 구성주의 관점에서 보자면 공동체 구성원들은 실재하는 것의 옳고 그름, 좋고 나쁨을 생활 속에서 직접 경험하며 이해하고 구조화시켜 간다. 뒤집어 말하면, 구조는 사회문화 형태로 공동체 구성원들에게 스며들어 그 사회를 관리하는 기능을 담당한다. 스토뢰는 그의 책에서 잠자리 들기 시간을 예로 들며 이를 설명하는데, 어린이는 특정 시간대에

잠들어야 한다는 성인들의 암묵적 합의는 사회문화적 기능을 가진 구조로 작용하여 아이들에게 자연스럽게 건강한 생활 리듬을 익히도록 한다는 것이다.

어린이뜨락 사례를 살펴보면, 협동조합이라는 수단을 이용해 조직 구조를 마련한 것은 구성원들 간에 합리적인 관계를 선택한 것인 동시에 권력의 균형을 이루고 공동체에 대한 책임을 나누어 가지려는 구조적 조치였다. 기존의 위에서 아래로의 수직적 복지 제공 방식을 탈피하여 부모, 교회, 대학이라는 상호의존적인 행위자들이 거버넌스 체제로 새로운 협력관계를 형성하고 육아정을 기반으로 지속가능한 공동육아 조직 구조를 마련한 것도 같은 맥락으로 이해할 수 있다. 장기적인 안목에서 구성원들 간에 합의를 이루어 내기 위한 협상 방식을 구조화한 것이다.

또한 어린이뜨락에서 생활하는 일 년을 농사의 흐름에 비유하여 매달 주제를 정하고 그에 어울리는 특별 프로그램을 마련한 것도 역시 구조를 활용한 가치 전달 방법으로 볼 수 있다. 또한 어린이뜨락의 (프로그램) 운영 구조 안에는 심리상담, 생활나눔 등 구성원들이 생활 속에서 '나'와 '너', 그리고 '우리'를 만날 수 있는 공간이 마련되어 있다. 함께 이야기할 수 있는 시간을 확보하여 관계를 통해 배움과 성장을 이루어 내려는 페다고지 의도를 일상생활 속에 구조적으로 녹여 낸 것이다.

어린이뜨락 전용공간인 육아정의 물리적인 환경 구조도 마찬가지다. 육아정 공간 안에서의 영역 구분이나 '찾고-쓰고-제자리find-use-return cycle' 방식은 부모들은 물론 유아들까지 자발적이고 주도적으로 생활할 수 있도록 생활공간 속에 구조를 녹여 낸 것이다. 또한 육아정 곳곳에 비치한 다인종 인형, 피부색 크레파스, 점자책, 세계 여러 나라 의상, 여러 직업의 작업복, 세계지도 등은 어린이뜨락이 다양성을 존중하고 있으며 마땅히 그래야 함을 암묵적인 구조로 드러내고 있다.

이렇듯 구조는 사람들의 정신적, 정서적, 신체적 참여를 지원하는 사회문화적 기능으로서 의미를 지닌다. 다시 말하면, 구조화 작업은 본질적으로 페다고지 의도를 일상에 적용하는 전문성을 요하는 수단이다. 눈에 보이지 않는 크고 작은 구조 안에서 구성원들은 공동체의 사회문화를 자연스럽게 체득하며 그 사회에 어울리는 역량 있는 인간으로 성장하게 되는 것이다.

실천적 전문성으로서의 구조

어린이뜨락 실무자들은 영유아기 자녀를 둔 부모들의 요구와 필요를 수용하여 상시적으로 이용할 수 있는 여러 가지 놀이 프로그램을 계획했다. 하지만 놀이 프로그램으로 부모들을 불러 모으는 일은 육아공동체의 활기를 되찾는 아주 시작 단계에 불과하다는 것을 과거 경험을 통해 인지하고 있었다. 따라서 어린이뜨락 생활을 통해 공동체 삶을 긍정적으로 경험하고 성장하며 우리 사회의 깨어 있는 주체로 역량을 키워 낼 방법을 고민했다. 그리고 강의를 통한 일방적인 지식 전달만으로는 성과를 기대할 수 없다고 판단했다. 역량

강화란 지시적인 방법이 아니라 관계 속으로 기꺼이 들어가서 스스로를 배움의 주체로 위치시킬 때 가능한 것이기 때문이다.

어린이뜨락의 일 년 흐름 안에서 각 단계를 거치며 스스로 '성장하고', '만들어지고', '완성되어 가고' 있음을 경험했다는 부모들의 후일담처럼 소셜페다고지 맥락 안에서 구조는 실천과 관련된 틀로 이해된다. 구조 안에는 함께 생활하는데 필요한 명시적이고 암묵적인 문화나 규범 및 규칙을 이해할 수 있는 메시지가 담겨 있어야 한다. 어린이뜨락 사례에서도 엿볼 수 있듯이 어떤 사람은 사회참여의 경험이나 공동체 의식, 공동체 내에서의 주체성에 대한 인식이 부족한 삶을 살기도 한다. 이러한 경우, 물리적으로나 정서적으로 공동체 안에 잘 적응하도록 돕기 위해서는 구조적 틀이 도움이 된다. 전문가로서 소셜페다고그, 즉 전문가로서 육아공동체 조력자의 책임은 구성원들에게 도움이 되는 구조를 잘 설계하는 것이다. 기능적인 면에서 효과적인 구조를 설계하는 것, 그리고 일상에 잘 적용될 수 있도록 관리하는 것이 전문가의 책임이다.

스토뢰에 따르면 소셜페다고지 실천에서 구조는 전문성의 핵심이다. 사람들의 삶에 개입하는 전문적인 접근 방식으로 인식되기 때문이다. 구조란 실천 철학 및 목표와 연결되어 존재한다. 철학적 가치를 토대로 작업의 목표를 설정하고, 최선이라고 판단되는 개입을 체계적인 작업 계획을 통해 실행하고, 그 성과와 효과를 평가하는 것이다.[63] 구조는 계획, 역할, 규칙 등에 관한 실제가 일상에 지속적으로 적용되는 형태이며 실천 현장에서 사람들이 소통하고 협력할 수 있도록 지원하는 수단이다. 다시 말하면, 구조란 실천 방법을 구체적으로 구성하기 위해 선택하는 모든 것이라고 정리할 수 있겠다. 스토뢰는 소셜페다고지 실천 업무를 구조적으로 조직하는 전문성의 측면에서 구조가 지녀야 하는 방법적 특징들을 다음과 같이 제안하고 있다.

구조의 순환성: 계획-실행-평가

작업의 구조화는 지금 상황을 이해하고 현시점에서 체계화해야 할 작업이 어떤 것이냐를 규정하는 것이다. 이 작업이 중요한 이유는 소셜페다고지의 맥락과 상황은 상당히 다양하고 복잡하므로 통찰적인 관점에서 최선의 결정을 내리는 일이 필요하기 때문이다. 구조는 임의로 이루어지는 개입과는 다르다. 소셜페다고지 실천이 전문적인 작업으로 간주되는 이유는 계획, 실행, 평가의 순환이 지속적으로 함께 일어나야 하기 때문이다.

구조화 과정이란 무엇이 문제인가를 공식적으로 정리하는 것으로 시작하여, 실행 방법을 설계한 다음, 결과 및 효과를 평가하는 순서로 이루어진다. 구조란 실천 방법에 대한 고찰이며, 소셜페다고지의 실천은 전문적인 지식을 바탕으로 한 체계적인 작업이어야 한다. 이러한 작업은 다음과 같은 과정으로 진행된다.

첫 번째 단계는 문제의 정의와 함께 방향 및 목표를 설정하는 일이다. 어린이뜨락 재도약을 위한 실천 과정에서 실무자들은 육아공동체의 반복되는 위기의 원인을 찾으려는 노력으로 첫 단계를 시작했다. 여러 가지 자료 조사와 긴 논의를 통해 육아정을 찾는 영유아기 부모들의 성향을 파악하고, 현재 상황에서 어린이뜨락에 필요한 작업이 무엇인지 발견하려 노력했던 작업이 이에 해당한다.

두 번째 단계는 실천적 개입 방법을 구체적으로 계획하고 실행하는 단계로 이어진다. 어린이뜨락 실무자들은 영유아 대상 놀이 프로그램 같은 부모들의 실제적인 요구를 수용하면서도 공동체성 회복이라는 사회적 가치를 배양할 수 있는 실천 구조를 계획했다. 협동조합이라는 공동체 조직 구조 확립, '나와 너, 우리의 성장'이라는 목표가 녹아 있는 프로그램 운영 구조 마련 등은 이 단계에 해당하는 작업이다.

마지막 단계에는 보통 평가가 진행되는데 실제 작업 과정과 그 결과가 동시에 성찰되어야 한다. 이를 위해 어린이뜨락 실무자들은 실시간으로 공동체 내에 퍼지는 담론이나 지배문화를 면밀히 관찰하고 평가하면서, 연이어 진행되는 활동과 연결하여 배움과 성장을 확장시켰다. 주체성과 공동체성에 대한 생각 나눔, 부모교육, 한 해살이 평가, 나의 성장 이야기하기 등은 우리의 경험과 그 의미를 스스로 성찰해 보는 장이었다. 그리고 성찰을 통해 얻은 것들은 이후 활동을 계획하는 데 다시 반영되었다. 이어지는 활동은 이전 작업의 확장이자 심화 과정이 되도록 한 것이다.

이처럼 실천 작업의 구조화 과정은 순환적으로 이루어지기에 평가 단계는 작업에서의 마지막 단계일 뿐만 아니라 첫 단계이기도 하다. 순환 과정을 통해 배움과 성장의 경험이 쌓여 실천 목표에 조금씩 더 가까워지게 되는 것이다.

구조의 조건: 전문성, 명확성, 수용성, 관계성, 실험성, 유연성

소셜페다고지 관점에서 구조란 페다고지 의도를 가지고 기능적이고 체계적으로 작동하는 것이 좋다. 하지만 과도한 목표 지향은 늘 위험이 도사리기 마련이다. 구조가 오히려 실천 가능성을 제한할 수 있다는 비판도 바로 이러한 우려에서 비롯된 것이다. 같은 맥락에서 스토뢰 역시 실천 작업을 구조화하는 데 필요한 여섯 가지 조건을 제안하고 있다. 소셜페다고지 관점에서 일하는 실천가들이 작업의 체계성과 경직성을 분별하는 유용한 기준이 되리라 믿는다.

첫째, 구조는 이론적인 전문성을 토대로 설계되어야 한다. 그리고 소셜페다고그는 사람들을 구조에 적응시키는 동시에 끊임없이 그 구조를 개선하고 조정해 나갈 수 있는 민감성을 수반해야 한다. 이를 위해 소셜페다고그로서 공동체 조력자들은 끊임없이 공부하고 다른 기관들의 실천 사례들에 귀를 기울여야 한다. 이러한 노력은 각 공동체 기관, 혹은 공동체 안에 소속된 다양한 사람들 간의 '차이'와 '다름'을 읽어 내고 그 자리에 맞는 구조를 설계할 수 있게 만들어 준다.

둘째, 구조는 명확한 메시지를 전달해야 한다. 이는 공동체에 참여하는 사람들로 하여금 함께 추구하려는 철학과 가치를 파악하고, 명시적이고 암묵적인 원리와 규칙에 익숙해지도록 한다. 일상적인 구조를 통해 소셜페다고그는 생활 곳곳에서 배움의 기회를 제공할 수 있다. 농사에 비유한 어린이뜨락의 한 해 살이 흐름은 이야기 방식으로 공동체가 추구하는 철학과 가치를 전달하는 구조로서의 의

미를 지닌다. 토크콘서트, 부모교육, 평가 등을 통해 함께 이야기를 나누며 깨달음과 배움의 시간을 얻고, 더 나아가 지역사회의 다양한 사람들을 만날 기회를 구조 안에 녹여 낸 하나의 실천 사례다.

셋째, 구조는 사람들의 관심을 수용하여 설계해야 한다. 사람들의 요구가 무시된 구조는 바람직하다고 보기 어렵다. 하지만 여기서 기억해야 할 것은 사람들의 요구를 받아들이더라도 그 안에는 반드시 배움과 성장의 기회가 존재해야 한다는 것이다. 구조 안에 마련된 다양한 실천 공간을 통해 사람들의 생각과 행동은 긍정적인 방향으로 변화되어야 하며, 사회적 차원에서 적용 가능한 역량으로 발전할 수 있어야 한다. 어린이뜨락의 예로 보면 영유아를 위한 놀이 프로그램 마련은 육아공동체 지원을 위한 좋은 시작임은 분명하다. 하지만 이것이 또 다른 소비적 육아 방식에 그친다면 더 나은 사회로의 변화를 기대하긴 힘들다.

넷째, 구조 안에는 관계 형성을 위한 공간이 마련되어야 한다. 소셜페다고지 실천에서 구조는 관계와 절대 분리해서 생각할 수 없다. 즉, 구조는 함께하는 사람들과의 관계 형성을 지원하는 방향으로 설계되어야 한다. 어린이뜨락과 함께했던 대부분의 부모는 관계를 만들어 가는 과정에서 즐거움과 행복을 느꼈다고 고백했다. 이러한 긍정적 관계 경험은 세상을 바라보는 시각을 넓히고 또 다른 관계를 이끄는 원동력이 된다.

다섯째, 구조는 참여하는 사람들의 다양한 실험에 관대해야 한다. 이는 사람들의 배움을 위한 안전한 환경이 필요함을 의미한다. 배우고 성장하기 위해서는 과감한 도전이 필요하고 이 과정에서 사람들은 성공할 수도, 실패할 수도 있다. 성공과 실패를 통해서 자신의 경험을 돌아보고 새로운 깨달음을 얻을 기회가 구조 안에 녹아 있어야 한다. 문제가 있는 구조는 실패를 용납하지 않는 것이다. 역량이 부족한 소셜페다고그의 시각에서 실패는 도발이나 반대, 방해일 뿐이다.

여섯째, 구조는 자칫하면 유연성을 잃어 경직되기 쉽기 때문에 정기적인 평가가 필요하다. 따라서 자체 평가를 위한 구조가 구조 안에 포함되어야 한다. 직접 참여한 사람들 스스로가 공동체 안에서 어떠한 경험을 하였고 그 의미는 무엇이었는지 성찰할 수 있는 작업은 이후에 더욱 발전된 구조를 다시 설계할 수 있는 기반이 된다.

'변화'의 차원

"(…) 저는 원래 대표를 할 수 없는 사람이에요… 그냥 뒤에서 이렇게 도와주는 거를 즐겨 하지 제가 뭔가 이렇게 나서서 하는 것들을 많이 어려워하는 스타일인데 (…) 뜨락에서 어쨌든 부모대표로 (…) 이렇게 일을 하면서 정말 많이 성장한 저를 보게 되었어요. 그러니까 '나는 절대 저런 일은 할 수 없어.' 하고 선을 그어 놨던 그것들을 넘어서 한 걸음 한 걸음 산을 넘고 있는 저를 발견했던 거 같아요. 그래서 할 수 없었던 사람이지만 (…) 지지해 주시고 막 격려해 주시고 '할 수 있다' 해 주시니까 그렇게 넘은 거 같아요. 제가 그어 놨던 그 선들도 누군가가 이렇게 함께하면 하나하나 뛰어넘을 수 있겠다는 생각이 더 많이 들었던 저였어요. 그래서 책임감이라든지 아니면 이렇게 좋은 사람들과 함께하는 거에 대해서 공동체에 대한 믿음이 제 안에 정말 많이 자란 거 같아요. 그래서 너무나도 힘들고 하고 싶지 않아 했지만 성장시켜 주셔서 감사하고, 우리 모두가 진짜 주인공이라고 얘기해 주신 모든 선생님, 친구들이 있었기에 정말 뛰어넘었던 거 같아서 이 자리를 빌려서 모두에게 감사를 드리고 싶은 마음입니다."

_ 부모A, 2019년 12월 19일, 잔치 중 나의 성장 이야기하기

스토뢰Storø는 소셜페다고지의 실천은 성장을 지원하여 변화의 원동력을 꾀하는 '변화지향적 작업'이라고 단언한다. 그에 따르면 변화는 성장의 개념과 분명히 구별되어야 하는데, 성장이란 주변 환경에 반응하면서 자연스럽게 이루어지지만, 변화는 심리적인 부대낌을 겪어야 하는 과정으로 성장을 다시 한번 재구성하여 한 단계 더 끌어올리는 작업이 필요하기 때문이다. 그리고 소셜페다고지의 실천이 자연스러운 성장 과정에 머물지 않아야 하는 이유는 스스로에 의해서가 아닌 전문적인 페다고지 의도를 토대로 그 과정이 시작되었기 때문이다.

위에 인용한 부모의 이야기는 소셜페다고그로서 육아공동체 조력자 역할의 의미를 생각해 볼 수 있게 한다. 소셜페다고지의 목표는 단순히 인간의 내적 심리를 바꾸는 것이 아니다. 구성주의 관점에서 보자면, 소셜페다고지의 실천은 사람들의 성장을 재구성하여 변화를 이끄는 작업으로 이해되어야 한다.[64] 소셜페다고지에서 변화는 공동체에 참여하는 사람들이 함께 생활하면서 발생한다고 본다. 다시 말하면, 변화는 자신을 인식하고 다른 사람과의 관계 속에서 스스로를 들여다보면서 구성되는 것이다.

이는 소셜페다고그의 전문가적 관계 맺기로부터 가능해진다. 소

셜페다고지 연구자들은 소셜페다고그에게 필요한 역량으로 '머리', '가슴', '손'을 강조한다. 부모들의 고단한 육아 생활에 공감하고 기꺼이 함께하면서 도우려는 '가슴'과 '손'은 물론 기본적인 바탕이 되어야 한다. 하지만 사회 구조 안에서 야기되는 보육 및 교육의 문제를 해결하기 위해서는 이것만으로는 부족하다. 사회문제를 둘러싼 여러 요인들에 대한 통찰과 함께 해당 분야에 대한 전문가적인 지식과 성찰을 의미하는 '머리'가 필요한 것이다. 전문가적인 관계란 자아를 관계에 적용하는 방식에 있어서 개인적인 인간관계와는 구별되어야 한다. 소셜페다고그는 관계 안에 전문성을 녹여 낼 수 있어야 한다. 이것이야말로 사람들과의 정서적인 연결과 전문가적 역량 발휘를 모두 강조하는 할퉁Haltung의 지향점이다. 즉, 변화의 기초가 되는 관계는 소셜페다고그의 개인적 자아와 전문가적 능력의 조합이라고 볼 수 있다.

그런데 소셜페다고지 실천에서 변화란 소셜페다고그가 지원하는 사람들에게만 한정되는 것은 아니다. 소셜페다고그 자신도 공동체 안에서의 관계를 통해 배우고 성장하며 변화해 나가야 한다. 어린이 뜨락 육아공동체 조력자로서의 경험을 반추하면 과거 부모대표들과의 갈등으로 인한 감정의 요동은 스스로의 정체성을 깊이 고민하게 만들었다. '네 역할이 뭐냐'는 비판으로 심리적인 혼란 상태에 내몰렸지만 성찰적으로 사고하려는 노력은 스스로를 조금씩 배움의 영역으로 이끌었다. 함께해 준 동료 실무자들이 없었다면 불가능한 일이었다. 함께였기에 보다 객관적인 시각으로 성찰할 수 있었고, 지난 경험을 이해하면서 전문적 지식과 실천의 합리적인 결합을 모색할 수 있었다. 이는 또한 관계와 구조가 결합되는 과정이기도 했다.

이처럼 개인은 자신이 속한 공동체 안에서 관계를 통해 서서히 변화되어 간다. 그리고 얼마 후에는 변화된 자신을 발견하며 스스로에 대해 다르게 인식하고 이야기하게 된다. 스토뢰는 스스로 문제를 인식하기 전까지 변화는 일어나기 어렵다고 지적한다. 그리고 진정한 변화는 관계 안에서 긍정적으로 달라진 자신에 대해 이야기하고 스스로 유용한 사람이라고 인식할 때 비로소 일어나는 것이라고 말한다. 개인과 공동체의 관계는 소셜페다고지 실천을 평가하는 아주 필수적인 부분이기 때문에 관계 안에서 개인이 스스로 이루어 내는 자기 평가는 다른 어떤 것보다도 의미 있는 가치를 지닌다.

이런 까닭에 스토뢰는 사람들이 공동체 안에서 '나'에 대해 이야기할 수 있는 다양한 방법을 고민하라고 제안한다. 변화에 실질적인 영향을 일으키는 것은 결국 나 자신이기 때문이다. 페다고지는 획일적인 가치를 토대로 지식을 전달하는 행위가 아니라 보다 새로운 방식으로 자신의 이야기를 할 수 있는 기회를 주는 것이다.[65] 이러한 의미에서 공동체 전문가 A가 부모교육 중 강조한 "철학을 (획일적으로) 맞추는 것이 아닌 철학을 (함께) 이야기해 보는 것"(2019년 10월 31일 부모교육)은 의미 있는 소셜페다고지 실천 방법이 될 수 있다. 소셜페다고지에서 변화는 개인이 사회적 맥락에서 새롭게 변화되어 가는 자신에 대해 스스로 이야기할 수 있게 만드는 것이다.

이는 또한 정체성이란 자기 자신뿐만이 아니라 자신이 속한 사회 안에 존재하는 다양한 삶의 지평을 통합하여 고민할 때 진정한 의미를 가질 수 있다는 공동체주의자들의 주장과 상통한다. 공동체적 성찰은 사회 구성원들이 공통의 문제를 논의하고 합의하는 공적 영역에서 이루어질 수 있다. 특히 찰스 테일러Charles Taylor, 1931~ 는 이 공적 영역을 공론의 장이라고 규정한다. 그는 자아실현이 지나치게 개인적 차원에서만 논의되는 것을 경계하고 개인을 넘어서는 사회적인 차원에서 이루어져야 함을 강조한다. 연대적 고리가 차단된 채 성취되는 자기중심적인 자아실현은 한계를 가질 수밖에 없다고 비판한다. 스스로의 정체성을 의미 있는 삶에서 찾고자 하는 사람은 문화, 역사, 생태 등을 아우르는 사회적인 지평으로 자신을 확장해 낼 수 있어야 한다는 것이다. 이웃이나 사회에 대한 관심 없이 오로지 개인의 삶에만 관심을 가지는 태도의 한계를 지적하는 공동체주의자들의 자아관은 소셜페다고지가 추구하는 '변화'의 진정한 의미와도 맥을 같이한다.

함께 공론을 펼칠 수 있는 공적 영역은 어린이뜨락 같이 개인과 사회 사이에 존재하는 중간 형태의 다양한 공동체들에 의해 더욱 공고해질 수 있을 것이다. 소셜페다고지 실천의 중요한 목표는 사람들에게 스스로 도울 수 있는 역량을 가지게 하여 자신의 삶을 더 바람직한 방향으로 변화시키는 것이다. 사회적 맥락 안에서의 개인, 사회적 행위자로서 자신에 대한 가치를 인식하도록 돕고 함께 변화를 추구해 나가는 것이 소셜페다고지 실천의 핵심이다.

소셜페다고지 실천은 변화를 향한 목표를 향할 때 비로소 의미를 발한다. 어린이뜨락이 우리 사회의 육아 문제에 대한 공동체적 대안이라는 목표를 가지지 않았다면 그저 저렴한 마을형 키즈카페나 복지형 문화센터에 불과할 뿐이다. 육아공동체에서 '관계'가 무시

되면 소셜페다고지가 경계하는 제도적이고 관습적인 돌봄을 넘어설 수 없다. 그리고 여기서 '구조'가 간과된다면 변화를 꾀하는 구체적이고 체계적인 실천의 장은 실현되기 어렵다. 수동적으로 돌봄 서비스를 '이용'하게만 만드는 환경은 개인적, 사회적 차원에서의 의지와 역량을 오히려 없애 버릴 뿐만 아니라 공동체 붕괴로까지 이어질 수 있다. 소셜페다고지의 실천은 필연적으로 사람들과의 관계를 토대로 하며 사람들과의 협력에 의미를 부여한다. 따라서 '관계'와 '구조'가 상호보완적으로 긴밀하게 연결되지 않으면 의미 있는 '변화'를 기대하기 쉽지 않다.

'관계', '구조', '변화'라는 세 가지 요소는 소셜페다고지의 가장 기본을 설명하는 동시에 실천지향적인 맥락을 제시하고 있다. 즉, 개인의 사회적인 '변화'를 위해서는 '관계'에 중요한 의미를 두고 '구조' 안에서 협력해야 한다는 것이다. '구조'는 '관계'가 이루어지는 환경이 되며, '관계'와 '구조'의 결합으로 '변화'가 일어난다. 페다고지 접근 방법을 통한 구성원들의 주체성 확보, 그리고 공감과 연대의 관계망으로 형성되는 공동체성은 스스로를 살리고自生, 서로를 살리고 共生, 사회와 세상을 살리는 공공公生의 구조를 만들어 낸다.[66] 이것이야말로 소셜페다고지의 실천을 구성하는 방식이며, 어린이뜨락의 재도약 노력이 새로운 가능성을 보여 준 요인이자 소셜페다고그로서 육아공동체 조력자 역할에 수반된 의미라고 할 수 있겠다.

상상 想像: 코끼리를 생각하다

人希見生象也, 而得死象之骨, 案其圖以想其生也, 故諸人
之所以意想者, 皆謂之象也。

인희견생상야, 이득사상지골, 안기도이상기생야, 고제인지소이
의상자, 개위지상야

세상 사람들은 살아 있는 코끼리를 볼 기회가 좀처럼 없으
므로
죽은 코끼리의 뼈를 보고 코끼리 그림을 생각해 내고
살아 있는 코끼리를 상상한다.
그리하여 사람들은 다만 제 마음속에 그려진 코끼리를
진짜 코끼리라고 믿고 있는 것이다.

_『한비자』, 제20편 「해로」, 12

수천 년 전에는 중국에도 코끼리가 살았다고 한다. 그러나 코끼
리의 서식지가 점점 인간의 생활 터전으로 바뀌어 가고 운송, 요리,

공예, 오락 등 여러 가지 필요에 의해 사로잡거나 마구잡이로 살육하면서 코끼리는 점차 사라지게 되었다. 그 후 코끼리의 모습은 점점 잊혀 갔고 결국 누구도 그 형상을 기억해 낼 수 없게 되었다.

그래서 당시 중국인들은 인도로 가서 죽은 코끼리의 뼈를 구해다가 다시 조립해서 이를 토대로 그림을 그리면서 코끼리의 모습을 상상해 보았다고 한다. 그래서 상상想像이라는 단어에는 '서로 마음속에 있는 코끼리를 생각한다(想=相+心, 像=人+象)'는 의미가 담겨 있다.

이 이야기를 가지고 어느 소설가는 서로의 마음속에 있는 생각을 나누며 키워 가는 것이 '상상想像'이라 하고, 또 어느 과학자는 코끼리의 뼈 같은 과학적 근거 위에 생각을 확장해 가는 것이 '상상想像'이라고 한다. 둘 다 공감이 가는 말이다.

내게는 육아공동체가, 어린이뜨락이 '상상想像'이었다. 그 누구도 정확히 이렇다고 말해 줄 수 없지만 수많은 사람이 꺼내 놓는 이야기들을 들으며 공동체에 대한 나의 그림을 그려 가는 일이 꼭 그랬다. 이 과정에서 구성원들과 함께 각자의 마음속에 있는 생각을 나누었던 일, 그리고 소셜페다고지라는 이론적 근거를 토대로 그 생각들을 정리해 나가는 일은 (육아)공동체의 모습을 '상상想像'해 나가는 데 큰 도움이 되었다.

본 연구를 진행한 2년여의 시간은 끊임없이 질문을 던지며 나의 존재, 그리고 우리의 존재와 마주해야 하는 지난한 과정이었다. 이 길을 걸으며 구성원들과 함께 나눈 이야기들은 나를 일깨우는 자극제였고 한 발씩 내디딜 방향을 알려 주는 나침판이었다. 여전히 어

렵고 불안하지만 작은 맺음을 디딤돌 삼아 또다시 길을 찾아 나아
가고자 한다. 머리, 가슴, 손을 온전히 다해 사람들과 함께 살아낼
또 다른 이야기 속에는 더 큰 배움과 성장이 기다리고 있을 테니
말이다.

떨리는 지남철

북극을 가리키는 지남철은 무엇이 두려운지
항상 그 바늘 끝을 떨고 있다.
여윈 바늘 끝이 떨고 있는 한 그 지남철은
자기에게 지니워진 사명을 완수하려는 의사를
잊지 않고 있음이 분명하며
바늘이 가리키는 방향을 믿어도 좋다.
만일 그 바늘 끝이 불안스러워 보이는 전율을 멈추고
어느 한쪽에 고정될 때
우리는 그것을 버려야 한다.
이미 지남철이 아니기 때문이다.

_ 신영복, 『담론』(2015, p. 409)[67]

주석

1. 조 살라스(Jo Salas), 『우리는 모두 이야기에서 태어났다: 프레이백 시어터는 우리 삶을 어떻게 바꾸는가(Improving Real Life: Personal Story in Playback Theatre)』, 허혜경 역, 글항아리, 2013(원전 1993 출판).

2. flat. 영국에서 연립주택, 다세대 주택을 포함하는 아파트식 주거지를 의미한다.

3. Coram's Fields는 런던 중심의 Camden 자치구에 위치한 약 8,500평 규모의 공원이다. 이곳은 토머스 코람(Thomas Coram, 1668~1751)이 1973년 고아들을 돌보기 위해 설립한 세계 최초의 자선 단체인 Foundling Hospital의 원래 부지였으나, 1920년 런던 외곽 지역으로 이전되면서 재개발 지구로 지정되었다. 그러나 주민들의 캠페인과 모금 활동을 통해 1936년 런던 최초의 공공 어린이 공원으로 새롭게 변모했다. 지금은 Coram's Fields and The Harmsworth Memorial Playground라는 자선단체가 소유해 운영하고 있다. 어린이 놀이터, 연못, 모래놀이터, 물놀이터, 동물사육장, 카페 등이 있으며, Under 5's Drop-In, Nursery, 방과후 프로그램, 스포츠 프로그램, 청소년 프로그램 등의 다양한 서비스를 제공하고 있다. 성인은 16세 미만의 아동과 동반할 경우에만 입장할 수 있다. https://www.coramsfields.org/

4. https://www.coramsfields.org/under-5s/ 시기에 따라 운영 시간과 놀이 프로그램 일정이 조금씩 바뀐다.

5. 2012년 문을 연 원도심 레츠는 2010년 시작된 한밭 레츠에 이은 대전의 두 번째 지역 품앗이 운동단체다. '레츠(LETS)'는 지역 교환 및 거래 체계(Local Exchange & Trading System)의 약자로 지역화폐 운동을 벌이는 공동체라는 의미를 담고 있다. 지역화폐를 발행해 공동체 구성원의 노동과 시간, 재화를 공유하면서 서로 삶을 나눈다는 의미로, 화폐 단위 '두루'로 통용된다. 건강밥상 나눔과 드로잉, 책 읽기, 기타, 연극 교실 등 다양한 품앗이 활동이 이루어진다. https://blog.naver.com/dhlets

6. 엄마와 아이가 행복한 '가정보육맘' 네이버 카페. https://cafe.naver.com/grayicwtm

7. 1973년에 설립된 Thomas Coram Research Unit(TCRU)은 아동 돌봄 제도가 지나치게 형식화되고 있는 것에 대한 비판에서 비롯되었다. 취약 계층 아동 및 가정에 관한 연구에 오랜 역사를 지니고 있지만, 아동들의 일상생활에 관한 문화기술지 연구에서부터 육아휴직 정책에 관한 국제 비교연구까지 다양한 분야에서 혁신적인 연구를 진행하고 있다. 또한 이러한 연구 결과를 바탕으로 영국 내 교육 및 복지 관련 정책 수립에 상당한 영향력을 끼치고 있다.

8. Pat Petrie, Janet Boddy, Claire Cameron, Valerie Wigfall, & Antonia Simon, Working with children in care: European perspectives. Open University Press, 2006.

9. Tone Sævi, Den pedagogiske relasjonen-en relasjon annerledes enn andre relasjoner. In O. H. Kaldestad, E. Reigstad, J. Sæther & J. Sæthre(Eds.). Grunnverdier og pedagogikk, Fagbokforlaget, 2007. Jan Storø, Proatical social pedagogy: Theories, values and tools for working with children and young people. The policy press, 2013에서 재인용.

10. Gabriel Eichsteller & Sylvia Holthoff, Conceptual foundation of social pedagogy: a transnational perspective from Germany. In C. Cameron & P. Moss(Eds.). Social pedagogy and working with children and young people: where care and education meet, Jussica Kingsley Publisher, pp. 33-52, 2011.

11. 결핍모형이라고도 칭한다. 문제의 원인을 사회적, 경제적, 문화적인 영향력보다 무언가의 결핍에서 비롯되었다고 보고 단순한 보상이나 보완에 집중하는 관점이다.

12. 파울 나토르프(Paul Natorp)는 페스탈로치의 소설 『린하르트와 게르트루트(Lienhard and Gertrud)』에 제시된 공동체 교육 개념에 큰 영감을 받았다. 이 소설에는 시골 대지주의 부패와 탐욕의 결과로 윤리적이고 경제적으로 피폐해진 마을공동체 이야기가 묘사되는데, 페다고지를 적용한 개입을 통해 주민들이 점차 자신의 고유한 잠재력을 깨닫고 스스로의 힘으로 자신의 삶을 찾으며 살아갈 수 있게 된다. 교육을 통한 사회 개선을 강조하는 페스탈로치의 견해는 나토르프의 인식에 중요한 영향을 미쳤다.

13. ThemPra, The Common Third, 2022. http://www.thempra.org.uk/social-pedagogy/key-concepts-in-social-pedagogy/the-common-third/ 삼각형 왼쪽 아래 쓰인 '사람'이라는 단어가 원문에는 'child'라고 표기되어 있다. 이는 아동 및 청소년 돌봄에 집중하고 있는 영국의 소셜페다고지 환경을 반영하고 있는 것으로 보인다. 다른 문헌에는 The Common Third에 참여하는 (소셜페다고그 외의) 대상은 비단 아동 및 청소년뿐만 아니라 성인까지도 포함한다고 설명하고 있다. 이 책은 영유아기 부모들의 참여 및 변화에 초점을 두고 있으므로 'child' 대신 좀 더 포괄적인 의미로 '사람'으로 바꾸어 정리했다.

14 ThemPra, The Learning Zone Model, 2022. http://www.thempra.org.uk/social-pedagogy/key-concepts-in-social-pedagogy/the-learning-zone-model/

15. 올리버 색스(Oliver Sacks), 『아내를 모자로 착각한 남자(The man who mistook his wife for a hat)』, 조석현 역, 2015(원전 1985 출판).

16. 건신대 대안교육센터 '우리동네' 산하 대전시교육청 위탁형 중등대안학교.

17. 국제협동조합연맹(ICA)이 규정한 협동조합 가치의 근간을 이루는 용어는 다음

과 같은 의미를 지닌다.

〈협동조합의 가치〉

① 자조: 자조는 자신의 운명을 스스로 통제할 수 있고, 통제하고자 한다는 신념에 기초한 것으로 누구에게도 의존하지 않고 스스로 노력해야 한다는 것을 의미한다.

② 자기책임: 자기책임은 자기의 행위나 그 결과에 대해서 수용적, 긍정적, 자발적으로 대처하는 태도, 그런 태도를 유지하기 위해서는 자기 내부의 기분, 욕망, 행위와의 사이, 또는 사회와의 사이에 생기는 갈등을 해결해 나가는 능력을 가져야 한다는 것이다.

③ 민주주의: 민주주의의 근간은 조합원이 주인이 되고 조합원을 위한 운영을 전제로 하는 것이다.

④ 평등: 협동조합은 평등을 기본 가치로 하여, 하나의 인격체인 조합원으로 구성된 협동조합은 자본의 논리에 따라 의사결정을 하는 주식회사와 달리 조합원 개개인이 평등한 의사결정권을 갖는다.

⑤ 공정: 공정은 조합원이 이용액과 출자 배당, 조합의 사업에 참여한 대가 등 협동조합 운영에서 공정한 대우를 받아야 한다는 것이다.

⑥ 연대: 연대의 가치는 협동조합이 단순히 개인들의 결합체가 아니라, 개인의 이익은 물론 조합원 공동의 이익을 추구해야 하며, 협동조합 간 적극적인 연대를 추구해야 한다는 의미이다.

〈조합원의 가치〉

① 정직: 정직은 조합원이 스스로 곧은 마음과 바른 태도를 가져야 한다는 것이다. 이와 같은 조합원의 자세가 기반이 되어 협동조합이 제공하는 상품과 서비스를 신뢰할 수 있는 기반이 조성되는 것이다.

② 개방성: 협동조합의 조합원은 타인에 대하여 열린 태도와 솔직함으로 협동조합이 정직하고 신뢰를 쌓을 수 있는 거래를 하도록 하여야 한다는 것이다.

③ 사회적 책임: 협동조합이 성장, 발전하는 것은 혼자만의 힘에 의한 것이 아니므로, 성장 과정에서는 조합원·경영자·종업원·소비자·지역사회 등 많은 사람이나 사회조직과 관계를 맺게 된다. 따라서 협동조합은 경제적인 이익 추구 외 사회에 대한 책임을 다해야 한다는 것이다.

④ 타인에 대한 배려: 타인에 대한 배려는 조합원이 조합원 외 타인과 접촉 시 지녀야 할 윤리적 신조로 타인의 입장에서 관심과 보살핌 등을 가져야 한다는 것이다.

김용한·하재은, 『협동조합 설립과 운영 실무』, 지식공감, pp. 40-43, 2013.

18. 2019년 어린이뜨락은 대전 중구청 마을공동체활성화 사업의 지원을 받았다. 중구넷은 대전시 중구의 마을공동체들의 네트워크를 촉진하고 활동을 지원하는 주민자치조직이다.

19. 한승준, 「분권화시대의 지역 거버넌스에 관한 연구: 프랑스의 계획 계약제도를 중심으로」, 『한국행정학보』, 제38권 5호, pp. 281-302, 2004.

20. 육아의 방식을 가정육아와 사회육아로 구분할 때, 공동육아는 사회육아의 한 유형으로 분류된다. 각 가정에서 부모가 자녀 양육을 책임지는 경우를 가정육아라고 본다면, 사회육아는 국가, 지역사회, 부모가 아이를 함께 책임지고 키우는 것을 의미한다. 따라서 육아공동체에 참여하여 이루어지는 공동육아 활동은 부모이자 지역사회 구성원으로서 권리와 책임을 함께하는 공동체적 육아 방식에 대한 동의를 내포한다고 볼 수 있다.

21. 차성란, 「제주 지역 공동육아나눔터 운영 실태 연구」, 『한국가족자원경영학회지』, 제22권 2호, pp. 1-24, 2018.

22. 엄마와 아이가 행복한 '가정보육맘' 네이버 카페. https://cafe.naver.com/grayicwtm

23. 차상진·김낙흥, 「유아부모와 청소년이 경험한 유아-청소년 세대통합 프로젝트의 의미 연구」, 『유아교육연구』, 제38권 3호, pp. 85-113, 2018.

24. 예년의 경우를 보면 어린이뜨락은 주로 3월부터 새로운 구성원으로 한 해가 시작되는 경향이 있었지만, 2019년에는 재도약 준비 기간을 거쳐 5월부터 시작되었다. 이전까지 대전시 전역을 대상으로 대전 사회적자본지원센터가 시행하던 마을공동체활성화 사업이 2019년부터 각 구청 단위로 내려오게 되면서 사업 집행이 5월부터 시작되었다. 어린이뜨락도 이 시기에 맞추어 대전시 중구 마을공동체활성화 사업 열매팀에 지원, 선정되어 5월부터 1천만 원의 지원금을 받아 운영할 수 있게 되었다.

25. 유해미·김문정(2013)은 공동육아의 핵심 원리로 부모참여와 공동체 지향을 꼽았으며, 정계숙 외(2017)는 유아교육공동체 구현을 위한 핵심역량으로 동반자적 역할 수행을 위한 심리적 역량과 공동체적 가치 공유를 위한 사회적 역량을 제시하였다.
유해미·김문정, 『지역사회 공동육아 활성화 방안』, 육아정책연구소, 2013.
정계숙·박희경·강인설, 「유아교육공동체 구현을 위한 부모 역량 척도 개발」, 『학습자중심교과교육연구』, 제17권 6호, pp. 599-621, 2017.

26. 앙리 르페브르(Henri Lefebvre), 『공간의 생산(La Production de l'espace)』, 양영란 역, 에코리브르, 2011(원전 1974 출판).

27. Nancy Vogel, Setting up the preschool classroom, HighScope Press, 2009.

28. 손뜨개질로 만든 긴 끈.

29. water beads. 통상적으로 '개구리알'이라고 불린다. 플라스틱 구슬 같은 작은 알갱이를 물에 넣으면 젤리 형태의 큰 구슬로 변한다.

30. oobleck. 물과 녹말가루, 식용색소를 섞어 반액체 형태로 만든 놀잇감으로 압력을 가하면 순간적으로 고체가 되었다가 액체 형태로 흘러내린다.

31. Edward Miller & Joan Almon, Crisis in the kindergarten: Why children need to play in school, Alliance for children, 2013.

32. Shannon Lockhart, Play: an important tool for cognitive development.

Extension, vol.24, no.3, pp. 1-8, HighScope Research Foundation, 2010.

33. 스튜어트 브라운(Stuart Brown)·크리스토퍼 본(Christopher Vaughan), 『플레이, 즐거움의 발견(Play: how it shates the brain, opens the imagination, and invigorates)』, 윤미나 역, 흐름출판, 2010(원전 2009 출판).

34. 세 가지 크기, 여섯 가지 색깔의 플라스틱 곰 모형. 수 세기, 분류하기, 규칙 만들기 등에 사용된다.

35. 옥수수 전분 재질의 포장 완충재로 물을 묻히면 접착력이 생긴다.

36. 이종수, 「공동체주의의 이론적 전개와 자유주의와의 논쟁 고찰: 자치 공동체의 이론적 토대 확장을 위한 재해석」, 『지방정부연구』, 제14권 3호, pp. 5-22, 2010.

37. 봄·여름 시즌에 참여한 총 열 가정 중 두 가정(유아 3명)이 탈퇴하고, 가을·겨울 시즌에 세 가정(유아 4명)이 새로이 합류하여 2019년 어린이뜨락에는 총 열세 가정이 참여하였다.

38. Ali Gardner, Social pedagogy concept. In L. Charfe & A. Gardner(Eds.). Social pedagogy and social work, pp. 33-52, SAGE, 2019.

39. 어린이뜨락 역사를 동영상으로 편집한 부모 B는 갑작스러운 골절사고로 현장 참여가 불가능해 온라인 라이브 방송으로 함께했다.

40. 사노 요코 글·그림, 『태어난 아이』, 황진희 역, 거북이북스, 2016.

41. Jan Rothuizen & Lotte Harbo. Social Pedagogy: An approach without fixed recipes. International journal of Social Pedagogy, vol.6, no.1, pp. 6-28, 2017.

42. Pat Petrie, Communication skills for working with children and young people: Introducing social pedagogy(3rd ed), Jessica Kingsley Publishers, 2011.

43. Ali Gardner, Adopting social pedagogical approaches in working with adults. In L. Charfe & A. Gardner(Eds.). Social pedagogy and social work, pp. 69-82, SAGE, 2019.

44. Faith Delaney, Making connections: research into intersectoral collaboration, Health education journal, vol.53, no.4, pp.474-485, 1994.

45. 찰스 테일러(Charls Taylor), 『불안한 현대사회(The Malaise of Modernity)』, 송영배 역, 이학사, 2019(원전 1991 출판).

46. 이종수, 『한국 사회와 공동체』, 다산출판사, 2008.

47. Social Pedagogy Professional Association, Social Pedagogy Professional Standards. https://sppa-uk.org/governance/social-pedagogy-standards/

48. Gabriel Eichsteller & Sylvia Holthoff, Conceptual foundation of social pedagogy: a transnational perspective from Germany. In C. Cameron & P. Moss(Eds.). Social pedagogy and working with children and young people: where care and education meet, pp. 33-52, Jussica Kingsley Publisher, 2011.

49. Norm Friesen, The pedagogical relation past and present: experience, subjectivity and failure, Curriculum Studies, vol.49, no.6, pp. 1-14, 2017.

50. Claire Cameron, Cross-national understandings of the purpose of professional-child relationships: Toward a social pedagogic approach. International journal of social pedagogy, vol.2, no.1, pp. 3-16, 2013.

51. L. Alan Sroufe & June Fleeson, Attarchment and the construction of relationship. In W. Hartup & Z. Rubin(Eds.). Relationship and development, pp. 51-71, 1986.

52. Jan Storø, Proatical social pedagogy: Theories, values and tools for working with children and young peopl, The policy press, 2013.

53. 츠지 신이치 글, 마이켈 니콜 야그라나스 그림,『벌새의 물 한 방울: 지금 내가 할 수 있는 일』, 유영춘 역, 코이노니아, 2008.

54. Norm Friesen, The pedagogical relation past and present: experience, subjectivity and failure, Curriculum Studies, vol.49, no.6, pp. 1-14, 2017.

55. Ali Gardner, Adopting social pedagogical approaches in working with adults. In L. Charfe & A. Gardner(Eds.). Social pedagogy and social work, pp. 69-82, SAGE, 2019.

56. 존 스튜어트 밀(John Stuart Mill),『자유론(On Liberty)』, 서병훈 역, 책세상, 2018(원전 1859 출판).

57. Universitat Autònoma de Barcelona, Coursera, Social pedagogy across europe, Commonalities in Social Pedagogy across Europe. https://www.coursera.org/learn/social-pedagogy-europe/lecture/p6r7z/commonalities-in-social-pedagogy-across-europe

58. Jan Storø, Practical social pedagogy: Theories, values and tools for working with children and young people, The Policy Press, 2013.

59. Norm Friesen, The pedagogical relation past and present: experience, subjectivity and failure, Curriculum Studies, vol.49, no.6, pp. 1-14, 2017.

60. Pamela Trevithick, Effective relationship-based practice: A theoretical exploration, Journal of social work, vol.17, no.2, pp. 163-176, 2003.

61. Jan Storø, Practical social pedagogy: Theories, values and tools for working with children and young people, The Policy Press, 2013.

62. Eilen Bengtsson, Clare Chamberlain, David Crimmens & Jonathan Stanley, Introducing social pedagogy into residential child care in England, 2008. https://sppa-uk.org/wp-content/uploads/2016/10/introducing_sp_into_rcc_in_england_feb08.pdf

63. Inge Byderup & Anna Frørup, Social pedagogy as relational dialogic work: Competencies in modern sociery. In C. Cameron & P. Moss(Eds.). Social pedagogy and working with children and young people: Where

care and education meet, pp. 85-124, Jessica Kingsley Publisher, 2011.

64. Claire Cameron, Cross-national understandings of the purpose of professional-child relationships: Toward a social pedagogic approach, International journal of social pedagogy, vol.2, no.1, pp. 3-16, 2013.

65. Ali Gardner, Adopting social pedagogical approaches in working with adults. In L. Charfe & A. Gardner(Eds.). Social pedagogy and social work, pp. 69-82, SAGE, 2019.

66. 조한혜정, 『자공공(自共公): 우정과 환대의 마을살이』, 또하나의문화, 2014.

67. 신영복, 『담론: 신영복의 마지막 강의』, 돌베개, 2015.

삶의 행복을 꿈꾸는 교육은 어디에서 오는가?

교육혁명을 앞당기는 배움책 이야기 혁신교육의 철학과 잉걸진 미래를 만나다!

● **비고츠키 선집** 발달과 협력의 교육학 어떻게 읽을 것인가?

01 생각과 말
L.S. 비고츠키 비고츠키 지음 | 배희철·김용호·D. 켈로그 옮김
690쪽 | 값 33,000원

02 도구와 기호
비고츠키·루리야 지음 | 비고츠키 연구회 옮김
336쪽 | 값 16,000원

03 어린이 자기행동숙달의 역사와 발달 I
L.S. 비고츠키 지음 | 비고츠키 연구회 옮김 | 564쪽 | 값 28,000원

04 어린이 자기행동숙달의 역사와 발달 II
L.S. 비고츠키 지음 | 비고츠키 연구회 옮김 | 552쪽 | 값 28,000원

05 어린이의 상상과 창조
L.S. 비고츠키 지음 | 비고츠키 연구회 옮김 | 280쪽 | 값 15,000원

06 성장과 분화
L.S. 비고츠키 지음 | 비고츠키 연구회 옮김 | 308쪽 | 값 15,000원

07 연령과 위기
L.S. 비고츠키 지음 | 비고츠키 연구회 옮김 | 336쪽 | 값 17,000원

08 의식과 숙달
L.S 비고츠키 | 비고츠키 연구회 옮김 | 348쪽 | 값 17,000원

09 분열과 사랑
L.S. 비고츠키 지음 | 비고츠키 연구회 옮김 | 260쪽 | 값 16,000원

10 성애와 갈등
L.S. 비고츠키 지음 | 비고츠키 연구회 옮김 | 268쪽 | 값 17,000원

11 흥미와 개념
L.S. 비고츠키 지음 | 비고츠키 연구회 옮김 | 408쪽 | 값 21,000원

12 인격과 세계관
L.S. 비고츠키 지음 | 비고츠키 연구회 옮김 | 372쪽 | 값 22,000원

13 정서 학설 I
L.S. 비고츠키 지음 | 비고츠키 연구회 옮김 | 584쪽 | 값 35,000원

14 정서 학설 II
L.S. 비고츠키 지음 | 비고츠키 연구회 옮김 | 480쪽 | 값 35,000원

비고츠키와 인지 발달의 비밀
A.R. 루리야 지음 | 배희철 옮김 | 280쪽 | 값 15,000원

비고츠키의 발달교육이란 무엇인가?
비고츠키교육학실천연구모임 지음 | 412쪽 | 값 21,000원

비고츠키 철학으로 본 핀란드 교육과정
배희철 지음 | 456쪽 | 값 23,000원

비고츠키와 마르크스
앤디 블런던 외 지음 | 이성우 옮김 | 388쪽 | 값 19,000원

교사와 부모를 위한 비고츠키 교육학
카르포프 지음 | 실천교사번역팀 옮김 | 308쪽 | 값 15,000원

수업과 수업 사이
비고츠키 연구회 지음 | 196쪽 | 값 12,000원

관계의 교육학, 비고츠키
진보교육연구소 비고츠키교육학실천연구모임 지음
300쪽 | 값 15,000원

교사와 부모를 위한 발달교육이란 무엇인가?
현광일 지음 | 380쪽 | 값 18,000원

비고츠키 생각과 말 쉽게 읽기
진보교육연구소 비고츠키교육학실천연구모임 지음
316쪽 | 값 15,000원

레프 비고츠키
르네 반 데 비어 지음 | 배희철 옮김 | 296쪽 | 값 21,000원

혁신교육 존 듀이에게 묻다
서용선 지음 | 292쪽 | 값 16,000원

다시 읽는 조선 교육사
이만규 지음 | 750쪽 | 값 33,000원

대한민국 교육혁명
교육혁명공동행동 연구위원회 지음 | 224쪽 | 값 12,000원

교실 속으로 간 이해중심 교육과정
온정덕 외 지음 | 224쪽 | 값 13,000원

포스트 코로나 시대의 교육
성열관 외 지음 | 224쪽 | 값 15,000원

내일 수업 어떻게 하지?
아이함께 지음 | 300쪽 | 값 15,000원

핀란드 교육의 기적
한넬레 니에미 외 엮음 | 장수명 외 옮김 | 456쪽 | 값 23,000원

한국 교육의 현실과 전망
심성보 지음 | 724쪽 | 값 35,000원

독일의 학교교육
정기섭 지음 | 536쪽 | 값 29,000원

교실 속으로 간 이해중심 통합교육과정
온정덕 외 지음 | 224쪽 | 값 15,000원

초등 백워드 교육과정 설계와 실천 이야기
김병일 외 지음 | 352쪽 | 값 19,000원

학습격차 해소를 위한 새로운 도전
보편적 학습설계 수업
조윤정 외 지음 | 240쪽 | 값 15,000원

경쟁과 차별을 넘어 평등과 협력으로 미래를 열어가는 교육 대전환! 혁신교육 현장 필독서

참된 삶과 교육에 관한
생각 줍기